I0153686

MANUEL DU VOYAGEUR

OU

RECUEIL

DE

DIALOGUES, DE LETTRES ETC.

SUIVI D'UN ITINÉRAIRE RAISONNÉ

À L'USAGE

DES

FRANÇOIS EN ALLEMAGNE

ET DES

ALLEMANDS EN FRANCE,

PAR

MADAME DE GENLIS.

AVEC

LA TRADUCTION ALLEMANDE

PAR

S. H. CATEL,

POUR SERVIR DE SUITE

OU DE

TOME II

AUX

EXERCICES DE PRONONCIATION, DE GRAMMAIRE ET DE CONSTRUCTION.

BERLIN

CHEZ F. T. DE LAGARDE.

1799.

I.	I.	I.
Formules de politesse.	Redensarten der Höflichkeit.	Höflichkeitsformeln.
Auriez-vous la bonté de me prêter ce livre?	Hätten-Sie die Güte mir zu leyhen dieses Buch?	Hätten Sie wohl [1] die Güte, mir dieses Buch zu leyhen?
Voulez-vous bien me montrer ce billet?	Wollen Sie wohl mir zeigen diesen Zettel?	Wollen Sie mir wohl diesen Zettel [2] zeigen?
Vous avez trop de bonté.	Sie haben zu viel Güte.	Sie haben zu viel [3] Güte.
Vous êtes trop bon, *ou* trop bonne.	Sie sind zu gütig, zu gütig.	Sie sind zu gütig.
Je vous rends mille grâces.	Ich gebe-Ihnen-wieder tausend Danke.	Ich sage [4] Ihnen tausend Dank.
J'ai eu l'honneur d'aller vous chercher hier (*a*), mais vous étiez sortie.	Ich habe gehabt die Ehre Sie zu suchen gestern; aber Sie waren ausgegangen.	Ich hatte [5] gestern die Ehre, Sie zu besuchen; aber Sie waren ausgegangen.
Vous avez dit cela?	Sie haben gesagt dieses?	Haben-Sie dieses gesagt?
Pardonnez-moi (*b*), *ou* je vous demande pardon, je ne l'ai pas dit.	Verzeihen-Sie mir; oder ich frage-Ihnen Verzeihung-ab, ich habe es nicht gesagt.	Verzeihen-Sie mir; oder ich bitte [6] Sie um Verzeihung, ich habe es nicht gesagt.
Je vous supplie, madame *ou* monsieur.	Ich ersuche Sie, Madame, mein Herr.	Ich bitte Sie inständigst, [7] Madame, mein Herr.
Je vous demande en grâce.	Ich frage Sie in Gnaden.	Ich bitte-mir es zur Gnade-aus. [8]
Je ne passerai point devant vous. Cela est impossible.	Ich werde nicht vorgehen vor Ihnen; dieses ist unmöglich.	Ich werde nicht vor Ihnen gehen; das gehet-nicht-an. [9]

(*a*) *Aller chercher* signifie dans cette phrase qu'on a fait une visite. Cette manière de parler étoit universellement reçue et adoptée dans ce qu'on appeloit *la bonne compagnie.* (*b*) Au lieu de ce *pardonnez-moi,* qui signifie *non,* les provinciaux disoient *je vous fais excuse.*

[1] Wohl, bien. [2] dieses Billet. [3] trop beaucoup. [4] je dis. [5] j'avois, eus. [6] je prie. [7] je vous prie instamment. [8] sich ausbitten, prier particulièrement. [9] angehen, aller; cela ne va point.

Vous l'ordonnez donc?	Sie befehlen es also?	Sie befehlen also?
Vous me le défendez donc?	Sie verbieten es mir also? ꝛc.	Sie verbieten mir es also? ꝛc.
N. B. Quand on parle à des personnes auxquelles on doit un grand respect, on leur parle à la tierce personne.	N. B. Wenn man spricht zu Personen, welchen man schuldig ist eine große Ehrerbietung, (so) spricht man zu ihnen in der dritten Person.	N. B. Wenn man mit [10] Leuten [11] spricht, denen man viel [12] Hochachtung schuldig ist, so redet man sie in der dritten Person an [13].
Exemples:	Zum Beyspiel:	Zum Exempel:
Madame a-t-elle été à la comédie?	Madam, ist sie gewesen in dem Schauspiel?	Sind [14] Madame in der Komödie gewesen?
Madame ira-t-elle se promener?	Madam, wird sie (sich) spazieren gehen?	Werden [15] Madame spazieren gehen?
N. B. On trouvera dans les dialogues toutes les autres formules de politesse qui sont d'usage dans la société.	N. B. Man wird finden in den Gesprächen alle andern Redensarten der Höflichkeit, welche sind von Gebrauch in der Gesellschaft.	N. B. Man wird in den Gesprächen alle übrigen Höflichkeits-Formeln finden, welche in dem gesellschaftlichen Leben [16] gebräuchlich [17] sind.

II. *Les mois de l'année.*	II. Die zwölf [18] Monate.
Janvier.	Januar.
Février.	Februar.
Mars.	März.
Avril.	April.
Mai.	May.
Juin.	Junius
Juillet.	Julius.
Août.	August.
Septembre.	September.
Octobre.	October.
Novembre.	November.
Décembre.	December.

---

[10] Avec. [11] gens. [12] beaucoup. [13] anreden, adresser la parole, parler à . . . [14] Madame *ont-elles* été? La politesse est encore plus grande en allemand, vu qu'on s'y sert de la troisième personne du pluriel. [15] madame iront-elles? [16] vie sociale. [17] usitées. [18] douze.

III. *Les jours de la semaine.*	III. Die ſieben [19] Wochentage.
Dimanche.	Sonntag. [20]
Lundi.	Montag. [21]
Mardi.	Dienſtag. [22]
Mercredi.	Mittwochen. [23]
Jeudi.	Donnerſtag. [24]
Vendredi.	Freytag. [25]
Samedi.	Sonnabend. [26]

IV. *Les nombres.*	IV. Die Zahlen.
un.	ein, eins.
deux.	zwey.
trois.	drey.
quatre.	vier.
cinq.	fünf.
six.	ſechs.
sept.	ſieben.
huit.	acht.
neuf.	neun.
dix.	zehn.
onze.	eilf, (elf).
douze.	zwölf.
treize.	dreyzehn.
quatorze.	vierzehn.
quinze.	funfzehn.
seize.	ſechszehn.
dix - sept.	ſiebzehn.
dix - huit.	achtzehn.
dix - neuf.	neunzehn.
vingt.	zwanzig.
vingt et un.	ein und zwanzig.
vingt - deux.	zwey und zwanzig.
vingt - trois.	drey und zwanzig.
vingt - quatre.	vier und zwanzig.
vingt - cinq.	fünf und zwanzig.
vingt - six.	ſechs und zwanzig.
vingt - sept.	ſieben und zwanzig.
vingt - huit.	acht und zwanzig.
vingt - neuf.	neun und zwanzig.

---

[19] Sept. [20] jour de soleil. [21] jour de lune. [22] jour de service, (Dienſt Tag). [23] milieu de la semaine, (Mitte der Woche). [24] jour de tonnerre. [25] jour de liberté. [26] soir du soleil.

trente.	dreyßig.
trente et un.	ein und dreyßig.
trente - deux.	zwey und dreyßig.
trente - trois.	drey und dreyßig.
trente - quatre.	vier und dreyßig.
trente - cinq.	fünf und dreyßig.
trente - six.	ſechs und dreyßig.
trente - sept.	ſieben und dreyßig.
trente - huit.	acht und dreyßig.
trente - neuf.	neun und dreyßig.
quarante.	vierzig.
quarante et un.	ein und vierzig.
quarante - deux.	zwey und vierzig.
quarante - trois.	drey und vierzig.
quarante - quatre.	vier und vierzig.
quarante - cinq.	fünf und vierzig.
quarante - six.	ſechs und vierzig.
quarante - sept.	ſieben und vierzig.
quarante - huit.	acht und vierzig.
quarante - neuf.	neun und vierzig.
cinquante.	funfzig.
cinquante et un.	ein und funfzig.
cinquante - deux.	zwey und funfzig.
cinquante - trois.	drey und funfzig.
cinquante - quatre.	vier und funfzig.
cinquante - cinq.	fünf und funfzig.
cinquante - six.	ſechs und funfzig.
cinquante - sept.	ſieben und funfzig.
cinquante - huit.	acht und funfzig.
cinquante - neuf.	neun und funfzig.
soixante.	ſechszig.
soixante et un.	ein und ſechszig.
soixante - deux.	zwey und ſechszig.
soixante - trois.	drey und ſechszig.
soixante - quatre.	vier und ſechszig.
soixante - cinq.	fünf und ſechszig.
soixante - six.	ſechs und ſechszig.
soixante - sept.	ſieben und ſechszig.
soixante - huit.	acht und ſechszig.
soixante - neuf.	neun und ſechszig.
soixante - dix (*a*).	ſiebenzig, (ſiebzig).

(*a*) Pourquoi ne dit-on pas septante, huitante, nonante? C'est pour écarter la sentence de mort qui menace l'homme quand il a atteint cet âge critique. Comme on évite dans certaines langues de nommer la mort; comme on

soixante - onze.	ein und siebenzig.
soixante - douze.	zwey und siebenzig.
soixante - treize.	drey und siebenzig.
soixante - quatorze.	vier und siebenzig.
soixante - quinze.	fünf und siebenzig.
soixante - seize.	sechs und siebenzig.
soixante - dix - sept.	sieben und siebenzig.
soixante - dix - huit.	acht und siebenzig.
soixante - dix - neuf.	neun und siebenzig.
quatre - vingt.	achtzig.
quatre - vingt et un.	ein und achtzig.
quatre - vingt - deux.	zwey und achtzig.
quatre - vingt - trois.	drey und achtzig.
quatre - vingt - quatre.	vier und achtzig.
quatre - vingt - cinq.	fünf und achtzig.
quatre - vingt - six.	sechs und achtzig.
quatre - vingt - sept.	sieben und achtzig.
quatre - vingt - huit.	acht und achtzig.
quatre - vingt - neuf.	neun und achtzig.
quatre - vingt - dix.	neunzig.
quatre - vingt - onze.	ein und neunzig.
quatre - vingt - douze.	zwey und neunzig.
quatre - vingt - treize.	drey und neunzig.
quatre - vingt - quatorze.	vier und neunzig.
quatre - vingt - quinze.	fünf und neunzig.
quatre - vingt - seize.	sechs und neunzig.
quatre - vingt - dix - sept.	sieben und neunzig.
quatre - vingt - dix - huit.	acht und neunzig.
quatre - vingt - dix - neuf.	neun und neunzig.
cent.	hundert.
deux - cents.	zweyhundert.
mille.	tausend.
dix mille.	zehntausend.
million.	eine Million.
milliar.	tausend Millionen.

---

dit en hébreu *s'endormir avec ses pères*, *retourner vers ses pères*, au lieu de *mourir;* on aime à se faire illusion en se disant: Tu n'as que soixante ans, soixante-neuf, soixante-dix, soixante dix-neuf; et le danger allant toujours en augmentant, on en diminue l'expression en passant tout de suite au bel âge de *vingt* ans; on dit quatre-vingt, quatre-vingt dix, quatre-vingt dix-neuf; puis on se permet *cent*, parce qu'il y a une sorte de gloire à être parvenu à cet âge. Pour *six-vingt* et *quinze-vingt* j'avoue que mon hypothèse est en défaut. *Rem. du Trad.*

V. DIALOGUES.	V. Gespräche.	V. Gespräche.
PREMIER DIALOGUE.	Erstes Gespräch.	Erstes Gespräch.
Informations relatives à un projet de voyage.	Erkundigungen, sich - beziehend auf einen Plan einer Reise.	Erkundigungen, in Bezug [1] auf einen Reiseplan.
Combien y a-t-il de lieues françoises, ou de milles d'Allemagne d'ici à . . .	Wie viel sind (sont) französische Meilen, oder deutsche Meilen von hier bis . . .	Wie viel französische oder deutsche Meilen sind von hier bis . . .
Le chemin est-il beau?	Der Weg ist er schön?	Ist der Weg gut? [2]
Il n'est ni beau ni très-mauvais.	Er ist weder schön, noch sehr schlecht.	Er ist weder gut noch schlecht.
Il est assez beau.	Er ist schön genug.	Er ist ziemlich [3] gut.
Il est mauvais.	Er ist schlecht.	Er ist schlecht (schlimm).
Il est affreux.	Er ist abscheulich.	Er ist abscheulich.
De quel genre est le chemin?	Von welcher Gattung ist dieser Weg?	Von welcher Art ist dieser Weg? Wie ist dieser Weg beschaffen? [4]
Il est très-sablonneux.	Er ist sehr sandig.	Er ist sehr sandig.
Il est parsemé de rochers.	Er ist übersäet mit Felsen.	Er ist mit Felsstükken [5] übersäet.
Il est rempli de montagnes, de forêts, de précipices.	Er ist angefüllt mit Bergen, mit Wäldern, mit Abgründen.	Er ist mit Bergen, Wäldern, Abgründen besetzt. [6]
Le chemin est-il large?	Der Weg ist er breit?	Ist der Weg breit?
Oui assez large, oui très-large.	Ja, breit genug, ja sehr breit.	Ja, ziemlich breit, sehr breit.
Non assez étroit.	Nein, schmal genug.	Nein, ziemlich schmal.
Y a-t-il des parapets?	Sind Brustlehnen da?	Sind Brustlehnen daneben? [7]
Vous traverserez une longue chaussée.	Sie werden herüberkommen über einen langen Damm.	Sie werden - über eine lange Chaussee [8] - kommen.
La chaussée est-elle large?	Der Damm ist er breit?	Ist die Chaussee breit?
Le chemin est plein d'ornières.	Der Weg ist voller Geleise.	Der Weg ist voll tiefer [9] Geleise.

[1] En relation. [2] bon. [3] convenablement, passablement. [4] comment le chemin est-il fait (qualité)? [5] fragmens, morceaux de rochers. [6] garni. [7] y a-t-il des appuis de poitrine à côté? [8] On appelle chaussée en allemand Kunstweg, chemin artificiel, mais ce mot n'a point encore pris; on dit aussi Damm, mais c'est plutôt une digue pour arrêter les eaux; on pourroit dire, Reisedamm, digue de voyage. [9] profondes.

Le pays que l'on parcourt est absolument plat.	Das Land, welches man durchläuft, ist gänzlich platt.	Die Gegend,[10] durch welche wir kommen,[11] ist ganz eben.
Par combien de villes passe-t-on?	Durch wie viel Städte kommt-man-durch?	Durch wie viel Städte kommt man?
Ces villes offrent-elles quelque chose de curieux ou d'intéressant à voir?	Diese Städte bieten-sie-an, etwas merkwürdiges (digne de remarque) oder interessantes?	Enthalten diese[12] Städte etwas besonderes[13] oder anziehendes?[14]
Quelles sont les manufactures principales de ces villes?	Welches sind die vornehmsten Manufakturen dieser Städte?	Welches sind die Haupt[15]-Manufakturen in diesen Städten?
Trouve-t-on de bonnes auberges sur cette route?	Findet man gute Wirthshäuser (maisons d'hôtes) auf dieser Landstraße (rue de pays)?	Findet man gute Gasthöfe[16] auf dieser Landstraße?[21]
Elles sont passables.	Sie sind ziemlich.	Sie gehen an.[17]
Il y en a de bonnes et de mauvaises.	Es sind deren gute und schlechte.	Es giebt[18] gute und schlechte.
Auriez-vous la bonté de m'indiquer les meilleures?	Hätten-Sie die Güte mir anzuzeigen die besten?	Hätten-Sie wohl die Güte, mir die besten anzuzeigen?
Voulez-vous bien écrire cela sur mon journal, (*ou* mon portefeuille); voici un crayon.	Wollen-Sie wohl dieses schreiben in mein Tagebuch (oder meine Schreibtafel); siehe hier ein Bleystift.	Wollen-Sie es wohl in mein Journal[19] oder auf meine Schreibtafel schreiben; hier ist[20] ein Bleystift.
Les routes sont-elles sûres?	Die Wege sind sie sicher?	Ist die Landstraße[21] sicher?
Il faut éviter de traverser les forêts au déclin du jour ou durant la nuit.	Man muß vermeiden durchzugehen durch die Wälder bey dem Abnehmen des Tages oder während der Nacht.	Man muß sich hüten,[22] wenn der Tag abnimmt,[23] oder während der Nacht durch die Wälder zu reisen.[24]

[10] Contrée. [11] nous venons. [12] contiennent. [13] particulier. [14] attirant. Le mot curieux signifie en allemand neugierig, quand il s'agit d'une personne curieuse, ou quand il est actif; mais il n'a point en allemand le sens passif. On dit *la curiosité d'une jeune fille*, die Neugierde eines jungen Mädchens, mais on ne sauroit dire, *les curiosités de la nature*, die Neugierden der Natur, il faut dire die Merkwürdigkeiten der Natur. [15] Haupt, (chef, du latin *caput*), se joint à plusieurs noms substantifs, pour marquer le principal. [16] cours pour les Gäste, les étrangers, les voyageurs. [17] angehen, passer, aller comme c[illegible] [18] il se donne, pour *il y a*; germanisme. [19] Tagebuch, livre de jours. [20] ici est. [21] la rue du pays. [22] se garder. [23] diminue; ou sinkt, baisse. [24] voyager.

Les postes sont-elles bien servies sur cette route?	Die Posten sind sie gut bedient auf diesem Wege?	Sind die Posten auf diesem Curse [25] gut bedient?
Très - lentement comme dans toute l'Allemagne, et l'on est souvent obligé d'attendre les chevaux.	Sehr langsam, wie in dem ganzen Deutschlande, und man ist oft gezwungen zu erwarten die Pferde.	Sehr langsam, wie in ganz Deutschland, und man muß [26] oft auf die Pferde warten. [27]
Combien doit - on payer pour chaque cheval?	Wie viel muß man bezahlen für jedes Pferd?	Wie viel muß man für jedes Pferd bezahlen?
Combien donne-t-on aux postillons?	Wie viel giebt man den Postillonen?	Wie viel (Trinkgeld [28]) giebt man den Postillonen?
Combien donne-t-on pour faire graisser la voiture?	Wie viel giebt man um schmieren zu lassen den Wagen?	Wie viel giebt man, um den Wagen schmieren zu lassen? [29]
Combien coûtent deux chevaux de louage pour un voyage de cinq jours? et que doit - on donner au cocher?	Wie viel kosten zwey Mieths - Pferde für eine Reise von fünf Tagen? und was muß man dem Kutscher geben?	Wie viel kosten zwey Miethspferde auf eine Reise von fünf Tagen? und wie viel hat man [30] dem Fuhrmanne [31] zu geben?
Combiên pourra me coûter une voiture et trois, ou quatre, ou six chevaux de louage pour aller d'ici à ...	Wie viel wird - mir kosten - können ein Wagen und drey, oder vier, oder sechs Miethspferde, um zu gehen von hier nach ...	Wie hoch [32] wird mir ein Wagen mit drey, vier, sechs Miethspferden von hier nach ..... zu stehen kommen? [33]
Combien m'en coûtera - t - il pour y aller en poste avec le même nombre de chevaux?	Wie viel wird es mir kosten, um dahin zu reisen mit (Extra-) Post, mit der selbigen Anzahl von Pferden?	Wie viel wird mir die Extrapost [34] bis dahin [35] mit derselben Anzahl Pferde kosten?
Combien m'en coûtera-t-il pour y aller par les voitures publiques?	Wie viel wird es mir kosten, dahin zu reisen mit den öffentlichen Wagen?	Wie viel wird mir die Reise dahin [36] auf der ordinairen Post kosten?

[25] Cours. [26] on doit. [27] attendre sur les chevaux; germanisme. [28] argent pour boire, Biergeld, argent pour bière. [29] für Wagenschmier, pour oing de voiture. [30] a - t - on à... [31] homme du chariot. [32] haut (haut prix). [33] viendra à se tenir (à coûter); germanisme. [34] poste extraordinaire. [35] jusques - là. [36] le voyage jusques - là. Die Post, le coche, la diligence, les voitures publiques.

Je sais qu'il y a deux routes différentes pour aller d'ici à .... Quelle est la meilleure? J'appelle la *meilleure* non la moins longue, mais celle qui a le plus beau chemin.	Ich weiß, daß zwey verschiedene Straßen sind, um zu gehen von hier nach ... Welches ist die beste? Ich nenne die beste nicht die weniger lange, sondern die, welche den schönsten Weg hat.	Ich weiß, daß es zwey verschiedene Straßen giebt, um von hier nach .... zu reisen. Welches ist die beste? Ich meine [37] nicht durch die beste die kürzeste,[38] sondern die, wo [39] der Weg am besten ist.
Combien faudra-t-il faire de lieues de traverse?	Wie viel Meilen wird man machen müssen in der Quere?	Wie viel Meilen wird man sich umfahren müssen? [40]
La grande route est-elle pavée?	Der große Weg ist er gepflastert?	Ist die Landstraße gepflastert?
Le pavé est-il bon?	Das Pflaster ist es gut?	Ist das Pflaster gut?
Faudra-t-il passer des rivières, des lacs?	Wird man gehen müssen über Flüsse, Seen?	Kommt man [41] über Flüsse und Seen?
Faudra-t-il passer dans des bacs?	Wird man gehen müssen auf Fähren?	Wird man sich auf Fähren übersetzen lassen [42] müssen?
Ces bacs sont-ils grands et bons (*a*)?	Diese Fähren sind sie groß und gut?	Sind diese Fähren geräumig [43] und sicher? [44]
J'irai à cheval. Combien me coûtera un cheval de louage pour ce voyage?	Ich werde zu Pferde gehen. Wie viel wird mir kosten ein Miethspferd für diese Reise?	Ich werde die Reise zu Pferde machen; [45] wie hoch wird mir ein Miethspferd bis dahin zu stehen kommen?
Je n'aurai qu'un petit porte-manteau.	Ich werde nichts haben als einen kleinen Mantelsack.	Ich werde nur einen kleinen Mantelsack [46] haben.
Faudra-t-il s'arrêter aux ponts et aux barrières pour payer quelque chose?	Wird man sich aufhalten müssen an den Brücken und an den Schlagbäumen, um zu bezahlen etwas?	Wird man - bey den Brücken und Schlagbäumen [47] - angehalten, [48] um Zoll zu geben? [49]
Que doit-on donner à chaque barrière?	Was muß man geben bey jedem Schlagbaume?	Was hat man bey jedem Schlagbaume zu bezahlen?

(*a*) Pour un voyage sur mer, voyez le Dialogue III.

[37] J'entends. [38] la plus courte. [39] où. [40] faudra-t-il aller en détour. [41] vient-on. [42] se faire traverser: übersetzen, dans un autre sens, est *traduire*. [43] vastes. [44] sûrs. [45] je ferai le voyage à cheval. [46] sac à manteau. [47] arbres à abattre, à abaisser. [48] est-on arrêté. [49] donner péage.

Je ferai le voyage à pied.	Ich werde machen die Reise zu Fuß.	Ich werde - zu Fuß-reisen. [50]
Je voudrois trouver une voiture de renvoi.	Ich wollte finden einen Rück-Wagen.	Ich möchte gern [51] eine Rück-Fuhre [52] finden.
Que m'en coûtera-t-il pour aller en voiture de renvoi?	Was wird es mir kosten um zu gehen mit einer Rückfuhre?	Was wird es mir kosten, um mit einer Rückfuhre zu fahren?
Pour mon domestique et pour moi? ou pour moi tout seul?	Für meinen Bedienten und für mich? oder für mich allein?	Für meinen Bedienten und für mich? oder für mich allein?
En combien de jours ferons-nous ce voyage?	In wie viel Tagen werden wir machen diese Reise?	In wie viel Tagen werden wir diese Reise machen?
Je trouve qu'il demande trop, je ne veux donner que....	Ich finde daß er fordert zu viel; ich will nicht mehr geben als....	Ich finde, daß er zu viel verlangt; ich will nur . . . . geben.
La voiture est-elle commode et solide?	Der Wagen ist er bequem und fest?	Ist der Wagen bequem und fest?
Est-elle couverte? est-elle suspendue? — combien de places contient-elle?	Ist er bedeckt? ist es ein hängender (Wagen)? wie viel Plätze enthält er?	Ist es ein bedeckter Wagen? Hängt er in Riemen? in Federn? [53] wie viel Plätze hält er? [54]
A-t-elle une cave, un filet, des poches?	Hat er einen Flaschenkeller, ein Netz, Taschen?	Hat er einen Flaschen-Keller, [55] ein Netz und Taschen?
Peut-on y mettre une malle et un portemanteau?	Kann man daselbst anbringen ein Felleisen und einen Mantelsack?	Kann man ein Felleisen, [56] einen Mantelsack anbringen? [57]
Poura-t-on mettre une harpe dans son étui sur l'impériale?	Wird man legen können eine Harfe in ihrem Futteral auf den Wagenhimmel?	Wird man (wohl) eine Harfe mit ihrem Futteral oben auf den Wagenhimmel [58] legen [59] können?
Cette voiture a-t-elle un vache?	Dieser Wagen hat er einen Wasch?	Hat der Wagen einen Wasch?
Il faut faire raccommoder cette voiture, et bien solidement.	Man muß zurechte machen lassen diesen Wagen, und recht dauerhaft.	Man muß den Wagen erst [60] wieder zurechte machen lassen,

[50] Je voyagerai. [51] volontiers. [52] voiture de retour. [53] pend-elle dans des courroies, dans des ressorts? [54] tient-elle. [55] cave à bouteilles. [56] fer de cuir, (parce que la malle est composée de ces deux matériaux). [57] porter à . . . . , adapter. [58] ciel de voiture. [59] coucher, poser. [60] premièrement, auparavant.

		und ihn recht dauerhaft machen.[61]
Je voudrois faire mettre ma malle, ou ma harpe à la diligence.	Ich möchte bringen lassen meine Harfe oder mein Felleisen auf die Post.	Ich möchte (gern) meine Harfe oder mein Felleisen auf die Post geben.[62]
Ne faut-il pas que je fasse plomber ma malle, ou mon coffre, ou cette caisse?	Muß es nicht (seyn) daß ich lasse plombiren mein Felleisen, oder meinen Kuffer, oder diese Kiste?	Muß ich nicht mein Felleisen, meinen Kuffer, oder diese Kiste plombiren lassen?[63]
Qu'est-ce que cela coûte?	Was ist es was dieses kostet?	Was kostet das Plombiren?
Je voudrois bien avoir un domestique de louage pour faire ce voyage; pourriez-vous m'en enseigner un?	Ich wollte wohl haben einen Lohn-Bedienten, um diese Reise zu machen; könnten-Sie mir einen anzeigen?	Ich wünschte[64] wohl einen Lohn-Bedienten zu dieser Reise; könnten-Sie mir keinen[65] anzeigen?[66]
M'en répondez-vous? a-t-il de bons répondans?	Stehen Sie mir für ihn? Hat er gute Bürgen?	Stehen-Sie mir dafür?[67] Hat er gute Bürgen?[68]
Est-ce un homme connu?	Ist es ein bekannter Mensch?	Ist es ein bekannter Mensch?
Faites-le entrer; je l'interrogerai moi-même.	Lassen Sie ihn hereinkommen; ich will ihn befragen, ich selbst.	Lassen-Sie ihn hereinkommen; ich will ihn selbst befragen.[69]
DIALOGUE II.	**Zweytes Gespräch.**	**Zweytes Gespräch.**
Avec le domestique de louage.	Mit dem Lohnbedienten.	Mit dem Lohnbedienten.
Voulez-vous entrer à mon service pendant le temps que je	Wollen-Sie treten in meinen Dienst während der Zeit daß	Wollen-Sie[1] während der Zeit, da ich mich in dieser Stadt

[61] Faire, rendre solide. [62] donner, remettre à la poste. [63] Terme d'accise, qui reste en allemand. [64] je souhaiterois, désirerois. [65] pas ... un. [66] indiquer. [67] vous tenez-vous pour lui devant moi; germanisme. [68] garans; répondre de quelqu'un signifie aussi für jemanden gut sagen, dire bon pour quelqu'un; germanisme. [69] Ce selbst *même*, est équivoque en allemand, et peut signifier ici *moi-même* ou *lui-même*.

[1] Dans l'embarras du Du *toi*, et du Er *lui*, qui sont les deux manières allemandes de traiter un inférieur, nous préférons de conserver le françois *vous* Sie, toutes les fois qu'il s'agit de s'adresser à la seconde personne, soit du singulier soit du pluriel. Cela paroîtra ridicule aux yeux des Allemands, mais cela est très-commode pour l'étranger; et au fond, pourquoi la langue alle-

resterai dans cette ville? ou dans ce pays?	ich bleiben werde in dieſer Stadt? in dieſem Lande?	(in dieſem Lande) aufhalten [2] werde, in meine Dienſte [3] treten? [4]
Voulez-vous me suivre à ***, et faire le voyage de *** avec moi?	Wollen Sie mir folgen nach *** und die Reiſe machen nach *** mit mir?	Wollen-Sie mir nach *** folgen, und die Reiſe nach *** mit mir machen?
Je séjournerai ici quelques jours, quelques semaines, quelques mois.	Ich werde mich aufhalten hier einige Tage, einige Wochen, einige Monate.	Ich werde mich hier einige Tage, Wochen, Monate aufhalten.
Je serai huit jours, quinze jours, trois semaines en route.	Ich werde ſeyn acht, vierzehn Tage, drey Wochen unterwegens.	Ich werde acht, vierzehn Tage, drey Wochen unterwegens [5] ſeyn.
Avez-vous déjà fait ce voyage?	Haben Sie ſchon gemacht dieſe Reiſe?	Haben Sie ſchon dieſe Reiſe gemacht?
Parlez-vous facilement françois, allemand, anglois, italien?	Sprechen Sie leicht franzöſiſch, deutſch, engliſch, italieniſch?	Sprechen-Sie das Franzöſiſche, Deutſche, Engliſche, Italieniſche mit Leichtigkeit? [6]
Savez-vous le danois, le suédois? le plat-allemand?	Wiſſen-Sie das Däniſche, das Schwediſche? das Plattdeutſche?	Verſtehen Sie [7] däniſch, ſchwediſch, plattdeutſch?
Savez-vous l'espagnol, le portugais?— Savez-vous bien écrire?	Wiſſen-Sie das Spaniſche, das Portugieſiſche? Können Sie gut ſchreiben?	Sprechen-Sie [8] ſpaniſch, portugieſiſch? Können Sie gut ſchreiben?
De quel pays êtes-vous? quel âge avez-vous?	Von welchem Lande ſind-Sie? Welches Alter haben-Sie?	Aus welchem Lande (woher [9]) ſind-Sie? Wie alt [10] ſind-Sie?
Etes-vous marié?	Sind-Sie verheurathet?	Sind-Sie verheurathet?
Que fait votre femme? a-t-elle un métier?	Was macht Ihre Frau? Hat-ſie ein Gewerbe?	Womit beſchäftigt ſich [11] Ihre Frau? Hat-ſie ein Gewerbe?
Avez-vous des enfans?	Haben-Sie Kinder?	Haben-Sie Kinder?
Montez-vous à cheval?	Steigen-Sie zu Pferde?	Können-Sie reiten? [12]

mande ne ressemble-t-elle pas à cet égard à toutes les autres, qui n'admettent pas ces nuances d'autorité et d'aristocratie? [2] m'arrêterai. [3] les services. [4] marcher, faire un pas. [5] entre les chemins, unter den Wegen. [6] avec facilité? [7] comprenez-vous? c'est le latin *ténere;* ſtehen, se tenir. [8] parlez-vous? [9] d'où. [10] combien âgé. [11] à quoi s'occupe. [12] savez-vous chevaucher? (qu'on me pardonne ce mot qui correspond à l'allemand).

Courez-vous bien la poste?	Reiten-Sie gut Post(pferde)?	Können-Sie Kurier reiten? [13]
Connoissez-vous bien les monnoies des pays que nous parcourrons?	Kennen-Sie gut die Münzen der Länder, welche wir werden durchlaufen?	Verstehen-Sie sich[14] gut auf die Münzen in den Ländern, die wir zu bereisen haben? [15]
Avez-vous bien des répondans, des certificats?	Haben-Sie viel (wohl) Bürgen, Zeugnisse?	Haben-Sie Bürgen, Zeugnisse?
Quels gages demandez-vous? Combien voulez-vous par jour ou par semaine?	Welchen Lohn fordern-Sie? Wie viel wollen-Sie (für) den Tag oder die Woche?	Wie viel Lohn verlangen-Sie? Wie viel wollen-Sie täglich oder wöchentlich (haben)?
Cela est bien cher.	Dieses ist sehr theuer.	Das ist sehr viel.
Je ne puis vous donner que ... mais je vous nourrirai. Ou bien je vous donnerai ... et vous vous nourrirez.	Ich kann Ihnen nichts geben, als ..., aber ich will Sie ernähren; oder ich werde Ihnen geben ..., und Sie werden sich ernähren.	Ich kann Ihnen nur [16] ... geben, aber ich will Sie beköstigen; [17] oder ich will Ihnen ... geben, aber Sie müssen sich (selbst) beköstigen.
Revenez demain, vous aurez une dernière réponse.	Kommen-Sie-wieder morgen, Sie sollen haben eine letzte Antwort.	Kommen-Sie morgen-wieder; Sie sollen mein letztes Wort [18] haben.
Eh bien, je vous donne ma parole et je reçois la vôtre. Allez chercher votre paquet et revenez.	Nun wohl, ich gebe Ihnen mein Wort, und ich empfange das Ihrige. Gehen-Sie suchen Ihr Paket, und kommen-Sie-wieder.	Gut, ich gebe Ihnen mein Wort, und nehme-das Ihrige-an. [19] Gehen-Sie, holen Sie Ihre Sachen, [20] und kommen-Sie-wieder.
Je vous préviens que je ne veux point de mémoire; je veux payer à mesure, c'est-à-dire chaque jour; vous me donnerez chaque soir la note	Ich sage Ihnen vorher, daß ich will keine Rechnung; ich will bezahlen allmählig, das heißt, jeden Tag; Sie sollen mir geben jeden Abend das ausführliche	Ich sage-Ihnen-vorher, [21] daß ich keine (lange [22]) Rechnung haben will; ich will alles gleich [23] bezahlen, verstehen-Sie mich? [24] Sie sollen mir jeden

[13] Savez-vous chevaucher en courrier? [14] vous entendez-vous. [15] que nous avons à voyager. [16] seulement. [17] de Kost, nourriture. [18] mon dernier mot. [19] annehmen, accepter. [20] vos (affaires) hardes. [21] vorhersagen, dire d'avance. [22] long. [23] d'abord. [24] comprenez-moi.

détaillée de ce que vous aurez déboursé pour moi.	Verzeichniß von dem, was Sie werden ausgezahlt haben für mich.	Abend die ausführliche Note von dem, was Sie für mich den Tag über [25] ausgelegt [26] haben, geben.
Si, comme je l'espère, vous me servez bien, vous pouvez être sûr qu'outre le marché que nous avons fait, vous recevrez une bonne gratification.	Wenn, wie ich es hoffe, Sie mir gut dienen, (so) können Sie sicher seyn, daß, außer dem Kauf, welchen wir gemacht haben, Sie erhalten werden eine gute Belohnung.	Wenn Sie mich gut bedienen, wie ich hoffe, so können Sie versichert [27] seyn, daß Sie noch über den Handel, den wir geschlossen [28] haben, eine gute Belohnung erhalten werden.
Dialogue III.	**Drittes Gespräch.**	**Drittes Gespräch.**
Pour un voyage par eau ou par mer.	Für eine Reise zu Wasser oder zur See.	Bey einer Wasserreise oder Seereise.
Quand faudra-t-il s'embarquer?	Wann wird man müssen sich einschiffen?	Wann wird man sich einschiffen müssen?
Ma voiture pourra-t-elle tenir dans le bateau ou le bâtiment?	Mein Wagen wird er stehen können in dem Kahne oder in dem Fahrzeuge?	Wird ein Wagen in dem Kahne (oder Fahrzeuge) stehen [1] können?
Si nous avons un temps favorable, combien durera notre navigation?	Wenn wir haben günstiges Wetter, wie lange wird dauern unsre Schifffahrt?	Wenn wir günstiges Wetter [2] haben, wie lange wird unsre Wasserfahrt dauern?
Combien me coûtera une gondole entière, ou le bâtiment à moi seul?	Wie viel wird mir kosten eine ganze Gondel, oder das Fahrzeug, mir allein?	Wie viel wird mir eine ganze Gondel oder das Fahrzeug [3] für mich allein kosten?
Combien coûte une place sur ce bâtiment?	Wie viel kostet ein Platz auf diesem Fahrzeuge?	Wie viel kostet eine Stelle auf dem Fahrzeuge?
Les pilotes et les bâtimens sont-ils bons?	Die Steuermänner und Fahrzeuge sind sie gut?	Sind die Steuermänner und Fahrzeuge gut?

---

[25] Pendant la journée. [26] posé dehors; ausgegeben, donné dehors. [27] assuré. [28] conclu. [1] se tenir (debout). [2] guten Wind, bon vent. [3] Les bateliers disent das Gefäß, le vase, le vaisseau.

Combien faut-il donner d'argent pour le passage?

Nous sommes trois; nous sommes deux; je suis seul.

Combien m'en coûtera-t-il pour avoir la petite chambre à moi seul?

Et combien faut-il donner quand on est dans la grande chambre avec tous les autres passagers?

Combien avez-vous de passagers?

Dans ce nombre se trouve-t-il des femmes?

De combien d'hommes l'équipage est-il composé?

Le capitaine a-t-il la réputation d'être habile?

Quels sont dans ce port les vaisseaux et les capitaines qui passent pour être les meilleurs?

Comment serons-nous nourris?

Assez mal. Vous n'aurez que de la viande fumée et salée, des pommes de terre et du fromage. Je vous conseille d'emporter quelques provisions particulières, ce qui est sur-

Wie viel muß man Geld geben für die Überfahrt?

Wir sind drey; wir sind zwey; ich bin allein.

Wie viel wird es mir kosten um zu haben die kleine Kammer für mich allein?

Und wie viel muß man geben, wenn man ist in der großen Kammer mit allen andern Passagieren?

Wie viel haben-Sie Passagiere?

In dieser Anzahl befinden-sich Frauen?

Aus wie viel Männern ist die Mannschaft zusammengesetzt?

Der Kapitain hat er den Ruf zu seyn geschickt?

Welche sind in diesem Hafen die Schiffe und die Kapitains, welche gelten (valent) zu seyn die besten?

Wie werden wir ernähret werden?

Schlecht genug. Sie werden haben nichts als geräuchertes und gesalzenes Fleisch, Aepfel der Erde und Käse. Ich rathe Ihnen fortzubringen einige besondere Vorräthe, welches vor allem sehr nöthig

Wie viel muß man für die Überfahrt geben?

Wir sind drey; wir sind zwey; ich bin allein.

Wie viel wird es mir kosten, wenn ich die kleine Cajüte allein habe?

Wie viel muß ich geben, wenn ich mit allen übrigen Passagieren in der großen Cajüte bleibe? [4]

Wie viel Passagiere haben-Sie?

Befinden sich Frauenzimmer unter [5] dieser Anzahl?

Aus wie viel Menschen besteht [6] die Mannschaft?

Steht [7] der Kapitain in dem Rufe, geschickt zu seyn?

Welches sind die Schiffe und Kapitains in diesem Hafen, welche für die besten gelten? [8]

Wie wird man uns beköstigen?

Ziemlich schlecht. Sie werden nur geräuchertes und eingesalzenes Fleisch, Erd-Aepfel und Käse bekommen. [9] Ich rathe Ihnen, einige besondere Mundvorräthe [10] mitzunehmen; [11] dieses ist vor allen Din-

---

[4] Je reste [5] sous. [6] consiste. [7] se tient-il dans... [8] qui valent pour .... [9] vous recevrez. [10] provisions de bouche. [11] prendre avec ...

tout bien nécessaire pour les vieillards, les femmes et les enfans.

ist für die Greise, die Frauen und die Kinder.

gen [12] für Greise, Weiber und Kinder nöthig.

Quelles provisions dois-je emporter?

Welche Vorräthe soll ich fortbringen?

Was für Provisionen soll ich mitnehmen?

Des citrons, de bons pruneaux, deux alimens très-sains, surtout en mer; de l'orge, du ris, du vermicelli, de bon miel, du sucre, des sirops rafraichissans, des confitures, de la gelée de bouillon, on en trouve d'excellente à Hambourg et à Berlin, et qui se conserve très-long-temps. (*a*) Il faut emporter aussi des légumes conservés. On les prépare particulièrement bien à Hambourg et à Altona. Enfin, si le voyage doit être long, il faut emporter aussi des poules vivantes, de la bière, du porter et du vin. N'oubliez pas de porter des draps et des couvertures.

Zitronen, gute Pflaumen, zwey sehr gesunde Speisen, vor allem im Meere; Gerstengraupe, Reiß, Nudeln, guten Honig, Zucker, kühlende Syrops, Eingemachtes, Bouillon-Gelee; man findet davon vortreffliche zu Hamburg und Berlin, und welche sich erhält sehr lange Zeit. Man muß auch fortbringen aufbewahrte Gemüse. Man bereitet sie besonders gut in Altona. Endlich, wenn die Reise soll seyn lang, (so) muß man auch fortbringen lebendige Hühner, Bier, Porter und Wein. Vergessen-Sie nicht zu bringen Laken und Decken.

Zitronen, gute gebackene [13] Pflaumen, (zwey sehr gesunde Nahrungs-Artikel, [14] zumal zur See); Gerstengraupe, [15] Reiß, Nudeln, guten Honig, Zucker, abkühlende Säfte, Eingemachtes, Bouillon-Gallerte, (man findet sie von vortrefflicher Güte [16] in Hamburg und Berlin; sie erhalten sich lange gut.) Man muß auch getrocknetes [17] Gemüse mitnehmen, welches man besonders gut in Altona zubereitet. Endlich, wenn die Reise lange dauern [18] soll, muß man auch lebendige Hühner, Bier, Porter und Wein mitnehmen. Vergessen-Sie nicht, mit Bettlaken [19] und Bettdecken [20] sich zu versehen. [21]

Quel jour partira-t-on, si le vent le permet?

Welchen Tag wird man abreisen, wenn der Wind es erlaubt?

Wann [22] wird man abfahren, [23] wenn der Wind es erlaubt?

Um

(*a*) On fait aussi à Berlin une sorte de gâteau que l'on pourra utilement porter en voyage. Ce gâteau se conserve si long-temps bon à manger qu'on l'a nommé *gâteau de mille ans*, (de Milan).

[12] Avant toutes choses. [13] cuits. [14] articles de nourriture. [15] orge mondé. [16] de bonté excellente. [17] séché. [18] durer. [19] draps de lit. [20] couvertures de lit. [21] se pourvoir. [22] quand. [23] fahren, aller en voiture, voiturer. abfahren, partir: on le dit surtout du départ par eau.

A quelle heure partirons-nous?	Zu welcher Stunde werden wir abreisen?	Um welche Stunde werden wir abfahren?
Je serai prêt, vous y pouvez compter.	Ich werde seyn bereit; Sie können darauf rechnen.	Ich werde fertig seyn; Sie können darauf rechnen.
Dialogue IV.	**Viertes Gespräch.**	**Viertes Gespräch.**
Pour parler dans un vaisseau ou dans un yacht.	Um zu sprechen in einem Schiffe oder in einer Jacht.	Was man auf einem Schiffe oder auf einer Jacht zu sprechen hat.[1]
Le vent est-il bon?	Der Wind ist er gut?	Ist der Wind gut?
Je crois que nous aurons un orage, qu'en pensez-vous?	Ich glaube, daß wir haben werden ein Gewitter; was denken-Sie davon?	Ich glaube, daß wir ein Gewitter[2] bekommen[3] werden; was halten-Sie[4] - davon?
J'ai bien mal au coeur.	Ich habe sehr weh am (an dem) Herzen.	Ich befinde mich sehr übel.[5]
Couchez-vous tout à plat, fermez les yeux, tenez-vous bien tranquille, et vous serez beaucoup moins malade.	Legen-Sie sich ganz platt nieder, machen-Sie - zu die Augen, halten-Sie sich recht ruhig, und Sie werden seyn viel weniger krank.	Legen-Sie sich platt auf den Bauch;[6] machen-Sie die Augen zu; bleiben - Sie so ganz ruhig liegen,[7] und Sie werden viel weniger krank seyn.
Je souffre extrêmement. Je vais vomir, donnez-moi le vase.	Ich leide äußerst. Ich werde brechen, geben-Sie mir das Gefäß.	Ich leide gewaltig.[8] Ich werde mich erbrechen; geben-Sie mir den Napf.[9]
Je vous conseille de prendre un peu d'éther, c'est un remède souverain contre le mal de mer; ou des gouttes de Hofmann.	Ich rathe Ihnen zu nehmen ein wenig Aether; es ist ein oberstes Mittel gegen das Uebel der See; oder Hofmannsche Tropfen.	Ich rathe Ihnen, ein wenig Aether zu nehmen, es ist das beste[10] Mittel gegen die Seekrankheit;[11] oder nehmen-Sie[12] Hofmanns-Tropfen.
Comment prend-on l'éther?	Wie nimmt man den Aether?	Wie nimmt - man Aether - ein?[13]

[1] Ce qu'on a à... [2] orage, Gewitter; tempête, Sturm. On se sert aussi souvent de Sturm, pour orage sur mer. [3] recevrons. [4] tenez-vous. [5] je me trouve très-mal. [6] sur le ventre. [7] restez ainsi couché tout tranquille. [8] violemment. [9] plat. [10] le meilleur. [11] maladie. [12] prenez. [13] einnehmen, prendre un remède.

On en prend depuis quinze jusqu'à vingt-deux gouttes, versées sur un petit morceau de sucre, mis dans une cuiller.	Man nimmt funfzehn bis zwey und zwanzig Tropfen, gegossen auf ein kleines Stück Zucker, gethan in einen Löffel.	Man giebt funfzehn bis zwey und zwanzig Tropfen auf ein kleines Stück Zucker, das man in einen Löffel thut.
Voici le flacon d'éther.	Hier ist die Flasche Aether.	Hier ist das Aetherfläschgen.
Versez-en, je vous prie, dix-huit ou vingt gouttes.	Gießen-Sie davon, ich bitte-Sie, achtzehn oder zwanzig Tropfen.	Ich bitte Sie, gießen-Sie achtzehn bis zwanzig Tropfen davon-ab. [13]
J'ai mal à la tête et aux reins; j'ai le frisson.	Ich habe weh an dem Kopfe und an den Nieren; ich habe das Frösteln.	Der Kopf und die Hüften [14] thun mir weh; [15] ich habe den Fieberfrost. [16]
C'est l'effet du mal de mer, cela ne doit pas vous inquiéter.	Es ist die Wirkung des Uebels der See; das soll nicht Sie beunruhigen.	Dieses ist eine Folge der Seekrankheit; das darf [17] Sie nicht beunruhigen.
L'odeur du goudron me fait mal au coeur.	Der Geruch des Theers macht mir weh am Herzen.	Der Theer-Geruch verursacht [18] mir Uebelkeit. [19]
Respirez ou du vinaigre des quatre voleurs, ou de l'eau de Cologne, et faites brûler des grains de genièvre. Des odeurs plus recherchées et plus agréables feroient beaucoup de mal dans un vaisseau.	Hauchen-Sie-ein entweder Weinessig der vier Räuber, oder Wasser von Cöln, und lassen-Sie brennen Körner von Wachholder. Gerüche, mehr gesucht und angenehm, würden thun viel Böses in einem Schiffe.	Riechen-Sie [20] Weinessig des quatre voleurs, oder Cöllner Wasser, und zünden-Sie Wachholderkörner-an. [21] Gesuchtere und angenehmere Gerüche taugen [22] auf einem Schiffe nichts.
Il faut dans un vaisseau la plus grande propreté.	Es muß (seyn) auf einem Schiffe die größte Reinlichkeit.	Auf einem Schiffe muß die größte Reinlichkeit herrschen. [23]
Il faut faire balayer la chambre matin et soir.	Man muß fegen lassen die Kammer Morgens und Abends.	Man muß das Zimmer Morgens und Abends ausfegen lassen.
Le vent devient bien fort.	Der Wind wird sehr stark.	Der Wind erhebt [24] sich stark.

[13] Abgießen, déverser, verser de.. [14] Hüften, hanches; Nieren, reins. [15] me font mal. [16] le frisson de la fièvre. [17] ose. [18] cause. [19] des nausées. [20] flairez, sentez. [21] anzünden, allumer. [22] valent. [23] régner. [24] s'élève.

Quelle terrible tempête!	Welcher schreckliche Sturm!	Welcher schreckliche Sturm!
Croyez-vous qu'il y ait du danger?	Glauben-Sie, daß da sey Gefahr.	Glauben-Sie, daß Gefahr vorhanden [25] sey?
N'ayez-pas peur, il n'y a point de danger.	Haben-Sie nicht Furcht, es ist nicht Gefahr da.	Fürchten-Sie sich [26] nicht; es hat keine Gefahr.
Le vent est-il toujours aussi contraire, aussi mauvais?	Der Wind ist er immer so zuwider, so schlimm?	Ist der Wind immer noch so entgegen, so böse?
J'ai mal aux dents.	Ich habe Weh an den Zähnen.	Ich habe Zahnweh.
Cela arrive souvent sur mer. Il faut éviter de s'y exposer à l'humidité du matin et du soir. Il faut mâcher souvent du cochléaria et de la petite sauge, se laver la bouche avec de l'eau-de-vie-camphrée, et enfin avoir un soin particulier de ses dents.	Das geschiehet oft auf der See. Man muß vermeiden sich daselbst auszusetzen der Feuchtigkeit des Morgens und des Abends. Man muß kauen oft Cochlearia und kleine Salvey, sich waschen den Mund mit gekampfertem Branntewein, und endlich haben eine besondere Sorge von seinen Zähnen.	Dieses geschiehet oft zur See. Man muß sich in Acht nehmen, [27] sich der Morgen- und Abendfeuchtigkeit nicht auszusetzen. Man muß oft Cochlearia und kleine Salvey-Blätter [28] kauen, sich den Mund mit gekampfertem Branntewein ausspülen, [29] und mit einem Worte, [30] für seine Zähne besondere Sorge tragen. [31]
Ayez soin de donner de l'air à la chambre toute la journée le plus que vous pourrez.	Haben-Sie Sorge, zu geben Luft an die Kammer den ganzen Tag, das meiste, das Sie werden können.	Tragen-Sie Sorge, daß das Zimmer so viel als möglich [32] frische Luft bekomme. [33]
A quelle heure dîne-t-on?	Um welche Stunde ißt man zu Mittag?	Um welche Stunde wird zu Mittag gegessen? [34]
Promenons-nous.	Gehen-wir spazieren.	Gehen-wir spazieren. [35]
Ouvrez, s'il vous plaît, la fenêtre, ou les fenêtres.	Öffnen-Sie, wenn es Ihnen gefällt, das Fenster oder die Fenster.	Seyn-Sie so gütig, [36] das Fenster oder die Fenster zu öffnen.

[25] Vor Händen, devant les mains, présent. [26] sich fürchten, craindre. [27] prendre garde à soi. [28] feuilles. [29] rincer. [30] en un mot; überhaupt, en général. [31] porter soin. [32] autant qu'il sera possible. [33] reçoive de l'air frais; gelüftet werden, soit aërée. [34] manger à midi, c. d. dîner. [35] wir wollen spazieren gehen, nous voulons nous promener. [36] soyez asses bonne, pour....

Fermez la porte.	Machen - Sie - zu die Thür.	Machen - Sie die Thüre - zu.
Cette gondole est charmante.	Diese Gondel ist scharmant.	Dieser Lustkahn [37] ist scharmant.
Ce yacht est charmant.	Diese Yacht ist scharmant.	Diese Yacht ist scharmant.
Faisons du thé.	Machen - wir Thee.	Machen wir Thee.
Il faut allumer le feu.	Man muß anzünden das Feuer.	Man muß Feuer anzünden, (machen).
Il faut de l'eau bouillante.	Man muß (haben) kochendes Wasser.	Man muß kochend Wasser haben.
A quelle heure arriverons-nous?	Um welche Stunde werden wir ankommen?	Um welche Zeit [38] werden - wir ankommen?
Arriverons - nous bientôt?	Werden-wir ankommen bald?	Werden - wir bald - ankommen?
Dans combien de temps à-peu-près?	In wie viel Zeit auf wenig nach?	In wie viel Zeit ohngefähr? [39]
N'est-ce pas la terre que nous voyons là bas?	Ist - es nicht das Land, das wir sehen da unten?	Ist es nicht Land, was wir dort hinten [40] sehen?
L'entrée du port est-elle bonne?	Der Eingang des Hafens ist - er gut?	Ist der Eingang in den Hafen gut?
Entrerons - nous avec la marée?	Werden-wir hineingehen mit der Fluth?	Werden wir zur Fluthzeit [41] einlaufen? [42]
Serons-nous obligés de quitter le bâtiment et de descendre dans des chaloupes?	Werden-wir seyn gezwungen zu verlassen das Gebäude, und herunterzusteigen in Schaluppen?	Werden wir das Fahrzeug [43] verlassen, und in eine Schaluppe steigen müssen?
Oui, il faut aller dans les chaloupes.	Ja, man muß gehen in die Schaluppen.	Ja, man muß in die Schaluppe steigen.
Doucement, doucement. Il ne faut pas se jeter ainsi dans la chaloupe, on la fera chavirer.	Sacht, sacht. Man muß nicht so sich werfen in die Schaluppe; man wird sie umschlagen machen.	Sachte, sachte. Man muß sich nicht so mit Gewalt [44] in die Schaluppe werfen; man wird sonst [45] machen, daß sie umschlägt.
Il y a trop de monde dans la cha-	Es ist zu viel Welt in der Schaluppe, und	Es sind zu viel Leute [46] in der Schalup-

[37] Bateau de plaisir. [38] temps; um welche Uhr, à quelle horloge. [39] ohne Gefahr, sans danger, sans risque (de se tromper de beaucoup). [40] derrière. [41] au temps du flux. [42] courir dedans. [43] l'instrument à voiturer. [44] avec violence. [45] sans cela. [46] trop de gens. Leute n'a pas de singulier, tout comme *gens*.

loupe, et surtout trop de paquets; il faut laisser les paquets dans le vaisseau.	vor allem zu viel Pakete; man muß lassen die Pakete in dem Schiffe.	pe, und vorzüglich [47] zu viel Gepäck; [48] man muß das Gepäck auf dem Schiffe lassen.
Je n'emporte que mon paquet de nuit.	Ich trage - davon nichts als mein Nacht-Paket.	Ich nehme - bloß [49] mein Nacht - Zeug [50] mit. [51]
Sera-t-on visité par les commis en débarquant?	Wird man untersucht werden von den Aufsehern im Anlanden?	Wird man von den Aufsehern beym [52] Landen [53] visitirt?
Dialogue V.	**Fünftes Gespräch.**	**Fünftes Gespräch.**
Pour passer dans un bac.	Um über zu gehen (mit) einer Fähre.	Um auf einer Fähre überzusetzen. [1]
Cocher ou postillon, arrêtez, je veux descendre avant d'entrer dans le bac.	Kutscher oder Postillon, halten - Sie - an; ich will heruntersteigen, ehe (ich) hineingehe in die Fähre.	Kutscher oder Postillon, halt! [2] Ich will absteigen, ehe wir die Fähre betreten. [3]
Oh! il n'y a pas de danger, les chevaux sont doux. . . .	O, es ist nicht-Gefahr da, die Pferde sind sanft...	O, es ist keine Gefahr, die Pferde sind still. [4]
Je veux descendre, vous dis-je, et entrer à pied dans le bac.	Ich will heruntersteigen, sage - ich Ihnen, und hineingehen zu Fuße in die Fähre.	Ich sage Ihnen, daß ich absteigen und zu Fuß in die Fähre gehen will.
A présent que je suis dans le bac, venez à votre tour.	Nun, daß ich bin in der Fähre, kommen - Sie zu Ihrer Reihe.	Jetzt, da ich in der Fähre bin, ist die Reyhe an Sie, [5] zu kommen.
Maintenant dételez vos chevaux. On ne doit pas dans un bac laisser les chevaux attelés à la voiture.	Jetzt spannen - Sie - ab Ihre Pferde. Man soll nicht in einer Fähre lassen die Pferde angespannt an dem Wagen.	Spannen - Sie jetzt Ihre Pferde-ab. Man darf [6] nicht auf einer Fähre die Pferde vor dem Wagen angespannt lassen.
Pourquoi donc?	Warum denn?	Warum denn?

[47] Préférablement. [48] bagage. [49] nuement, simplement. [50] étoffe de nuit. Zeug peut se rendre par *hardes*. [51] mitnehmen, prendre avec.... [52] bey dem... [53] l'atterage.

[1] Mettre par dessus (une rivière). [2] arrête! C'est le cri d'usage. [3] marcher sur ... [4] tranquilles. [5] le tour est à vous, c'est votre tour. [6] n'ose.

C'est que rien n'est plus dangereux. Et cette paresse qui empêche de dételer les chevaux a causé mille fois des accidens funestes.	Es ist weil nichts ist mehr gefährlich. Und diese Faulheit, welche verhindert loszuspannen die Pferde, hat verursacht tausendmal verderbliche Zufälle.	Weil nichts gefährlicher seyn kann. Diese Faulheit, die uns verhindert, die Pferde abzuspannen, hat oft [7] die traurigsten Folgen gehabt. [8]
Puisque les chevaux sont dételés, nous pouvons remonter dans la voiture; nous y serons mieux qu'ici.	Weil die Pferde sind losgespannt, (so) können - wir wieder hineinsteigen in den Wagen; wir werden da seyn besser als hier.	Jetzt, da die Pferde abgespannt sind, können - wir wieder in den Wagen steigen; wir werden darin bequemer [9] seyn, als hier.
Combien de temps faut-il pour passer?	Wie viel Zeit muß es (seyn), um überzugehen?	Wie viel Zeit wird zum Uebergange [10] erfordert? [11]
Vingt-deux minutes. Un quart d'heure. Une demi-heure.	Zwey und zwanzig Minuten. Eine Viertelstunde. Eine halbe Stunde.	Zwey und zwanzig Minuten. Eine Viertelstunde. Eine halbe Stunde.
Tenez les chevaux, ne les quittez point, et tenez-les par la bride.	Halten - Sie die Pferde, verlassen - Sie sie nicht, und halten - Sie sie bey dem Zügel.	Halten - Sie die Pferde, bleiben - Sie dabey, [12] halten - Sie sie beym Zügel fest. [13]
Nous voilà arrivés, nous allons d'abord débarquer; ensuite la voiture et les chevaux passeront.	Siehe da, wir (sind) angekommen; wir wollen gleich anlanden; hernach werden der Wagen und die Pferde vorbeygehen.	Hier sind wir angekommen; nun [14] wollen - wir gleich aussteigen; [15] der Wagen und die Pferde werden nachkommen. [16]
Dialogue VI.	**Sechstes Gespräch.**	**Sechstes Gespräch.**
Informations sur un voyage qu'on ne peut faire qu'en litière ou en chaise à porteurs, ou sur des mulets.	Erkundigungen über eine Reise, welche man nicht machen kann als in einer Sänfte oder Portschaise, oder auf Maulthieren.	Erkundigungen, wegen [1] einer Reise, die man nur in der Sänfte, oder Portechaise, oder auf Maulthieren machen kann.
Le chemin est-il bien effrayant?	Der Weg ist-er sehr erschreckend?	Ist der Weg sehr fürchterlich?

---

[7] Souvent. [8] eu les suites les plus tristes. [9] plus commodément. [10] au dem, pour le passage. [11] est demandé. [12] restez auprès ... [13] ferme. [14] à présent. [15] monter dehors. [16] viendront après.

[1] A cause; c'est le génitif de Weg, *chemin*, par le chemin, par la voie.

Oui; il est très-étroit et bordé de précipices.	Ja; er ist sehr schmal, und besetzt mit Abgründen.	Ja; er ist sehr schmal, und mit Abgründen besetzt.
De quelle longueur est cette route?	Von welcher Länge ist diese Straße?	Wie lang ist diese Straße?
Faudra-t-il coucher en route?	Wird man müssen schlafen unterwegens?	Wird man unterwegens die Nacht zubringen [2] müssen?
Combien de fois?	Wie viel mal?	Wie oft?
Combien me faudra-t-il de porteurs?	Wie viel werden mir (seyn) müssen Träger?	Wie viel Träger werde ich brauchen? [3]
Que leur donne-t-on par jour?	Was giebt man ihnen für den Tag?	Was giebt man ihnen für den Tag?
Combien faudra-t-il de mulets?	Wie viel wird (man) haben müssen Maulthiere?	Wie viel Maul-Thiere [4] werde ich haben müssen?
Choisissez-moi, je vous prie, de bons porteurs, et de bons mulets.	Wählen-Sie mir, ich bitte Sie, gute Träger und gute Maulthiere.	Suchen-Sie mir, ich bitte Sie, gute Träger und gute Maulthiere-aus. [5]
Comme vous ferez dans ce voyage beaucoup de chemin à pied, je vous conseille de vous faire faire de bons souliers, bien solides et bien commodes, et d'emporter parapluie, parasol, des draps et quelques comestibles; car vous ne trouverez sur cette route que de très-mauvais gîtes.	Da Sie machen werden in dieser Reise vielen Weg zu Fuß, (so) rathe-ich Ihnen, sich machen zu lassen gute Schuhe, recht dauerhaft und recht bequem, und davon zu tragen Regenschirm, Sonnenschirm, Laken und einige Eß-Sachen; denn Sie werden finden auf diesem Wege (nichts) als sehr schlechte Nachtlager.	Da Sie auf dieser Reise viel zu Fuß gehen [6] werden, so rathe ich Ihnen, sich ein Paar [7] gute, dauerhafte [8] und bequeme Schuhe machen zu lassen, und einen Regenschirm, einen Sonnenschirm, einige Laken und Eß-Waaren [9] mitzunehmen, da Sie auf dieser Straße nur sehr schlechte Nachtlager finden werden.
Savez-vous assez de la langue du pays pour être en état de parler aux porteurs?	Wissen-Sie genug von der Sprache des Landes, um zu seyn im Stande zu sprechen (mit) den Trägern?	Verstehen-Sie genug von der Landes-Sprache, um mit den Trägern sprechen zu können?

[2] Passer la nuit; ou Nacht-Lager halten, tenir la couche de nuit. [3] emploierai-je. [4] animaux. [5] aussuchen, chercher dehors. [6] aller à pied. [7] une paire. [8] durables. [9] marchandises à manger.

Nous aurons un interprête avec nous.	Wir werden haben einen Dollmetscher mit uns.	Wir werden einen Dollmetscher mit uns haben.
Cela ne suffit pas. Il faut que vous puissiez vous-même ordonner aux porteurs d'arrêter, d'aller plus doucement etc.	Das reicht-nicht-zu. Es muß (seyn), daß Sie können selbst befehlen den Trägern einzuhalten, zu gehen langsamer, ꝛc.	Das ist nicht genug. [10] Sie müssen im Stande seyn, [11] den Trägern selbst zu befehlen, stille zu stehen, [12] langsamer zu gehen, u. s. w.
Eh bien, je vais apprendre pour cela une douzaine de phrases.	Nun wohl, ich will lernen für das ein Duzzend Redensarten.	Gut, ich will deswegen [13] ein Dutzend Redens-Arten [14] auswendig lernen. [15]
C'est tout ce qu'il faut.	Es ist alles, was muß (seyn).	Das ist auch [16] alles, was nöthig [17] ist.
Voulez-vous avoir la bonté de faire mon marché pour tous les arrangemens de ce voyage?	Wollen-Sie haben die Güte, zu machen meinen Handel für alle Einrichtungen dieser Reise?	Wollen-Sie die Güte haben, für alle Einrichtungen auf dieser Reise den Handel für mich zu schließen? [18]
Très-volontiers.	Sehr gern.	Recht gern.
Je vous en aurai bien de l'obligation.	Ich werde Ihnen haben viel Verbindlichkeit.	Ich werde Ihnen sehr verbunden seyn. [19]
Dialogue VII.	**Siebentes Gespräch.**	**Siebentes Gespräch.**
Pour parler en route aux postillons de poste.	Um zu reden auf dem Wege (mit) den Postillonen.	Um unterwegens mit den Postillonen zu reden.
Écoutez, postillon, allez bon train dans le beau chemin, et doucement en tour-	Hören-Sie, Postillon, gehen-Sie guten Zug auf dem schönen Wege, und langsam im	Hören-Sie, Schwager, [1] fahren-Sie [2] rasch [3] auf gutem Wege, und langsam im

---

[10] Cela n'est pas assez. [11] être en état. [12] se tenir tranquille. [13] à cause de cela. [14] manières de parler. [15] apprendre en dehors; germanisme, pour *apprendre par coeur*. [16] aussi. [17] nécessaire. [18] conclure le marché pour moi. [19] serai très-obligé.

[1] Beaufrère, nom qu'on donne aux postillons, parce qu'on boit souvent avec eux. Or il est d'usage en Allemagne, entre amis, de boire ensemble Brüderschaft, la confraternité, et de se tutoyer en conséquence; mais apparemment pour mettre une différence entre ce degré d'intimité et l'espèce de familiarité qui règne entre les voyageurs et les postillons, avec lesquels on boit et que l'on tutoie, on ne les traite pas en *frères*, Brüder, mais en *beaux-frères*, Schwäger.
[2] chariez, menez, conduisez le chariot. [3] vite.

nant, ou sur les ponts, ou dans les villes et villages, et je vous donnerai bien pour boire, sinon je ne vous donnerai que l'ordonnance.	wenden, oder auf den Brücken, oder in den Städten und Dörfern; und ich will Ihnen geben gut zu trinken; wo nicht, (so) werde ich Ihnen (nichts) geben, als nur den bestimmten Satz.	umwenden, auf den Brücken, in den Städten und Dörfern; ich will Ihnen alsdann [4] auch gutes Trink-Geld [5] geben; wo nicht, so gebe ich Ihnen nur den bestimmten Satz. [6]
M'entendez-vous bien?	Hören-Sie mich wohl?	Verstehen-Sie mich wohl?
Allons, à présent partons.	Gehen-wir jetzt, reisen-wir!	Wohlan! [7] jetzt wollen wir wegfahren. [8]
Postillon, arrêtez.	Postillon, halten Sie!	Schwager, halt!
Allez donc mieux. Le chemin est beau, et vous n'allez pas.	Gehen-Sie doch besser. Der Weg ist schön, und Sie gehen nicht.	Fahren-Sie [9] doch zu! [10] Der Weg ist gut, und Sie kommen nicht vorwärts. [11]
Allez plus doucement.	Gehen Sie sachter.	Fahren Sie langsamer. [12]
Quittez le pavé et allez sur la terre.	Verlassen-Sie das Pflaster, und gehen-Sie auf die Erde.	Fahren-Sie vom Damme [13] ab, und fahren (Sie) auf der ebenen [14] Erde.
N'allez donc pas si près du précipice, ou de la rivière.	Gehen-Sie doch nicht so nahe bey dem Abgrunde oder dem Flusse.	Fahren-Sie doch nicht so nahe am Abgrunde, (am Rande [15]) oder am Flusse.
Eloignez-vous du bord du précipice ou de la rivière autant que vous pourrez.	Entfernen-Sie sich von dem Rande des Abgrundes oder des Flusses, so viel Sie werden können.	Bleiben-Sie [16] so weit vom Rande des Abgrundes oder des Flusses, als Sie können.
Postillon, arrêtez-vous; il faut enrayer.	Postillon, halten Sie (sich); man muß hemmen.	Postillon, halt; man muß hier [17] hemmen.
La descente est assez rapide, je veux qu'on enraye.	Der Abhang ist schnell genug, ich will daß man hemme.	Es geht hier sehr Berg ab; [18] ich will hemmen lassen. [19]

---

[4] Alors. [5] argent pour boire. [6] contingent déterminé. [7] hé bien! [8] [illegible] mettre en chemin. [9] fahren, c'est *aller* en chariot ou conduire en chariot, *charier*. [10] zufahren, avancer vite en chariot. [11] en avant. [12] plus lentement. [13] chaussée. [14] unie. [15] au bord. [16] restez (loin de). [17] ici. [18] cela va fort aval, (Berg an, à mont). [19] faire enrayer.

Regardez un peu si la malle est bien attachée, et si rien ne s'est défait.	Sehen-Sie-zu ein wenig, ob das Felleisen ist gut befestigt, und ob nichts sich hat losgemacht.	Sehen-Sie ein wenig-nach, ob das Felleisen gut befestigt ist, und ob sich nichts losgemacht hat.
Je crois que les roues s'enflamment, regardez-y. Voyez en même temps, si rien ne manque à la voiture.	Ich glaube, daß die Räder sich entflammen; sehen-Sie darnach. Sehen-Sie zu gleicher Zeit, ob nichts fehlet an dem Wagen.	Ich glaube, daß die Räder in Brand gerathen;[20] sehen-Sie darnach. Sehen-Sie auch zugleich-zu, ob nichts am Wagen fehlet.
Allez donc, postillon, vous n'allez pas.	Gehen-Sie doch, Postillon, Sie gehen nicht.	Fahr-zu, Schwager! Wir kommen nicht weiter.[21]
Postillon, ne prenez point de chemin de traverse. Je ne veux point quitter la grande route. Je ne le veux point absolument.	Postillon, nehmen-Sie nicht einen Nebenweg. Ich will nicht verlassen die große Straße. Ich will es absolut nicht.	Schwager, nehmen-Sie keinen Nebenweg.[22] Ich will die große Straße nicht verlassen; ich will es absolut[23] nicht.
Mais je prendrai un chemin plus court.	Aber ich werde nehmen einen kürzeren Weg.	Aber ich will einen kürzeren Weg nehmen.
Je ne veux point de chemin de traverse, quelque court qu'il soit.	Ich will nicht einen Nebenweg, so kurz er auch sey.	Ich will keinen Nebenweg fahren, so kurz er auch sey.
Mais le sable fatigue trop mes chevaux.	Aber der Sand ermüdet zu sehr meine Pferde.	Aber der Sand macht meine Pferde zu müde.[24]
Je ne veux point quitter le grand chemin. Et vous ne pouvez le quitter sans ma permission, car la poste doit suivre la grande route, à moins que les voyageurs ne consentent à la quitter.	Ich will nicht verlassen den großen Weg. Und Sie können ihn nicht verlassen, ohne meine Erlaubniß; denn die Post soll folgen die große Straße, es sey denn, daß die Reisenden einwilligen, sie zu verlassen.	Ich will die große Straße nicht verlassen. Und Sie dürfen[25] sie nicht ohne meine Erlaubniß verlassen; denn die Post muß auf der Heerstraße[26] bleiben, es sey denn[27] mit der Bewilligung[28] der Reisenden.

---

[20] Parviennent en incendie. [21] nous ne venons pas plus loin. [22] chemin de côté. [23] ou schlechterdings, quelque mauvaises que soient les choses. [24] fatigués. [25] n'osez. [26] rue, route de l'armée. [27] germanisme: à moins que ce soit. [28] du consentement.

Allons finissons cette discussion. Et restez dans la grande route. J'y aurai l'oeil, et je ne souffrirai point que vous vous en écartiez.	Nun, endigen - wir diese Erörterung. Bleiben-Sie in der großen Straße. Ich werde haben darauf das Auge, und ich werde nicht leiden, daß Sie sich davon absondern.	Gut; wir wollen davon aufhören. [29] Bleiben-Sie auf der Heerstraße, und ich will schon [30] ein wachsames [31] Auge darauf haben, daß Sie sich nicht von derselben entfernen [32] sollen.
Prenez garde d'accrocher cette grosse voiture.	Nehmen-Sie (sich) in Acht, nicht anzuhaken diesen dicken Wagen.	Nehmen-Sie sich in Acht, mit diesem schweren [33] Wagen nicht zusammen zu fahren. [34]
Serons-nous bientôt arrivés?	Werden - wir bald seyn angekommen?	Sind - wir bald angekommen?
A quelle distance sommes - nous de la poste?	In welcher Entfernung sind - wir von der Station?	Wie weit [35] sind-wir noch [36] von der Station?
Postillon, arrêtez, je veux descendre.	Postillon, halt, ich will heruntergehen.	Postillon, halt! ich will absteigen.
Il n'y a point de danger.	Es ist keine Gefahr.	Es ist keine Gefahr.
N'importe, arrêtez, vous dis - je, nous voulons descendre.	Wenn gleich, halt, sage - ich Ihnen, wir wollen heruntergehen.	Wenn schon, [37] halt, sage - ich, wir wollen absteigen.
Arrêtez, arrêtez donc. — Il faut allumer les lanternes de la voiture.	Halt, halt doch! Man muß anzünden die Laternen des Wagens.	Halt doch, halt! Man muß die Laternen am [38] Wagen anzünden.
Ouvrez la portière; abaissez le marchepied, baissez la glace; donnez - moi le bras; fermez la voiture.	Oeffnen - Sie den Schlag (die Thüre). Lassen-Sie-nieder den Fuß - Tritt; lassen-Sie - nieder das Fenster; geben - Sie mir den Arm; schließen-Sie -zu den Wagen.	Machen - Sie den Schlag [39] -auf. [40] Lassen - Sie den Tritt [41] - nieder; [42] lassen - Sie das Fenster [43] - nieder; geben - Sie mir den Arm; schließen - Sie den Wagen - zu.
Postillon, est - ce que nous sommes égarés?	Postillon, sind - wir verirrt?	Schwager, haben - wir uns verirrt?

[29] Bon, nous voulons en cesser. [30] déjà. [31] vigilant. [32] éloigner. [33] lourd. [34] charier (venir) ensemble. [35] combien loin. [36] encore. [37] quoiqu'il (en soit). [38] an dem, à la. [39] le coup. [40] aufmachen, ouvrir. [41] la marche; on dit aussi en françois *la botte*. [42] niederlassen, abaisser. [43] la fenêtre.

Croyez-vous pouvoir retrouver le chemin?	Glauben Sie zu können wiederfinden den Weg?	Glauben-Sie, den Weg wiederfinden zu können?
Il faut interroger le premier passant que nous rencontrerons, ou nous arrêter à la première chaumière.	Man muß fragen den ersten Vorübergehenden, dem wir begegnen werden, oder (wir müssen) uns aufhalten bey der ersten Strohhütte.	Wir müssen den ersten Vorübergehenden fragen, dem wir begegnen werden, oder bey der ersten Bauer-Hütte [44] anhalten.
Questionnez ce paysan, cette paysanne, ce jeune homme etc.	Befragen-Sie diesen Bauer, diese Bäuerin, diesen jungen Menschen, u. s. w	Fragen Sie diesen Bauer, diese Bauers-Frau, [45] diesen jungen Menschen, u. s. w.
Ecoutez, mon ami, dites-nous, je vous prie, si nous sommes sur la route de ***.	Hören-Sie, mein Freund, sagen-Sie uns, ich bitte Sie, ob wir sind auf dem Wege von ***.	Hören-Sie, mein Freund, sagen-Sie uns doch, ich bitte Sie, ob wir auf dem rechten Wege nach *** sind?
Nous allons à ***.	Wir gehen nach ***.	Wir wollen [46] nach ***.
Sommes-nous loin de la poste?	Sind-wir weit von der Station?	Sind-wir noch weit von der Station? [47]
Le grand chemin est-il loin d'ici?	Die große Straße, ist-sie weit von hier?	Ist die Heerstraße weit von hier?
Faut-il prendre à droite ou à gauche, ou bien aller tout droit?	Muß man nehmen zur Rechten oder zur Linken, oder (wohl) gehen ganz gerade?	Muß man rechts oder links fahren, oder gerade-aus gehen?
Faut-il revenir sur nos pas?	Muß man wieder zurückgehen auf seine Schritte?	Muß man wieder zurückfahren?
Monsieur, auriez-vous la bonté de nous dire si nous sommes sur la route de ***?	Mein Herr, hätten-Sie die Güte, uns zu sagen, ob wir sind auf dem rechten Wege von ***?	Mein Herr, haben-Sie die Güte, und sagen (Sie) uns, ob wir auf dem rechten [48] Wege nach *** sind?
Postillon, un homme vient de monter	Postillon, ein Mann kömmt aufzusteigen hin-	Postillon, eben [49] ist ein Mensch hinter den

[44] Cabane de paysan. [45] femme de paysan. [46] nous voulons (aller). [47] lieu, où la poste s'arrête. [48] le droit, le véritable. [49] juste, dans ce moment. *Aller* faire quelque chose, *venir* de faire quelque chose sont des gallicismes, que l'Allemand rend par eben avec le futur et avec le prétérit. Ich will eben essen, je vais manger; ich habe eben gegessen, je viens de manger.

derrière la voiture; faites-le descendre.	ter den Wagen; machen-Sie ihn herunter-steigen.	Wagen aufgestiegen; lassen-Sie [30] ihn heruntersteigen.
Postillon, laissez ce pauvre homme monter sur le siége de la voiture.	Postillon, lassen-Sie diesen armen Mann hinaufsteigen auf den Sitz des Wagens.	Postillon, lassen-Sie diesen armen Menschen [31] auf den Kutscher-Bock [32] steigen.
Il est si fatigué!	Er ist so ermüdet!	Er ist so müde!
Laissez-le; c'est un vieillard!	Lassen-Sie ihn; es ist ein Greis!	Lassen-Sie ihn; es ist ein alter Mann!
Eh bien, je vous donnerai quelque chose pour cela.	Nun gut; ich will Ihnen geben etwas dafür.	Ja doch! ich will Ihnen auch etwas dafür geben.
Oui, j'y consens.	Ja, ich bewillige es.	Ja, ich bin damit zufrieden. [33]
Montez, mon ami. Montez, bon homme.	Kommen-Sie herauf, mein Freund. Kommen-Sie herauf, guter Mann.	Steigen-Sie auf, mein Freund. Steigen-Sie auf, guter Mann.
Bon homme, ne vous endormez pas sur ce siége, vous pourriez tomber.	Guter Mann, schlafen-Sie nicht-ein auf diesem Sitze; Sie könnten fallen.	Guter Mann, schlafen-Sie auf dem Sitze nicht-ein; Sie könnten herunter[34] fallen.
Réveillez-vous donc. Vous tomberiez. Tenez-vous éveillé.	Wachen-Sie doch-auf. Sie würden fallen. Halten-Sie sich wach!	Erwecken-Sie sich doch! Sie würden sonst [35] fallen. Halten-Sie sich wach!
DIALOGUE VIII.	Achtes Gespräch.	Achtes Gespräch.
Sur les accidens qui peuvent arriver en route.	Über die Zufälle, welche geschehen können auf dem Wege.	Über die Zufälle, welche unterwegens zustoßen [1] können.
La cheville ouvrière a sauté.	Der Schluß-Nagel ist gesprungen.	Der Schluß-Nagel [2] ist gesprungen.
La soupente a cassé.	Der Hangriemen ist zerrissen.	Der Hang-Riemen [3] ist zerrissen.

[30] Laisses. Il n'y a pas toujours en allemand la différence entre *laisser* et *faire*, qui s'observe en françois; c'est une faute, car les deux verbes lassen et machen existent. [31] plutôt que Mann; Mensch est plus général. [32] le siége (et non le bouc) du cocher. Car l'allemand Bock ne vient pas de ce que ces siéges ont la figure d'un bouc, mais de l'anglois *box*, *boîte*, *coffre*, parce qu'il y a pour l'ordinaire un coffre sous ce siége. [33] j'en suis content. [34] à bas. [35] sans cela. [1] Pousser jusqu'à (sous). [2] le clou de jointure. [3] la courroie de soupente; lorsque c'est un ressort de fer on dit die Feder, la plume, le ressort.

La voiture a versé.	Der Wagen ist umgeworfen.	Wir haben [4] umgeworfen.
Donnez-moi la main.	Geben-Sie mir die Hand.	Geben-Sie mir die Hand.
Soutenez-moi.	Halten-Sie mich.	Halten-Sie mich.
Otez ces paquets.	Nehmen-Sie weg diese Pakete.	Nehmen-Sie dieses Gepäck weg.
J'ai perdu un de mes souliers, ou mes souliers dans la voiture, cherchez-les.	Ich habe verloren einen meiner Schuhe, oder meine Schuhe in dem Wagen; suchen-Sie sie.	Ich habe einen Schuh oder meine Schuhe in dem Wagen verloren; suchen-Sie sie-wieder.
Donnez-nous les coussins de la voiture. Mettez-les à l'ombre sous cet arbre; ils nous serviront de siége.	Geben-Sie uns die Kissen des Wagens. Legen-Sie sie in den Schatten unter diesen Baum; sie werden uns dienen (statt) der Sitze.	Langen-Sie [5] uns die Wagen-Kissen. Legen-Sie sie in den Schatten hier [6] unter diesen Baum; sie können uns zu Sitzen dienen.
Asseyons-nous.	Setzen-wir uns.	Setzen-wir uns nieder.
J'ai eu bien peur.	Ich habe gehabt wohl Furcht.	Ich habe viel [7] Furcht gehabt.
Et moi aussi.	Und ich auch.	Ich auch.
Il faut à présent relever la voiture.	Man muß jetzt wieder aufheben den Wagen.	Man muß jetzt den Wagen wieder-aufrichten.
Est-elle tout-à-fait brisée?	Ist er ganz und gar zerbrochen?	Ist er ganz und gar [8] zerbrochen?
Qu'est-ce qu'il y a de cassé?	Was ist daran zerbrochen?	Was ist daran entzwey? [9]
Cela est-il difficile à raccommoder?	Ist dieses schwer zurecht zu machen?	Ist es schwer zurecht zu machen? [10]
Cela sera-t-il long?	Wird es lange seyn?	Wird es lange dauern? [11]
Allez à cette chaumière demander du secours. Demandez des clous, des cordes, un marteau. Sa-	Gehen-Sie in diese Strohhütte, fragen (um) Hülfe. Fordern-Sie Nägel, Stricke, einen Hammer. Wissen-Sie,	Gehen-Sie in jene Hütte, suchen-Sie dort [12] Hülfe. Fordern-Sie Nägel, Stricke, einen Hammer; fragen-Sie,

[4] Nous avons... [5] c'est l'ancien *avaindre*, aveignez-nous. [6] ici. [7] beaucoup. [8] tout et cuit, germanisme; cuit est dit pour *usé*, et tout pour *entier, intact*. [9] entzwey, in zwey, en deux, mot très-usité en allemand. [10] faire juste, rectifier, réparer. [11] durer. [12] chercher là.

ches si l'on peut avoir un charron.	ob man haben kann einen Wagenmacher.	ob man einen Stellmacher [13] haben kann.
Allez chercher un charron, un maréchal - ferrant.	Gehen-Sie suchen einen Stellmacher, einen Hufschmidt.	Suchen - Sie einen Stellmacher, einen Schmidt[14]-auf.[15]
Mettez seulement la voiture en état d'aller doucement jusqu'à la première ville, jusqu'à la poste.	Setzen-Sie nur den Wagen in den Stand. zu gehen sacht bis zur ersten Stadt, bis zu der Station.	Setzen - Sie nur den Wagen so weit wieder[16] in Stand, daß wir damit [17] sachte bis zur ersten Stadt, bis zur ersten Station fahren können.
Puisqu'il est impossible de la raccommoder, nous allons continuer la route à pied.	Weil es unmöglich ist, ihn wieder zurecht zu machen, (so) wollen - wir fortsetzen unsern Weg zu Fuß.	Weil es unmöglich ist, ihn wieder zurecht zu machen, so wollen wir unsern Weg zu Fuße fortsetzen.
Allez demander à cette chaumière si l'on veut nous louer une charrette, on y attèlera les chevaux de poste, et nous nous rendrons ainsi à ***	Gehen - Sie fragen bey dieser Strohhütte, ob man will uns vermiethen einen Karten; man wird daran anspannen die Postpferde, und wir werden uns begeben also nach ***.	Gehen-Sie und fragen-Sie in jener Hütte-an, ob man uns einen Karren vermiethen will; wir wollen alsdann [18] die Postpferde vorspannen, und so nach *** gelangen.[19]
Pourrions - nous avoir des chevaux de charrue? Allez-vous en informer.	Könnten-wir Pflugpferde bekommen? Gehen-Sie sich darnach erkundigen.	Könnten-wir Bauerpferde bekommen? Gehen-Sie doch, und erkundigen (Sie) sich darnach.
Il faut mettre sur la charrette ma malle, mon porte-manteau, ma cassette etc.	Man muß legen auf den Karren mein Felleisen, meinen Mantelsack, meine Chatulle, u. s. w.	Vergessen-Sie nicht,[20] mein Felleisen, meinen Mantelsack, meine Chatulle [21] auf den Karren zu packen.[22]
Appelez ces paysans pour nous aider.	Rufen - Sie diese Bauern, um uns zu helfen.	Rufen - Sie jene Bauern zu Hülfe.[23]
Mes amis, voulez-	Meine Freunde, wol-	Lieben [24] Freunde,

[13] Gestell-Macher, faiseur de trains de voitures. [14] Schmidt, maréchal. Huf-Schmidt, maréchal de fer (à cheval). Grob-Schmidt, maréchal grossier ou en grosses pieces. [15] aufsuchen, rechercher, chercher jusqu'à ce qu'on trouve. [16] assez loin derechef. [17] avec lui. [18] alors. [19] *aveindre*, atteindre. [20] n'oubliez pas. [21] ce mot n'est ni allemand ni françois, mais latin. Il vient de *cistula*, Kästlein, *petite caisse*. [22] charger, einpacken, empaqueter, emballer. [23] au secours. [24] chers.

vous bien nous aider? Nous sommes dans un grand embarras. Vous serez bien payés de vos peines.	len-Sie wohl uns helfen? Wir sind in einer großen Verlegenheit. Sie werden bezahlt werden wohl für Ihre Mühe.	wollen-Sie uns wohl helfen? Wir sind in einer großen Noth.[25] Sie sollen für[26] Ihre Mühe gut bezahlt werden.
Nous sommes embourbés, prêtez-nous deux de vos chevaux pour nous tirer de là.	Wir sind stecken geblieben; leyhen-Sie uns zwey von Ihren Pferden, um uns heraus-zu-ziehen.	Wir sind stecken geblieben;[27] leyhen-Sie uns zwey von Ihren Pferden, um uns heraus[28] zu ziehen.
Vous nous rendrez un grand service.	Sie werden uns leisten einen großen Dienst.	Sie werden uns einen großen Dienst leisten.[29]
Mes amis, je vous en conjure.	Meine Freunde, ich beschwöre Sie darum.	Lieben Freunde, ich beschwöre Sie!
Pouvez-vous nous donner l'hospitalité pour cette nuit?	Können-Sie uns geben die Gastfreundschaft für diese Nacht?	Können-Sie uns diese Nacht beherbergen?[30]
Ce village est-il loin d'ici?	Dieses Dorf ist es weit von hier?	Ist jenes Dorf weit von hier?
La voiture est-elle bien raccommodée?	Der Wagen ist er gut zurecht gemacht?	Ist der Wagen gut zurecht gemacht?
Pourra-t-elle aller jusqu'à la poste?	Wird er können gehen bis zu der Station?	Wird er bis zur Station kommen können?
En répondez-vous?	Antworten-Sie dafür?	Stehen-Sie dafür?[31]
Allons, partons; allons au pas; allons bien doucement et sur la terre.	Nun, reisen-wir; gehen-wir Schritt vor Schritt; gehen-wir sehr langsam, und auf dem Erdwege.	Nun, weiter![32] wir wollen Schritt vor Schritt[33] fahren; wir wollen sehr langsam fahren; auf ebener Erde.[34]
Un cheval vient de s'abattre.	Ein Pferd ist eben niedergefallen.	Eben fällt-ein Pferd -nieder.[35]
Le postillon n'est-il pas blessé?	Der Postillon ist-er nicht verwundet?	Ist der Postillon nicht verwundet?
Oui, il est blessé.	Ja, er ist verwundet.	Ja, er ist verwundet.

Wir

[25] Nécessité. [26] pour. [27] restés attachés; on peut ajouter encore in dem Kothe, dans le bourbier. [28] dehors. [29] ce mot ne répond à aucun mot françois connu; on le dérive de leihen, prêter. [30] héberger. [31] Germanisme. [32] plus loin. [33] un pas devant l'autre. [34] en pleine terre. [35] niederfallen, tomber à-bas.

Descendons pour le secourir et le panser.	Steigen - wir herunter, um ihm zu helfen und ihn zu verbinden.	Wir wollen aussteigen, ihm zu helfen und ihn zu verbinden.
Je porte toujours avec moi toutes les choses nécessaires pour ces sortes d'accidens.	Ich trage immer mit mir alle nothwendige Sachen für diese Arten von Zufällen.	Ich führe [36] immer alles, was [37] bey dergleichen [38] Zufällen nöthig ist, bey mir.
Donnez-moi ma petite cassette. Il y a dans cette cassette des bandes de linge, de la charpie bien propre, de l'eau de Cologne, de la baudruche, de l'eau-de-vie, deux flacons, l'un d'eau pure et l'autre d'eau assaisonnée de sel, (j'arrange ces deux flacons chaque matin) un troisième flacon d'eau de Luce et une bouteille de sirop de verjus ou de vinaigre.	Geben-Sie mir meine kleine Chatulle. Es ist in dieser Chatulle Bandagen von Leinen, sehr reinliche Charpie, Cöllner Wasser, Blase, Branntewein, zwey Fläschgen, das eine mit reinem Wasser, und das andere mit Salzwasser, (ich richte-ein diese Fläschgen alle Morgen); ein drittes Fläschgen mit Eau-de-Lüce, und eine Flasche mit Syrop von unreifen Trauben, oder mit Weinessig.	Geben-Sie mir mein kleines Flaschenfutter.[39] In diesem Flaschenfutter sind Bandagen [40] von Leinwand, [41] sehr gute Charpie, Cöllner Wasser, Blase, Branntwein, zwey Fläschgen, das eine mit reinem Wasser, das andre mit Salzwasser angefüllt[42] (ich besorge[43] alle Morgen diese beyden Fläschgen); ein drittes Fläschgen mit Eau-de-Lüce, und eine Flasche mit unreifem Traubensaft, oder mit Weinessig.
Le postillon est évanoui, faisons-lui respirer l'eau de Luce.	Der Postillon ist ohnmächtig; lassen-wir ihm einathmen Eau-de-Lüce.	Der Postillon ist in Ohnmacht; [44] wir wollen ihm Eau-de-Lüce zu riechen geben.[45]
Dégagez doucement le postillon de dessous le cheval.	Befreyen-Sie sacht den Postillon von unter dem Pferde.	Ziehen-Sie den Postillon sachte unter seinem Pferde-weg.[46]
Il a la jambe cassée.	Er hat das Bein zerbrochen.	Er hat das Bein gebrochen.
Il a le bras cassé.	Er hat den Arm zerbrochen.	Er hat den Arm gebrochen.
Portons-le dans la voiture.	Tragen-wir ihn in den Wagen.	Wir wollen ihn in den Wagen tragen.

[36] Je conduis, pour ich trage, je porte. [37] tout ce qui est.... [38] de pareils. [39] pour Flaschen-Futteral, étui à bouteilles, cantine. [40] le mot est françois. [41] toile; linge, Leinen. [42] rempli. [43] je soigne. [44] en impuissance, en foiblesse. [45] donner à sentir. [46] wegziehen, tirer de....

Il a une contusion à la tête.	Er hat eine Dutt-schung an dem Kopfe.	Er hat eine Quetschung am Kopfe.
Il a une grosse bosse à la tête. Ne faut-il pas appliquer une pièce de monnoie sur cette bosse afin de l'aplatir?	Er hat eine dicke Beule an dem Kopfe. Muß man nicht auflegen ein Stück Münze auf diese Beule, um sie platt zu machen?	Er hat eine starke[07] Beule vor dem Kopfe. Muß man nicht ein Stück Geld [08] auf die Beule aufdrücken, [09] um sie platt zu machen?
Point du tout. Ce que vous proposez-là, est une chose très-dangereuse, qu'il faut bien se garder de faire.	Ganz und gar nicht. Was Sie da vorschlagen, ist eine sehr gefährliche Sache, die man sich wohl hüten muß zu thun.	Bey Leibe nicht! [10] Was Sie da vorschlagen, ist eine Sache, die man ja nicht thun muß. [11]
Je mettrai seulement sur cette contusion de l'eau et du sel, ou de l'eau de Cologne étendue d'eau.	Ich werde legen nur auf diese Quetschung Wasser und Salz, oder Cöllner Wasser mit Wasser ausgedehnt.	Ich will bloß etwas [12] Wasser und Salz auf diese Quetschung legen, oder Cöllner Wasser mit Wasser vermischt. [13]
Il a un trou à la tête.	Er hat ein Loch an dem Kopfe.	Er hat ein Loch im Kopfe.
Il faut doucement bien laver la plaie avec de l'eau pure, et ensuite y mettre une compresse trempée dans de l'eau de Cologne, mêlée d'eau.	Man muß sacht gut auswaschen die Wunde mit reinem Wasser, und hernach dahin legen eine Compresse, getaucht in Cöllner Wasser, mit Wasser vermischt.	Man muß die Wunde mit reinem Wasser sachte aber recht gut auswaschen, und hernach eine Compresse mit Cöllner Wasser, mit Wasser vermischt, darauflegen.
Faites-lui boire un bon verre ou de sirop de verjus, ou de vinaigre avec un peu d'eau.	Lassen-Sie ihn trinken ein gutes Glas entweder sauren Traubensaft, oder Weinessig mit etwas Wasser.	Lassen-Sie ihn ein gutes Glas sauern Traubensaft oder Weinessig mit etwas Wasser trinken.
Pourquoi?	Warum?	Warum?
Pour prévenir le contre-coup.	Um dem Gegen-Stoß zuvorzukommen.	Um dem Gegen-Stoß zuvorzukommen.
Il est tombé sur un caillou, qui lui a ouvert une veine, et	Er ist gefallen auf einen Kiesel, der ihm geöffnet hat eine Ader,	Er ist auf einen Kiesel gefallen, der ihm eine Ader aufgerißt [14]

[07] Forte. [08] d'argent. [09] presser dessus. [10] germanisme; pas par le corps (de Dieu). [11] qu'il faut certes (oui) ne pas faire. [12] un peu. [13] mêlé. [14] fendu, égratigné.

le sang ne peut s'arrêter.	und das Blut kann sich nicht aufhalten.	hat, so daß [55] das Blut sich nicht stillen [56] kann.
Il faut le laisser un peu couler, et puis étuver avec de l'eau pure.	Man muß es lassen ein wenig fließen, und hernach bähen mit reinem Wasser.	Man muß das Blut etwas fließen lassen, und (die Wunde) [57] hernach mit reinem Wasser bähen.
Et ensuite, si l'hémorrhagie continue avec la même force, il faut mettre sur la coupure du sucre réduit en poudre très-fine. J'en ai dans mon nécessaire.	Und hernach, wenn der Blutfluß fortfährt mit derselbigen Stärke, man muß legen auf den Schnitt Zucker, zerstoßen in sehr feines Pulver. Ich habe davon in meinem Reisekästchen.	Hernach, wenn der Blutfluß mit der nämlichen Stärke fortfährt, muß man fein zerstoßenen [58] Zucker auf den Schnitt legen. Ich habe welchen in meinem Reisekästchen. [59]
Souffrez-vous?	Leiden-Sie?	Stehen-Sie viel-aus? [60]
Qu'est-ce qui vous fait mal?	Was thut Ihnen weh?	Was thut Ihnen weh?
Je vais vous donner tous les premiers secours, et puis, arrivés à ***, je vous donnerai l'argent nécessaire pour vous faire soigner par un bon chirurgien.	Ich will Ihnen geben alle erste Hülfe, und hernach, angekommen in ***, will ich Ihnen geben das nöthige Geld, um sich pflegen zu lassen von einem Wund-Arzte.	Ich will Ihnen hier die erste Hülfe reichen, [61] und wenn wir [62] in *** angekommen seyn werden, will ich Ihnen das nöthige Geld geben, um sich von einem Wund-Arzte [63] heilen [64] zu lassen.
Prenez courage, mon ami. Il me semble que cela n'est pas dangereux.	Nehmen-Sie Muth, mein Freund. Es scheint mir, daß es nicht gefährlich ist.	Fassen-Sie Muth, mein Freund, es scheint mir, daß Ihr Fall [65] nicht gefährlich ist.
Pauvre homme! je compatis bien à votre souffrance, soyez-en sûr.	Armer Mann! Ich bemitleide sehr Ihr Leiden; seyen-Sie sicher davon.	Armer Mann! ich nehme viel Antheil [66] an Ihrem Leiden, ich versichere Sie! [67]

---

[55] De sorte que... [56] s'appaiser. [57] la plaie. [58] concassé; zerriebenen, broyé. [59] petite cassette de voyage. [60] germanisme; ausstehen, se tenir dehors: souffrir. [61] tendre; on dit aussi leisten, prêter. [62] quand nous serons [63] médecin de plaies. [64] guérir. [65] votre chute. [66] je prends beaucoup de part. [67] je vous assure.

Les chevaux viennent de s'abattre.	Die Pferde sind eben umgefallen.	Die Pferde sind eben gestürzt. [68]
N'y a-t-il personne de blessé?	Ist niemand verwundet?	Ist niemand verwundet?
Non. Dieu merci.	Nein, Gott (sey) Dank!	Nein, Gott sey Dank!
Le cheval est très-blessé. Il est mort.	Das Pferd ist sehr verwundet. Es ist todt.	Das Pferd ist schwer [69] verwundet. Es ist todt.
Allons, dépêchons-nous.	Nun, eilen-wir!	Geschwind, [70] wir wollen uns sputen. [71]
Le cheval est déferré.	Das Pferd ist enthufet.	Das Pferd hat sein Hufeisen verloren. [72]
Un cercle de la roue vient de tomber.	Ein Kreis von dem Rade ist eben gefallen.	Eben ist ein Reif [73] vom Rade abgesprungen. [74]
Pouvons-nous sans danger continuer notre route?	Können-wir ohne Gefahr fortsetzen unsern Weg?	Können-wir, ohne Gefahr, unsre Reise [75] fortsetzen?
Oui, en allant très-doucement.	Ja, indem wir gehen sehr langsam.	Ja, wenn wir sehr langsam fahren wollen.
Eh bien, allons au pas.	Nun wohl, gehen-wir im Schritt.	Gut, wir wollen im Schritt fahren.
Il pleut à verse. Le vent redouble. Le tonnerre est affreux. Il est dangereux de continuer sa route par un tel orage. Arrêtons-nous à la première maison.	Es regnet mit Güssen. Der Wind verdoppelt (sich). Der Donner ist abscheulich. Es ist gefährlich, fortzusetzen seinen Weg bey einem solchen Ungewitter. Halten-wir uns-auf bey dem ersten Hause.	Es regnet wie gegossen. [76] Der Wind verdoppelt sich. Es donnert abscheulich. Es ist gefährlich, seine Reise bey solchem Wetter weiter [77] fortzusetzen. Wir wollen bey dem ersten besten [78] Hause anhalten.
Demandez si l'on veut bien nous recevoir.	Fragen-Sie, ob man will wohl uns aufnehmen.	Erkundigen-Sie sich, [79] ob man uns aufnehmen will.

[68] Précipités. [69] pesamment. [70] vite! [71] Provincialisme, pris de l'anglois *speed*, se hâter. On dit mieux: wir wollen eilen. [72] a perdu son fer de corne. [73] anneau. [74] sauté. [75] voyage. [76] comme versé, à verse. On dit platement es pladdert, et plus noblement, es fällt ein Platzregen, il tombe une pluie de crevasse, (un nuage crève). [77] plus loin. [78] la première la meilleure. [79] informez-vous.

Dialogue IX.	Neuntes Gespräch.	Neuntes Gespräch.
Pour parler aux postes tandis qu'on attèle les chevaux.	Um zu sprechen auf den Stationen, während man anspannet die Pferde.	Auf der Station, während man die Pferde umspannt.
Combien y a-t-il de lieues, ou de milles d'ici à la poste prochaine?	Wie viel sind Meilen von hier nach der nächsten Station?	Wie viel Meilen sind es von hier bis zur nächsten Station?
Cela fait poste et demi? ou deux postes?	Das macht anderthalb Stationen, oder zwey Stationen?	Macht das nicht anderthalb *), zwey Stationen?
Le chemin est-il beau?	Der Weg ist-er schön?	Ist der Weg gut?
Postillon, venez recevoir votre argent.	Postillon, kommen-Sie empfangen Ihr Geld.	Schwager, kommen-Sie-her! hier ist [1] Ihr Geld.
Voici pour vos guides et votre pour boire.	Hier ist für Ihre Wegweiser, und hier ist Ihr Trinkgeld.	Hier ist für die Weg-Weiser, [2] und hier ist Ihr Trink-Geld. [3]
Comment, vous n'êtes pas content?	Wie? Sie sind nicht zufrieden?	Was! [4] Sie sind nicht zufrieden?
Il est vrai que vous m'avez bien mené, mais aussi je vous paye très-bien.	Es ist wahr, daß Sie mich haben gut gefahren; aber ich bezahle Sie auch recht gut.	Es ist wahr, daß Sie mich gut gefahren haben; aber ich bezahle Sie auch sehr gut.
Si vous m'aviez mieux mené je vous donnerois davantage.	Wenn Sie mich gefahren hätten besser, (so) würde ich Ihnen geben mehr.	Wenn Sie mich besser gefahren hätten, so würde ich Ihnen mehr geben.
Quand on me mène bien je donne . . .	Wenn man mich gut fährt, (so) gebe ich...	Wenn man gut fährt, so gebe ich . . . .
Il faut qu'à cette poste vous preniez un cheval de plus.	Es muß (seyn) daß Sie nehmen auf dieser Station ein Pferd mehr.	Sie müssen auf dieser Station ein Pferd mehr nehmen.
Pourquoi donc?	Warum denn?	Warum?
Cela n'est pas juste. Appelez le maître ou la maîtresse de poste, je voudrois lui parler.	Das ist nicht gerecht. Rufen-Sie den Post-Meister, die Post-Meisterinn, ich wollte sie sprechen.	Das ist nicht billig. [5] Rufen-Sie den Post-Meister, die Post-Meisterinn, ich habe sie zu sprechen. [6]

*) L'autre à moitié; l'un et la moitié de l'autre. [1] voici. [2] montreurs de chemin. [3] argent pour boire. [4] quoi! [5] équitable. [6] j'ai à leur parler

Monsieur ou madame, je n'ai eu jusqu'ici que tant de chevaux; pourquoi voulez-vous donc que j'en prenne davantage?	Mein Herr, oder Madame, ich habe nicht (mehr) gehabt bis hier als so viel Pferde; warum wollen-Sie denn, daß ich deren nehme mehr?	Mein Herr, Madame, ich habe bisher nur so viel Pferde gehabt; warum wollen-Sie denn, daß ich mehr nehmen soll?
C'est que la poste est longue, fatigante, et le chemin très-sablonneux.	Es ist, weil die Station lang ist, ermüdend, und der Weg sehr sandig.	Weil die Station lang und ermüdend, und der Weg sehr sandig ist.
Oui, mais je ne dois payer que l'ordonnance.	Ja, aber ich darf nicht (mehr) bezahlen, als den bestimmten Satz.	Ja, aber ich darf nur bezahlen, was bestimmt ist. [7]
Votre voiture est lourde et très-chargée.	Ihr Wagen ist schwer und sehr beladen.	Ihr Wagen ist schwer und sehr bepackt.
Point du tout. Je vous assure qu'elle n'est ni lourde ni chargée.	Ganz und gar nicht. Ich versichere Sie, daß er ist weder schwer noch beladen.	Ganz und gar nicht. Ich versichere Sie, daß er weder schwer noch bepackt ist.
Enfin, jusqu'ici j'ai fort bien été avec deux chevaux, avec quatre chevaux, et certainement je n'en prendrai pas davantage.	Endlich, bis hier-her bin ich sehr gut gewesen mit zwey Pferden, mit vier Pferden, und gewißlich ich werde nicht nehmen mehr.	Kurz, [8] bisher bin ich recht gut mit zwey, vier Pferden fortgekommen; [9] und ich werde gewiß nicht mehr nehmen.
Je vous prie de me donner de bons chevaux.	Ich bitte Sie, mir zu geben gute Pferde.	Ich bitte Sie, mir gute Pferde zu geben.
Donnez-moi un bon bidet, je m'y connois, je vous en préviens.	Geben-Sie mir ein gutes Reit-Pferd, ich kenne mich darauf, ich sage es Ihnen vorher.	Geben-Sie mir ein gutes Reit-Pferd; ich verstehe mich darauf, [10] ich sage es Ihnen. [11]
Ce cheval ne vaut rien. Il est rétif, il est ombrageux. Je n'en veux décidément point, je vous prie de m'en donner un autre.	Dieses Pferd taugt nichts. Es ist stätig, es ist schen. Ich will es d u r c h a u s nicht. Ich bitte Sie, mir zu geben ein anderes.	Dieses Pferd taugt nichts. Es ist stätig, schen. Ich will es durchaus [12] nicht. Ich bitte Sie, mir ein anderes zu geben.

[7] Ce qui est déterminé. Le mot allemand ausmachen signifie la même chose; il signifie en même temps *terminer* et *déterminer*, (*faire une fin*). [8] en bref, brièvement. [9] venir plus loin. [10] je m'y entends. [11] je vous le dis. [12] par (toutes les raisons) jusqu'au bout; absolut, absolument.

Allons donc, postillon, dépêchons-nous!	Nun, Postillon, wir wollen eilen!	Frisch zu,[13] Postillon! Wir wollen geschwinde machen.[14]
Pressez donc le postillon!	Treiben-Sie doch den Postillon!	Treiben-Sie doch den Postillon-an!
Allez donc à l'écurie demander les chevaux.	Gehen-Sie doch in den Stall fordern die Pferde!	Gehen-Sie doch in den Stall, und fordern-Sie die Pferde!
Allons, allons, de la diligence! Je suis très-pressé, je vous donnerai bien pour boire si vous vous dépêchez.	Zu, zu, Eile! Ich bin sehr eilig; ich will Ihnen geben gut zu trinken, wenn Sie sich sputen.	Zu! zu! Geschwind.[15] Ich bin sehr eilig;[16] ich will Ihnen auch gutes Trinkgeld geben, wenn Sie fortmachen.[17]
Voyez si la voiture est en bon état.	Sehen-Sie, ob der Wagen ist in gutem Stande.	Sehen-Sie-zu, ob der Wagen in gutem Stande ist.
Jetez de l'eau sur les roues.	Gießen-Sie Wasser auf die Räder.	Gießen-Sie Wasser auf die Räder.
A-t-on graissé la voiture?	Hat man geschmiert den Wagen?	Hat man den Wagen geschmiert?
J'ai bien soif, l'eau est-elle bonne ici? est-ce de l'eau de source ou de puits?	Ich habe sehr Durst; ist das Wasser gut hier? Ist es Wasser von der Quelle, oder von dem Brunnen?	Mich durstet sehr:[18] ist das Wasser hier gut? Ist es Quell-Wasser oder Brunnen-Wasser?
Je voudrois un verre de bière, un verre d'eau, un bon verre de lait nouvellement tiré.	Ich wollte ein Glas Bier, ein Glas Wasser, ein gutes Glas Milch, neu gezogen.	Ich möchte gern ein Glas Bier, ein Glas Wasser, ein Glas frisch gemolkener[19] Milch haben.
Allez voir tirer la vache.	Gehen-Sie sehen ziehen die Kuh.	Gehen-Sie und sehen-Sie die Kuh melken.[20]
Avez-vous de bon pain? apportez-nous-en.	Haben-Sie gutes Brot? Bringen-Sie uns davon.	Haben-Sie gutes Brot? Bringen-Sie uns welches.[21]
Pourroit-on avoir des gâteaux et du fruit?	Könnte man haben Kuchen und Früchte?	Kann man Kuchen und Obst[22] bekommen?[23]

[13] Allons, fraichement! [14] faire vite. [15] vite. [16] hâte. [17] avancer, faire en avant. [18] c'est un verbe impersonnel, comme tous ceux qui désignent en allemand un état du corps ou de l'ame; mich hungert, j'ai faim, mich durstet, j'ai soif, mich friert, j'ai froid, mich schwitzet, je sue, mich verdrießt, je me fâche, mich dünket, il me semble, mich ahndet, j'ai un pressentiment etc. [19] fraichement traite. [20] traire. [21] quelque (peu). [22] quand il s'agit des fruits des arbres et non de la terre, les Allemands se servent du mot générique Obst. Ils ont ensuite Garten-Früchte, ce sont les légumes, les fruits des jardins; et Feld-Früchte, ce sont les blés, les fruits des champs. [23] recevoir.

Quelle sorte de fruits avéz - vous?	Welche Art von Früchten haben-Sie?	Was haben Sie für Obst(-Arten)?
Je voudrois quelques beurrées, (*a*) si le beurre est bien frais. — Je vous remercie.	Ich wollte einige Butterbröte, wenn die Butter sehr frisch ist. Ich danke Ihnen.	Ich wollte ein paar [24] Butterbröte [25] haben, wenn die Butter frisch ist. Ich danke Ihnen.
Dépêchons - nous, je ne veux pas voyager dans la nuit, d'autant plus que nous n'aurons point de clair de lune.	Eilen-wir; ich will nicht reisen in der Nacht, um - so - viel mehr, da wir nicht haben werden Mond-Schein.	Wir müssen eilen; denn ich will nicht zur Nacht-Zeit [26] reisen, um so mehr, da wir keinen Mond-Schein [27] haben.
Nous aurons un beau clair de lune.	Wir werden haben einen schönen Mond-Schein.	Wir werden schönen Mond-Schein haben.
Non, je ne descendrai point.	Nein, ich will nicht heruntergehen.	Nein, ich will nicht absteigen.
Je vais descendre.	Ich will heruntergehen.	Ich will absteigen.
Comment, il n'y a point de chevaux?	Wie! es sind keine Pferde da?	Was! Es sind keine Pferde da?
Et combien de temps faudra-t-il attendre?	Wie viel Zeit wird man müssen warten?	Wie lange wird man warten müssen?
O ciel, c'est affreux! Et ne pourriez-vous pas en envoyer chercher?	O Himmel! das ist schrecklich! Könnten-Sie nicht welche holen lassen?	O Gott! [28] das ist verzweifelt! [29] Können-Sie keine holen lassen?
J'en louerois volontiers.	Ich würde gern einige miethen.	Ich würde gern welche miethen.
De grâce, donnez-lui l'ordre, recommandez-lui de se dépêcher.	Aus Gnaden, geben-Sie ihm den Befehl, empfehlen - Sie ihm, zu eilen.	Ich bitte, befehlen-Sie ihm, empfehlen-Sie ihm, geschwind zu machen. [30]
Monsieur, vous avez l'air si oblige-	Mein Herr, Sie haben die Miene so ge-	Mein Herr, Sie scheinen [31] so gefällig;

(*a*) Il me semble qu'on peut adopter ce mot qui ne se dit jamais en France; au lieu d'un seul mot on emploie une périphrase; on dit: *tartine de beurre*. Le dictionnaire de l'Académie l'admet.

[24] Une paire, une couple. [25] pains avec du beurre. [26] temps de nuit. [27] clarté de lune. [28] o Dieu! Himmel est poétique en allemand. [29] désespéré (désespérant). [30] de faire vite, ou sich zu sputen. [31] vous paroissez.

ant! je vous en conjure, rendez-moi ce service.	fällig; ich beschwöre Sie darum, leisten-Sie mir diesen Dienst.	ich ersuche [32]-Sie, mir diesen Dienst zu leisten. [33]
J'en suis bien reconnoissant. Cela est bien honnête, je vous en remercie de tout mon coeur.	Ich bin darüber sehr erkenntlich. Dieses ist sehr ehrlich, ich danke Ihnen deswegen von meinem ganzen Herzen.	Ich bin Ihnen sehr verbunden. [34] Es ist sehr höflich [35] von Ihnen. Ich danke Ihnen von ganzem Herzen.
Cette monnoie ne vaut rien.	Diese Münze gilt nicht.	Diese Münze gilt [36] hier nicht.
Je vous prie de me faire changer cette pièce ou ces pièces en argent blanc, en petite monnoie.	Ich bitte Sie, mir wechseln zu lassen dieses Stück oder diese Stücken in Silber-Geld, in kleine Münze.	Ich bitte Sie, mir dieses Stück (diese [Gold-] Stücke) in Silber-Geld, [37] in Scheide-Münze [38] umwechseln zu lassen.
Le compte y est, regardez-y bien.	Die Rechnung ist da. Sehen-Sie recht-zu.	Die Rechnung ist richtig. [39] Sehen-Sie recht-zu.
Le compte n'y est pas.	Die Rechnung ist nicht da.	Die Rechnung ist nicht richtig.
Combien vous faut-il?	Wie viel müssen-Sie (haben)?	Wie viel kommt-Ihnen-zu? [40]
Serons-nous fouillés à la première ville frontière?	Werden wir durchsucht werden bey der ersten Gränz-Stadt?	Werden wir in der ersten Gränz-Stadt visitirt [41] werden?
O, je sais quels sont tous les objets de contrebande; j'en ai écrit la liste sur mon journal. C'est une précaution très-utile et que chaque voyageur doit prendre.	O, ich weiß, welches sind alle Gegenstände von Contrebande; ich habe davon geschrieben das Verzeichniß auf mein Tagebuch. Es ist eine sehr nützliche Vorsicht, und welche jeder Reisende soll nehmen.	O, ich weiß alles was Contrebande ist; ich habe die Liste [42] in mein Journal [43] aufgeschrieben. Dieses ist eine sehr nützliche Vorsicht, welche jeder Reisende gebrauchen [44] muß.
Non, je ne passe	Nein, ich bringe-nie-	Nein, ich führe [45]

[32] Je vous requiers. [33] leisten vient de leihen, prêter, *praestare*, prêtez c. d. rendez-moi ce service. [34] obligé. [35] poli. [36] de gelten, verbe irrégulier. [37] argent (monnoie) d'argent (du métal de ce nom). [38] monnoie de séparation (petite monnoie à l'aide de laquelle l'acheteur et le vendeur peuvent s'accorder et se séparer à l'amiable. [39] juste. [40] zukommen, revenir. [41] visités; ce mot dans le sens de *fouiller* s'est introduit en allemand, avec ses dérivés Visitator, Visitation. [42] das Verzeichniß, la note. [43] Tage-Buch, livre de journées. [44] employer. [45] je mène, porte.

jamais de contrebande. Je pense qu'en toutes choses on doit se conformer aux lois des différens pays où l'on voyage.	mals Contrebande-ein. Ich denke, in allen Dingen man soll sich richten nach den Gesetzen der verschiedenen Länder, wohin man reiset.	niemals Contrebande bey mir. Ich bin der Meinung, [46] daß man sich in allen Stücken [47] nach den Gesetzen der Länder, die man bereiset, richten [48] muß.
Adieu monsieur ou madame. Votre serviteur ou votre servante.	Adieu, mein Herr, oder Madame. Ihr Diener, oder Ihre Dienerinn.	Adieu, mein Herr, Madame. Ihr Diener, Ihre Dienerinn.
Dialogue X.	**Zehntes Gespräch.**	**Zehntes Gespräch.**
Pour donner l'aumône en route.	Um zu geben Allmosen unterwegens.	Beym Allmosen-geben [1] unterwegens. [2]
Vous êtes bien jeune, pourquoi ne travaillez-vous pas?	Sie sind sehr jung, warum arbeiten-Sie nicht?	Sie sind sehr jung, warum arbeiten-Sie nicht?
Êtes-vous orphelin ou orpheline?	Sind-Sie eine Wayse?	Sind-Sie eine Wayse? [3]
Avez-vous des frères ou des soeurs?	Haben-Sie Brüder und Schwestern?	Haben-Sie Brüder und Schwestern?
Quel âge avez-vous?	Welches Alter haben-Sie?	Wie alt sind-Sie?
Avez-vous des enfans?	Haben-Sie Kinder?	Haben-Sie Kinder?
Combien avez-vous d'enfans?	Wie viel haben-Sie Kinder?	Wie viel Kinder haben-Sie?
Faites approcher cette bonne femme, ou ce vieillard.	Lassen-Sie (sich) nähern diese gute Frau, oder diesen Greis.	Lassen-Sie diese gute Frau, diesen Greis näher kommen. [4]
Donnez cela à ces pauvres.	Geben-Sie das diesen Armen.	Geben-Sie dieses den Armen.
Partagez cela avec les autres pauvres.	Theilen-Sie dieses mit den andern Armen.	Theilen-Sie sich darin [5] mit den andern Armen.
Je vous donnerai tout à l'heure.	Ich werde Ihnen geben gleich.	Ich werde Ihnen gleich [6] geben.

---

[46] Je suis du sentiment que... [47] pièces. [48] se régler.
[1] En donnant... [2] sous (pendant) le chemin. [3] ce mot s'emploie pour les deux sexes. [4] venir plus proche. [5] en cela. [6] d'abord, im Augenblick, dans le moment, dans le clin-d'oeil.

Attendez un moment. Je vous donnerai dans l'instant.	Warten-Sie einen Augenblick. Ich werde Ihnen geben in dem Augenblick.	Warten-Sie einen Augenblick; [7] ich will Ihnen den Augenblick geben.
Est-ce votre père ou votre mère dont vous êtes le guide?	Ist es Ihr Vater oder Ihre Mutter, wovon Sie sind der Führer?	Ist es Ihr Vater, Ihre Mutter, welchen (oder welche) Sie leiten?
Ayez toujours bien soin de lui ou d'elle; dieu bénit sûrement les bons enfans.	Haben-Sie immer gute Sorge von ihm oder von ihr; Gott segnet gewißlich die guten Kinder.	Tragen-Sie [8] immer für ihn, (für sie) gute Sorge; Gott segnet die guten Kinder ganz gewiß. [9]
Tenez, prenez cela, prenez ceci, et cela encore.	Halten-Sie! nehmen-Sie das; nehmen Sie dieses, und dieses noch.	Da! [10] nehmen-Sie! Nehmen-Sie dies, und dies dazu. [11]
Dialogue XI.	**Eilftes Gespräch.**	**Eilftes Gespräch.**
Pour parler aux commis des douanes.	Um zu sprechen mit den Bedienten des Packhofes.	Mit den Aufsehern [1] des Pack-Hofes. [2]
N'avez-vous rien contre les ordres du roi, du souverain ou de la république?	Haben-Sie nichts gegen die Befehle des Königs, des Oberhaupts oder der Republik?	Haben-Sie nichts bey sich, [3] was gegen die Gesetze [4] des Königs, des Souverains [5] oder der Republik ist?
Non. Je n'ai aucune contrebande.	Nein, ich habe keine Contrebande.	Nein, ich habe gar keine [6] Contrebande.
J'ai seulement quelques effets qui payent des droits, et je vais les déclarer.	Ich habe nur einige Sachen, welche die Pflichten bezahlen, und ich will sie anzeigen.	Ich habe nur einige Sachen, welche Accise geben, [7] und ich will sie anzeigen.
Combien dois-je payer pour cela?	Wie viel soll ich bezahlen für dieses?	Wie viel habe-ich für dieses zu bezahlen?
Il faut me donner vos clefs.	Es muß (seyn,) daß Sie mir geben Ihre Schlüssel.	Sie müssen mir Ihre Schlüssel geben.
Les voici. Auriez-vous la bonté de vous	Hier (sind) sie. Hätten-Sie die Güte, sich	Hier sind sie. Haben-Sie die Güte, ein

[7] Augen-Blick, clin d'oeil. [8] portes soin. [9] tout surement. [10] là! [11] avec. — [1] Inspecteurs. [2] cour des paquets (qui arrivent de l'étranger). [3] avec vous. [4] les lois. [5] Ober-Haupt, tête suprême. [6] pas du tout. [7] donnent (payent) l'accise; dans l'Empire on dit Mauth pour accise.

dépêcher un peu, car je suis bien pressé.	zu sputen ein wenig; denn ich bin sehr eilig.	wenig geschwind zu machen; denn ich bin sehr eilig. [8]
Je vous en serai extrêmement obligé.	Ich werde Ihnen seyn äußerst verbunden.	Ich werde Ihnen äußerst dafür verbunden seyn.
Voici la clef du cadenas, voici la clef de la serrure.	Hier (ist) der Schlüssel zu dem Vorlege-Schlosse; hier ist der Schlüssel zum Schlosse.	Hier ist der Schlüssel zum Vorlege-Schlosse, [9] und hier der Schlüssel zum Schlosse.
Ayez la bonté de fouiller avec précaution; il y a plusieurs choses casuelles.	Haben-Sie die Güte, zu durchsuchen mit Vorsicht; es sind viel zerbrechliche Sachen da.	Haben-Sie die Güte, mit Vorsicht zu visitiren; es sind viel zerbrechliche Sachen darin. [10]
Avez-vous fini?	Haben-Sie geendigt?	Sind-Sie fertig? [11]
N'allez-vous pas plomber à présent la malle et les coffres, afin que je ne sois plus fouillé?	Gehen-Sie nicht plombiren jetzt das Felleisen und die Kuffer, damit ich nicht mehr sey visitiret?	Werden-Sie nicht jetzt gleich [12] das Felleisen und die Kuffer plombiren, damit ich hernach [13] nicht mehr visitirt werde?
Pourriez-vous, au lieu de me fouiller à cette porte, venir me fouiller à l'auberge, ou à la maison où je vais loger?	Könnten-Sie, anstatt mich zu visitiren an diesem Thore, kommen mich visitiren im Gasthofe, oder in dem Hause, wohin ich gehe wohnen?	Könnten-Sie nicht, anstatt mich im Thore zu visitiren, nach dem Gasthofe oder in das Haus, wo ich wohnen werde, kommen?
Je vous remercie, adieu. Votre serviteur, monsieur.	Ich danke Ihnen, Adieu. Ihr Diener, mein Herr.	Ich danke Ihnen, Adieu. Ihr Diener, mein Herr.
DIALOGUE XII.	Zwölftes Gespräch.	Zwölftes Gespräch.
Pour parler dans une voiture publique.	Um zu sprechen in einem öffentlichen Wagen.	Auf einem Post-Wagen. [1]
Je parle bien mal l'allemand.	Ich spreche sehr schlecht das Deutsche.	Ich spreche sehr schlecht Deutsch.
Je l'entends un	Ich verstehe es ein	Ich verstehe es ein

[8] En hâte. [9] serrure qu'on met (qu'on pend) devant. [10] y dedans. [11] êtes-vous prêt? [12] d'abord. [13] ensuite. [1] Chariot de poste, Post-Kutsche, voiture de poste, diligence, journalière.

peu, lorsqu'on ne parle pas vite.	wenig, wenn man nicht spricht geschwind.	wenig, wenn man nicht geschwind spricht.
M'entendez-vous bien?	Verstehen-Sie mich wohl?	Verstehen-Sie mich wohl?
Je n'ai pas bien entendu.	Ich habe nicht gut verstanden.	Ich habe nicht recht verstanden.
Etes-vous françois?	Sind-Sie französisch?	Sind-Sie ein Franzos?
De quelle province êtes-vous?	Von welcher Provinz sind-Sie?	Aus welcher Provinz sind-Sie?
Vous parlez à merveille.	Sie sprechen zum Wunder.	Sie sprechen vollkommen gut. [2]
Non, ce n'est point un compliment.	Nein, es ist kein Compliment.	Nein, es ist kein Compliment.
La poussière est bien incommode.	Der Staub ist sehr unbequem.	Der Staub ist sehr unbequem. [3]
Je crois qu'il faudroit ouvrir ou fermer de ce côté.	Ich glaube, daß man müßte öffnen oder zumachen von dieser Seite.	Ich glaube, man muß von dieser Seite auf- oder zumachen. [4]
Permettez-vous que je lève ou que je baisse ce panneau?	Erlauben-Sie, daß ich aufhebe oder daß ich herunterlasse dieses Fenster-Brett?	Erlauben-Sie, daß ich das Fenster-Brett [5] aufziehe [6] oder herunterlasse. [7]
Non, point du tout. Je ne crains pas l'odeur de la fumée de tabac.	Nein, ganz und gar nicht: ich fürchte nicht den Geruch des Tabak-Rauchs.	Nein, ich fürchte mich gar nicht vor dem Tabaks-Geruche. [8]
Avez-vous de quoi allumer votre pipe?	Haben-Sie, womit Sie anzünden (können) Ihre Pfeife?	Haben-Sie Schwamm, [9] um Ihre Pfeife anzuzünden? [10]
Ce paquet ne vous incommode-t-il pas?	Dieses Paket beschwert es Sie nicht?	Incommodirt-Sie dieses Paket nicht?
Je suis à merveille.	Ich bin zum Wunder.	Ich sitze [11] vollkommen wohl. [12]
Permettez-moi d'étendre un peu les jambes.	Erlauben-Sie mir, auszustrecken ein wenig die Füße.	Erlauben-Sie mir, die Füße ein wenig [13] auszustrecken.
Là, comme cela.	So! also!	So! also!

[2] Parfaitement bien. [3] plutôt lästig, zur Last, beschwerlich; à charge. [4] faire ouvert ou fermé. [5] planche de fenêtre; Fenster-Schieber, coulisse de fenêtre. [6] tire en haut. [7] laisse (tomber) en bas. [8] ou vor dem Tabaks-Rauche. [9] de l'amadou. [10] On dit communément: Können-Sie Feuer machen? pouvez-vous faire du feu? [11] je suis assis. [12] parfaitement bien. [13] on dit communément ein Bißchen, un petit morceau, de beißen, mordre, en anglois *a bit*.

Vous ne me gênez point du tout.	Sie geniren mich ganz und gar nicht.	Sie geniren [14] mich ganz und gar nicht.
Pouvez-vous dormir en voiture?	Können-Sie schlafen in dem Wagen?	Können-Sie im Wagen schlafen?
Il faut céder le fond de la voiture aux femmes et aux vieillards.	Man muß lassen den Hinter-Grund des Wagens den Frauen und den Greisen.	Man muß den Fond [15] des Wagens den Frauenzimmern und Greisen lassen. [16]
Voulez-vous descendre?	Wollen-Sie heruntergehen?	Wollen-Sie absteigen?
Voilà une montagne, descendons pour soulager les chevaux.	Hier ist ein Berg. Wir wollen absteigen, um die Pferde zu erleichtern.	Hier kommt [17] ein Berg. Wir wollen absteigen, um die Pferde zu erleichtern. [18]
Il faudroit tirer ce store ou ce rideau. Le vent souffle de ce côté, il pleut de ce côté.	Man müßte ziehen diese Store oder Gardine. Der Wind wehet von dieser Seite. Es regnet von dieser Seite.	Man müßte die Store oder Gardine [19] herunterlassen. Der Wind kommt [20] von dieser Seite. Der Regen kommt von dieser Seite.
Oserois-je vous demander où vous allez?	Dürfte-ich Sie fragen, wohin Sie gehen?	Dürfte-ich Sie fragen, wo Sie hinreisen?
Je vais à ***.	Ich gehe nach ***.	Ich reise nach ***.
Je compte m'y établir, ou y séjourner quelque temps.	Ich rechne, mich daselbst niederzulassen, oder mich aufzuhalten daselbst einige Zeit.	Ich denke [21] mich daselbst zu etabliren, [22] oder mich einige Zeit dort aufzuhalten.
Demandons cela au conducteur.	Fragen-wir dieses den Führer.	Wir wollen den Fuhr-Mann [23] darum fragen.
Voulez-vous bien lui parler?	Wollen-Sie wohl ihn sprechen?	Wollen-Sie wohl mit ihm sprechen?
Qu'a-t-il dit? qu'a-t-il répondu?	Was hat-er gesagt? Was hat-er geantwortet?	Was hat-er gesagt? Was hat-er geantwortet?
Où nous arrêterons-nous pour dîner ou pour souper?	Wo werden-wir uns aufhalten, um zu Mittag zu essen oder zu Abend zu essen?	Wo werden-wir zum Mittag- oder Abend-Essen einkehren? [24]

[14] Hindern, empêcher. [15] Hinter-Grund, fond de derrière. [16] laisser. [17] vient. [18] alléger. [19] Vorhang, ce qui pend devant. [20] vient. [21] je pense, songe. [22] sich niederzulassen, de m'y mettre bas. [23] l'homme qui voiture. [24] où entrerons-(aborderons-) nous pour le dîner ou le souper?

Votre montre va-t-elle bien? Quelle heure est-il?	Ihre Uhr geht sie gut? Welche Uhr ist es?	Geht Ihre Uhr gut? Was ist die Glocke? [25]
DIALOGUE XIII.	Drenzehntes Gespräch.	Drenzehntes Gespräch.
Pour parler dans une auberge.	Um zu reden in einem Gasthofe.	In einem Gasthofe. [1]
Je voudrois une chambre à coucher; voulez-vous bien m'y conduire sur-le-champ, et y faire porter mon bagage?	Ich wollte eine Kammer zu schlafen; wollen-Sie wohl mich daselbst hinführen auf der Stelle, und dahin tragen lassen mein Gepäck?	Ich wünschte ein Schlaf-Zimmer zu haben; wollten-Sie mich wohl auf der Stelle [2] dahin führen, und meine Sachen [3] dahin bringen lassen?
Je voudrois une chambre qui eût des volets ou des contre-vents.	Ich wollte eine Kammer, welche hätte Fenster-Laden.	Ich wünschte ein Zimmer mit Fenster-Laden. [4]
Voulez-vous une chambre à deux lits?	Wollen-Sie eine Kammer mit zwey Betten?	Befehlen-Sie [5] ein Zimmer mit zwey Betten?
Oui. Je la voudrois au premier étage.	Ja, ich möchte sie in dem ersten Stock.	Ja, ich wünschte es im ersten Stock. [6]
Je voudrois ne pas monter d'escaliers.	Ich möchte nicht hinaufsteigen Treppen.	Ich wünschte, keine Treppen steigen zu dürfen. [7]
Craignez-vous de monter les escaliers?	Fürchten-Sie hinaufzusteigen Treppen?	Fürchten-Sie Treppen zu steigen?
Non, cela m'est égal.	Nein, das ist mir gleich.	Nein, das ist mir gleich.
Je n'aime pas les rez-de-chaussée, parce qu'ils sont obscurs et humides.	Ich liebe nicht die Erd-Geschosse, weil sie sind dunkel und feucht.	Ich liebe nicht im Erd-Geschosse zu wohnen, [8] weil es dunkel und feucht ist.
Comme je suis malade, je ne veux pas,	Da ich krank bin, so will ich nicht, aus	Da ich krank bin, so möchte ich nicht

[25] Qu'est-ce que l'horloge ou la cloche?

[1] Ou Wirthshause. [2] sur la place. [3] mes effets (choses). [4] chassis de fenêtres. [5] ordonnez-vous? [6] ou Stockwerk, Geschoß; ou in der ersten Etage. En français le premier étage suit le rez-de-chaussée, en allemand on appelle communément le rez-de-chaussée même die erste Etage; on devroit dire das Erdgeschoß; le premier étage seroit donc en allemand die zweyte Etage. [7] oser monter. [8] à demeurer.

à cause du bruit, loger sur la rue.	Urſache des Lärmens, auf die Straße hin wohnen.	gern, des Lärmens wegen, nach der Straße zu [9] wohnen.
Donnez-moi une chambre bien retirée, bien tranquille.	Geben - Sie mir eine Kammer ſehr zurückgezogen, ſehr ſtill.	Geben-Sie mir ein ſehr abgelegenes, [10] ſtilles Zimmer.
Ai-je du monde logé au dessus de moi?	Habe ich Leute wohnen über mir?	Habe ich Leute [11] über mir wohnen?
Je crains surtout le bruit sur ma tête.	Ich fürchte über alles den Lärmen über meinem Kopfe.	Ich fürchte über alles den Lärmen über meinem Kopfe.
Je vous demande en grâce de donner à mon domestique la chambre qui est sur ma tête.	Ich frage Sie zur Gnade, zu geben meinem Bedienten die Kammer, welche über meinem Kopfe iſt.	Ich bitte Sie, haben - Sie die Güte, [12] meinem Bedienten das Zimmer über mir zu geben.
Je veux avoir mon domestique près de moi.	Ich will haben meinen Bedienten nahe bey mir.	Ich will meinen Bedienten bey (neben) mir haben.
Ce poële ne fume-t-il pas?	Der Ofen raucht-er nicht?	Raucht der Ofen nicht?
Cette cheminée ne fume-t-elle pas?	Dieſer Kamin raucht-er nicht?	Raucht dieſer Kamin nicht?
Il faut allumer du feu, bien promptement.	Man muß anzünden Feuer, recht geſchwind.	Man muß Feuer anmachen, [13] und das recht geſchwind.
Il fume.	Es rauchet.	Es raucht.
Ouvrez la porte.	Oeffnen - Sie die Thür.	Machen - Sie die Thür auf.
Vous voyez qu'on étouffe ou qu'on gèle dans cette chambre; il faut m'en donner une autre.	Sie ſehen, daß man erſtickt oder friert in dieſer Kammer; Sie müſſen mir geben eine andere.	Sie ſehen, daß man in dieſem Zimmer erſtickt oder friert; Sie müſſen mir ein anderes geben.
Allumez-nous un petit fagot, et donnez-nous du bois bien sec.	Zünden-Sie uns-an ein kleines Reis-Bündel, und geben - Sie uns Holz recht trocken.	Zünden-Sie uns ein kleines Reis-Bündel [14] -an, und geben-Sie uns recht trockenes Holz.
Ne pourrions-nous pas avoir un paravant?	Könnten - wir nicht haben einen Schirm?	Könnten - wir nicht einen Schirm haben?

Ich

[9] Nach ..... zu, vers; nach dem Himmel zu, vers le ciel. [10] situé loin de.. [11] des gens. [12] la bonté. [13] faire du feu. [14] faisceau de broussailles.

Je n'aime pas un lit dont l'impériale est attachée au plafond.	Ich liebe nicht ein Bett, dessen Himmel ist befestigt an der Decke.	Ich liebe kein Bett, dessen Himmel [15] an der Decke befestigt ist.
Tirez le lit de manière qu'il ne soit pas sous l'impériale.	Ziehen-Sie das Bett, auf eine Art, daß es nicht sey unter dem Himmel.	Stellen-Sie [16] das Bette so, [17] daß es nicht unter dem Himmel stehe. [18]
N'auriez-vous pas une chambre avec des lits à colonnes?	Hätten-Sie nicht eine Kammer mit Betten mit Säulen?	Haben-Sie kein Zimmer, wo [19] Betten mit Stollen [20] stehen?
Oui, j'aime beaucoup mieux les lits à colonnes.	Ja, ich liebe viel besser die Betten mit Säulen.	Ja, ich liebe weit [21] mehr Betten mit Stollen.
Il sent bien mauvais ici.	Es riecht sehr übel hier.	Es riecht hier sehr übel.
Il faut balayer la chambre, et brûler du sucre ou du vinaigre.	Man muß fegen die Kammer, und brennen Zucker oder Weinessig.	Man muß das Zimmer ausfegen, und mit Zucker oder Weinessig räuchern. [22]
Précaution qu'on doit toujours prendre en entrant dans une chambre d'auberge.	Vorsicht, welche man immer gebrauchen muß im Hereintreten in ein Zimmer eines Gasthofes.	Eine Vorsicht, die man gebrauchen muß, sobald [23] man in eine Wirthsstube tritt.
La porte ferme-t-elle bien? Comment la ferme-t-on?	Die Thür schließt-sie gut? Wie schließt-man sie-zu?	Schließt die Thür gut? Wie macht-man sie-zu? [24]
Où est la clef?	Wo ist der Schlüssel?	Wo ist der Schlüssel?
Allez chercher la clef.	Gehen-Sie holen den Schlüssel.	Gehen-Sie und holen-Sie den Schlüssel.
Comment ferme-t-on le verrou?	Wie schließt-man-zu den Riegel?	Wie schiebt-man den Riegel-vor? [25]
Il faut faire les lits.	Man muß machen die Betten.	Man muß die Betten machen.
Au lieu de ce lit de plume, pourriez-vous nous donner un matelas?	Anstatt dieses Bettes von Federn, könnten-Sie uns geben eine Matraze?	Könnten-Sie uns, anstatt dieses Federbettes, eine Matraze geben?

[15] Ciel. [16] placez. [17] ainsi. [18] se tienne. [19] où. [20] Säulen, colonnes. [21] largement ou longuement. [22] parfumer. [23] dès que. [24] zumachen, fermer. [25] vorschieben, pousser devant.

Apportez encore un oreiller.	Bringen - Sie noch ein Kopf-Kissen.	Bringen - Sie noch ein Kopf-Kissen. [26]
Je voudrois avoir outre cet oreiller carré, un traversin (*a*).	Ich wollte haben, anstatt dieses viereckigen Kopf-Kissens, einen Pfühl.	Ich möchte gern, anstatt des (viereckigen) Kopf-Kissens, einen Pfühl haben.
Cette couverture est sale. Elle est trop lourde. Elle est trop légère. Donnez-nous en une autre.	Diese Bett-Decke ist schmutzig. Sie ist zu schwer. Sie ist zu leicht. Geben-Sie mir eine andere.	Diese Bett-Decke ist schmutzig. Sie ist zu schwer. Sie ist zu leicht. Geben-Sie mir eine andere.
Apportez-nous des draps, et bien blancs, je les examinerai avec soin, je vous en avertis.	Bringen - Sie uns Bett-Laken, und recht weiße; ich werde sie untersuchen mit Sorgfalt, ich benachrichtige Sie davon.	Bringen - Sie uns Laken, (Bett-Tücher) und zwar [27] recht weiße. Ich werde sie nachsehen; [28] ich sage es Ihnen zum voraus. [29]
Ces draps ont servi, j'en suis sûr. Ils sont humides, je n'en veux point, j'en veux d'autres.	Diese Laken haben gedient, ich bin dessen sicher. Sie sind feucht; ich will sie nicht; ich will andere.	Diese Laken haben sicherlich [30] schon [31] gedient. Sie sind feucht; ich mag sie nicht; ich will andere haben.
J'ai des draps à moi. Mais je prends toujours les draps de l'auberge, afin de les mettre immédiatement sur le matelas, ensuite je pose mes draps par dessus.	Ich habe Laken für mich. Aber ich nehme immer die Laken des Wirthshauses, um sie zu legen unmittelbar auf die Matraze; hernach lege - ich meine Laken darüber.	Ich habe meine eigenen [32] Laken. Aber ich nehme immer die Laken des Wirthshauses, um sie erst [33] über die Matraze zu breiten; [34] hernach breite ich die meinigen darüber.
Faites le lit de manière que la tête soit beaucoup plus haute que les pieds.	Machen - Sie das Bett auf eine Art, daß der Kopf sey sehr viel höher, als die Füße.	Machen - Sie das Bett so, daß der Kopf ein ganz Theil [35] höher liege, [36] als die Füße.
Je désire que les pieds soient plus élevés que la tête, on	Ich wünsche, daß die Füße seyen mehr erhoben, als der Kopf;	Ich wünsche mit den Füßen höher zu liegen, [37] als mit dem

(*a*) C'est-à-dire un oreiller rond et long.

[26] Coussin de tête. [27] et même. [28] voir après. [29] dis d'avance. [30] surement. [31] déjà. [32] mes propres, ou mit mir, avec moi. [33] auparavant. [34] étendre en élargissant. [35] toute une partie. [36] sois couchée. [37] d'être couché plus haut.

dit que cela délasse.	man sagt, daß dieses entmüdet.	Kopfe; man sagt, daß man so [38] besser ausruht. [39]
Que les draps soient bien étendus, et ne fassent pas de plis.	Daß die Laken seyen gut ausgebreitet, und nicht machen Falten.	Die Laken müssen gut ausgebreitet seyn, und keine Falten machen.
Je veux une ruelle.	Ich will einen Bett-Raum.	Ich will einen Bett-Raum. [40]
Je ne veux pas de ruelle.	Ich will keinen Bett-Raum.	Ich will keinen Bett-Raum.
Une table de nuit qui sert à tout le monde, est fort dégoûtante; je n'en veux point. Otez-la d'ici, et à sa place mettez près du lit une chaise de paille ou de canne.	Ein Nacht-Tisch, welcher dienet der ganzen Welt, ist sehr ekelhaft; ich will nicht davon! Nehmen-Sie ihn weg von hier, und an seine Stelle setzen-Sie bey dem Bette einen Stuhl von Stroh oder von Rohr.	Ein Nacht-Tisch, der allen Menschen dienet, ist sehr ekelhaft; ich will ihn nicht. Nehmen-Sie ihn-weg, und setzen-Sie einen Stroh-Stuhl oder einen Rohr-Stuhl an die Stelle.
Je voudrois bien avoir un fauteuil, et un tabouret pour poser mes pieds.	Ich wollte wohl haben einen Lehn-Stuhl und ein Tabourett, um zu legen meine Füße.	Ich wünschte einen Lehn-Stuhl [41] und ein Tabourett für meine Füße.
Avez-vous une bassinoire?	Haben-Sie einen Bett-Wärmer?	Haben-Sie einen Bett-Wärmer? [42]
Bassinez mon lit, et mettez dans la bassinoire un peu de sucre en poudre.	Wärmen-Sie mein Bett, und legen-Sie in den Bett-Wärmer ein wenig Zucker in Staub.	Wärmen-Sie [43] mein Bett, und thun-Sie [44] in den Bett-Wärmer ein wenig gestoßenen [45] Zucker.
Ne mettez point de charbon dans la bassinoire, car cela est très-dangereux, mettez-y de la braise faite avec du bois.	Legen-Sie keine Kohlen in den Bett-Wärmer, denn das ist sehr gefährlich; legen-Sie darin Gluth, gemacht mit Holz.	Thun-Sie keine Kohlen in den Bett-Wärmer, denn das ist sehr gefährlich; thun-Sie lieber [46] Gluth von Holz-Kohlen darin.
Pouvez-vous me donner une cruche pleine d'eau bouil-	Können-Sie mir geben einen Krug voll kochenden Wassers, oder	Könnten-Sie mir eine Kruke voll kochenden Wassers, oder ei-

[38] Ainsi. [39] se repose. [40] espace (entre le) lit (et le mur). [41] chaise à s'appuyer. [42] chauffe-lit. [43] chauffez. [44] faites, c'est-à-dire mettez. [45] pilé. [46] plus volontiers, plutôt.

lante ou de grès chauffé, pour mettre dans mon lit?	von erhitzten Steingut, um (sie) in mein Bett zu legen?	ne warme [47] Stein-Kruke geben, um sie in mein Bett zu thun?
Je voudrois mettre mes pieds dans l'eau, apportez-moi un sceau rempli d'eau tiède.	Ich wollte setzen meine Füße ins Wasser; bringen-Sie mir einen Eimer, angefüllt mit lauem Wasser.	Ich möchte gern meine Füße ins Wasser stellen; bringen-Sie mir einen Eimer voll laulichten Wassers.
Délayez du son dans l'eau, ou du savon.	Lösen-Sie-auf Kleye in dem Wasser, oder Seife.	Lassen-Sie Kleye oder Seife in dem Wasser auflösen.
Pourroit-on avoir une baignoire pour se baigner, ou du moins une cuve?	Könnte-man haben eine Bade-Wanne, um sich zu baden, oder wenigstens eine Kufe?	Könnte-man eine Bade-Wanne zum Baden, oder wenigstens einen Kübel bekommen?
Y a-t-il des bains publics dans la ville? des bains de propreté? des bains pour les hommes? des bains pour les femmes?	Sind öffentliche Bäder in der Stadt? Reinigkeits-Bäder? Bäder für die Männer? Bäder für die Frauen?	Giebt-es [48] in der Stadt öffentliche Bäder? Gesundheits-Bäder? [49] Bäder für die Männer? Bäder für die Frauen?
Combien coûte un bain?	Wie viel kostet ein Bad?	Was kostet ein Bad?
Fournit-on du linge à ces bains?	Liefert-man Zeug zu diesen Bädern?	Giebt-man das nöthige Zeug [50] zum Baden?
Le feu ne brûle pas, raccommodez-le.	Das Feuer brennt nicht, machen-Sie es zurecht.	Das Feuer brennt nicht, machen-Sie es zurecht.
Donnez-nous une pelle, des pincettes, des tenailles, un *poker* (*a*), un soufflet.	Geben-Sie uns eine Schaufel, eine Feuerzange, einen Pocker, einen Blasebalg.	Geben-Sie uns eine Schaufel, eine Feuer-Zange, [51] einen Pocher, einen Blasebalg.
Soufflez le feu.	Blasen-Sie das Feuer-an.	Blasen-Sie das Feuer-an.
Ouvrez le poële.	Oeffnen-Sie den Ofen.	Machen-Sie den Ofen auf.
Donnez-nous de la paille pour allumer le feu.	Geben-Sie uns Stroh, um anzumachen das Feuer.	Geben-Sie uns Stroh, um das Feuer anzumachen.
Des allumettes.	Schwefel-Hölzchen.	Schwefel-Hölzchen. [52]

(*a*) Petite machine de fer pour ranimer le feu, et dont on se sert en Angleterre.

[47] Chaude. [48] germanisme, *se donne-t-il?* [49] des bains de santé. [50] le linge nécessaire. [51] tenaille à feu. [52] de petits bois de souffre.

Il n'y a point de chenets.	Es sind keine Böcke da.	Es sind keine Kamin-Böcke [53] da.
Il faut mettre des chenets dans cette cheminée.	Man muß setzen Böcke in dieses Kamin.	Man muß Böcke in den Kamin setzen.
Donnez-nous des écrans.	Geben-Sie uns Feuer-Schirme.	Geben-Sie uns (Feuer-) Schirme.
Avez-vous un garde-feu?	Haben-Sie einen Feuer-Wärter?	Haben-Sie ein Feuer-Gitter? [54]
Donnez-nous-le.	Geben-Sie ihn uns.	Geben-Sie es her. [55]
Eteignez le feu.	Löschen-Sie das Feuer-aus.	Machen-Sie das Feuer-aus. [56]
Un tison vient de rouler, ramassez-le.	Ein Brand ist eben gerollt, heben-Sie ihn-auf.	Ein Brand ist (aus dem Kamin) gerollt; heben-Sie ihn wieder-auf. [57]
Il y a trop de cendres, il faut en ôter.	Es sind zu viel Kohlen, man muß deren wegnehmen.	Es sind zu viel Kohlen; man muß davon nehmen.
Donnez-nous un petit balai.	Geben-Sie uns einen kleinen Besen.	Geben-Sie uns einen kleinen Besen.
Y a-t-il ici des sonnettes?	Sind hier Klingeln?	Hat man hier Klingeln?
Où donnent ces sonnettes?— Donnez-nous de la lumière, de la bougie, des mouchettes.	Wohin gehen diese Klingeln? Geben-Sie uns Licht, Wachslicht, Lichtscheeren.	Wo gehen die Klingeln hin? [58] Geben-Sie uns Licht, Wachslicht, Lichtscheeren. [59]
Apportez-nous une lampe de nuit.	Bringen-Sie uns eine Nachtlampe.	Bringen-Sie uns eine Nachtlampe.
Donnez-nous une chandelle de nuit.	Geben-Sie uns ein Nachtlicht.	Geben-Sie uns ein Nachtlicht.
Mettez cette chandelle avec le chandelier dans une grande cuvette d'eau, et placez le tout sur de la pierre, ou sur du marbre.	Setzen-Sie dieses Licht mit dem Leuchter in eine große Kumpe, und stellen-Sie das Ganze auf den Stein oder auf Marmor.	Setzen-Sie das Licht und den Leuchter in eine große Kumpe, und stellen-Sie alles auf einen Stein oder auf Marmor.
Entendez-vous le crieur de nuit?	Hören-Sie den Schreyer der Nacht?	Hören-Sie den Nachtwächter [60] rufen? [61]

[53] Boucs de cheminée. [54] grille qu'on met devant le feu. [55] ici. [56] ausmachen; éteindre, auslöschen. [57] aufheben, relever; conserver. [58] où vont. [59] des ciseaux de chandelles. [60] le veilleur de nuit. [61] appeler, crier

Que dit le crieur de nuit?	Was sagt der Nacht-Wächter?	Was ruft der Nacht-Wächter?
Quelle heure a sonné l'horloge?	Welche Stunde hat geschlagen die Glocke?	Was hat die Glocke geschlagen? [62]
V... m'éveillerez de... sept heures ou ... point du jour.	Sie werden mich wekken morgen um sieben Uhr, oder am Anbruch des Tages.	Wecken - Sie mich morgen um sieben Uhr, oder bey Tages-Anbruch. [63]
Je vous prie d'allumer le poêle en dehors avant de m'éveiller.	Ich bitte-Sie, anzuzünden den Ofen von außen, ehe Sie mich wecken.	Ich bitte-Sie, von außen Feuer in dem Ofen zu machen, [64] ehe Sie mich wecken.
Apportez-nous de l'eau, un pot-à-l'eau, une cuvette etc.	Bringen - Sie uns Wasser, einen Wasser-Topf, ein Becken, u. s. w.	Bringen - Sie uns Wasser, einen Wasser-Krug, [65] ein Becken, u. s. w.
Un essui-main, une serviette, des gobelets etc.	Ein Hand-Tuch, eine Serviette, Becher, u. s. w.	Ein Hand-Tuch, [66] eine Serviette, Becher, u. s. w.
Bon soir, bonne nuit.	Guten Abend, gute Nacht.	Guten Abend, gute Nacht.

Dialogue XIV.

Pour demander à manger dans une auberge.

Je voudrois pour mon déjeuner, du thé, du chocolat, du café. Du beurre frais, du pain de froment. De petits pains au lait. Du pain bis. Du pain de seigle. Des oeufs frais du jour. Un oeuf frais du jour, cuit à la coque.

Que les oeufs à la coque ne soient pas trop cuits.

Je voudrois des oeufs durs et du lait nouvellement tiré, de la bonne crème, bien épaisse et

Vierzehntes Gespräch.

Um in einem Wirthshause zu essen zu fordern.

Ich möchte gern zu meinem Frühstück Thee haben, Chokolade, Kaffee. Frische Butter, Waizen-Brot. Kleine Milch-Bröte. Schwarzes Brot. Rocken-Brot. Frische Eyer von heute. [1] Ein frisches Ey von heute, in der Schale gesotten. [2]

Die Eyer in der Schale müssen nicht zu sehr gesotten seyn.

Ich will harte Eyer haben und frisch gemolkene Milch, gute Sahne, dick und süß. Ich will die

---

[62] Germanisme; frappé. [63] à la rupture du jour. [64] faire du feu. [65] cruche. [66] linge à main.

[1] D'aujourd'hui. [2] de sieden, bouillir.

bien douce. Je désire la crème froide, ou chauffée au bain-marie. Du lait cuit ou du lait froid. Du chocolat sans vanille et sans épiceries, ou appelé *chocolat de santé*. Des tranches de pain rôti. Des beurrées. Apportez-nous du sucre en poudre, du sucre en morceaux, du sucre candi, du gros sel, du sel fin, du poivre, de la muscade, de la cannelle, de la moutarde, des anchoix, des capres, des petites herbes hachées, des petites raves, du fromage mou, du fromage à la crème, du fromage de Gruyère, du fromage de Glocester, du fromage de Sassenage, du fromage de Hollande, du parmesan etc.

Des petits artichaux crus, des saucisses, du cervelat, du saucisson de Boulogne, du jambon, du petit-salé, du veau froid, du mouton froid, pour faire des *sandwich* (*a*).

Du punch, des citrons, des oranges, des bigarades, des biscuits, des gâteaux, des petits pâtés, des confitures, de la limonade, de l'orangeade, du lait d'amande, de l'orgeat, de la salade, de la compote, des huîtres bien fraîches, des huîtres vertes, du vin muscat, du vin blanc, de la bière, des échaudés, des pâtisseries sèches, du pain rassis, du pain frais.

Sahne kalt haben, oder im Sand-Bade [1] gewärmt. Gekochte Milch. Kalte Milch. Chokolade ohne Vanille und ohne Gewürz, oder sogenannte Gesundheits-Chokolade. Schnitte gerösteten Brotes, Butter-Bröte. Bringen-Sie uns gestoßenen Zucker, Zucker in Stükken, Zucker-Kandi, grobes Salz, feines Salz, Pfeffer, Muskaten, Zimmet, Möstrich, Sardellen, Kapern, kleine gehackte Kräuter, Radieschen, weichen Käse, Rahm-Käse, Schweizer-Käse, Glocester-Käse, Sassenage-Käse, holländischen Käse, Parmesan-Käse, u. s. w.

Kleine rohe Artischocken, Schlag-Würste,[2] Cervelat-Würste, Boulogner-Würste, Schinken, frisch gesalzenes, kaltes Kalbfleisch, kaltes Hammelfleisch, um Sandwichs zu machen.

Punsch, Citronen, Pomeranzen, große saure Pomeranzen, Biscuits, Kuchen, kleine Pasteten, Eingemachtes, (Confect) Limonade, Pomeranzenschaalen, Mandel-Milch, Orgeade, Salat, Compoten,[3] frische Austern, grüne Austern, Muscat-Wein, weißen Wein, Bier, Echaudés oder Butter-Kuchen, trokken Gebackenes, altes Brot, frisches Brot.

(*a*) C'est un mets anglais qui se fait ainsi. On coupe des tranches fort minces de veau ou de mouton froid que l'on met sur des tranches de pain rassis très-minces, on les assaisonne de sel et de poivre et on les recouvre d'autres tranches de pain enduites de beurre frais, de manière que le beurre soit posé sur la viande.

[1] Bain de sable. [2] des boudins battus. [3] Obst-Muß, de la marmelade de fruits.

Avez-vous du fruit? Quels fruits avez-vous?

Haben-Sie Obst? Was für Obst haben-Sie?

Nous avons des cerises, des bigarreaux, des merises, des fraises, des grosses groseilles à macrau, des groseilles rouges, des groseilles blanches, des framboises, des prunes, des prunes de reine Claude, des prunes mirabelles, des prunes de monsieur, des pommes, des pommes de reinette, des pommes d'api, des pommes de rambour, des pommes de calville, des poires, des poires de beurré, de doyenné, de rousselet, de St Germain, des virgouleuses, des pêches, des abricots, des abricots-pêches, des brugnons, des figues, violettes et blanches, des mûres, des noisettes, des noix, des amandes, des nèfles, du raisin noir et blanc, du raisin chasselas, du raisin muscat, des melons, des châtaignes, des marrons, des grenades, des ananas, des baies de mirtille.

Wir haben Kirschen, Herzkirschen, Vogelkirschen, Erdbeeren, Stachelbeeren, rothe, weiße Johannisbeeren, Pflaumen, Reine-Claude, Mirabellen, Reine-, Monsieur-Pfl., Aepfel, Reinetten, Franzäpfel, Rambour-Aepfel, Calvillen, Birnen, Beurré Blanc und Beurré Gris, Muscateller-Birnen, St. Germain-Birnen, Virgouleusen, Pfirsichen, Abricosen, Pfirsich-Abricosen, glatte Pfirsichen, violette und weiße Feigen, Maulbeeren, Haselnüsse, welsche Nüsse, Mandeln, Mispeln, schwarzen und weißen Wein, Chasselas, Muscateller-Wein, Melonen, Castanien, Maronen, Granaden, Ananas, Heidelbeeren.

Vos fruits sont-ils bien mûrs?

Sind Ihre Früchte auch reif?

Ce fruit n'est pas assez mûr, ou est trop mûr.

Dieses Obst ist nicht reif genug, oder ist zu reif.

Combien vendez-vous ce panier ou cette corbeille de fruits?

Wie theuer [6] verkaufen-Sie diesen Korb oder dieses Körbchen Obst?

Que pouvez-vous nous donner pour notre dîner ou pour notre souper?

Was können Sie uns zu Mittag oder zu Abend geben?

De la soupe grasse, de la soupe au lait, aux herbes, du riz au lait, du riz au bouillon, de la soupe à la farine, à l'orge, à la bière, aux cerises, aux pruneaux, au potiron, à la pu-

Fleisch-Suppe, Milch-Suppe, Reiß mit Milch, Reiß mit Bouillon, [7] Mehl-, Graupen-, Bier-, Kirsch-, Pflaumen-, Kürbiß-, Erbsen-, Sago-Suppe mit Wein, Grütze mit Milch oder Wein,

---

[6] Cher. [7] Fleisch-Brühe, jus de viande.

rée de pois, du sagou au vin, du gruau au lait ou au vin, une soupe à l'oignon, du vermicelle, de la bouillie, une panade.

Avez-vous du gibier?

Nous avons des perdrix, des perdreaux, du lièvre, du sauglier, du chevreuil, des lapins, des bécasses, des cailles, des alouettes, des sarcelles, des canards sauvages, des petits oiseaux.

Je voudrois un gigot de mouton rôti ou bouilli, du boeuf, du boeuf fumé, un quartier de mouton, des côtelettes de mouton ou de veau, de la langue fourrée, de la langue fumée, du boudin noir, du boudin blanc, des saucisses, des andouilles, une poule au riz, une poularde rôtie, des poulets rôtis avec du cresson, des pigeons rôtis ou bouillis, des pigeons à la crapaudine, une fricassée de poulets, un fricandeau, des ris de veau, une oie, de l'agneau, une fraise de veau, une tête de veau, du porc frais, du cochon salé, de la viande froide, du hachis.

Avez-vous du poisson de rivière ou de mer?

De la carpe, du brochet, des tanches, des perches, des anguilles, des goujons, du zandre (*a*), des truites, des écrevisses, du saumon salé, du saumon frais, de la morue salée, de la morue fraiche, du turbot, de l'esturgeon, de la raie, des

Zwiebel-, Nudel-Suppe, Brey, Panade. [8]

Haben Sie Wildprett?

Wir haben Rebhühner, junge Rebhühner, Hasen, Wild-Schwein, [9] Rehe, Caninchen, Schnepfen, Wachteln, Lerchen, Kriech-Enten, wilde Enten, klein Geflügel.

Ich möchte gern eine gebratene oder gekochte Hammel-Keule, Rind-Fleisch, geräuchertes Rindfleisch, ein Hammel-Viertel, Hammel- oder Kälber-Cotelettten, gefüllte Zungen, geräucherte Zungen, Blut-Wurst, [10] weiße Wurst, Bratwurst, Fleischwurst, ein Huhn mit Reiß, eine gebratene fette Henne, gebratene Hühner mit Kresse, gebratene oder gekochte Tauben, Tauben auf dem Roste, [11] ein Hühner-Fricassee, ein Fricandeau, Kälber-Milch, eine Gans, Lamm-Fleisch, ein Kälber-Gekröse, einen Kalbskopf, frisches Schweinfleich, gesalzenes Schweinfleisch, kaltes Fleisch, Haschis. [12]

Haben Sie Fluß-Fische oder See-Fische?

Karpfen, Hechte, Schleye, Barsche, Aale, Gründlinge, Zander, Forellen, Krebse, gesalzenen Lachs, frischen Lachs, gesalzenen Stockfisch, frischen Stockfisch, Thornbutten, Stöhr, Rochen, Bleye, Schollen, Plattfisch, Sardellen, Hummer, Krabben, Mu-

(*a*) Excellent poisson que l'on mange à Berlin.

[8] Brot-Suppe. [9] cochon sauvage. [10] du boudin de sang. [11] pigeons sur le gril. [12] gehacktes Fleisch, de la viande hachée.

plies, des soles, du carrelet, des sardines, du homar, des crevettes, des moules, des harangs frais, des harangs salés, des harangs fumés.

Avez-vous des légumes?

Des épinards, de la chicorée, de la laitue romaine, de la laitue pommée, des choux blancs, des choux verts, des choux-fleurs, des navets, des carottes, des raves, du céleri, des artichaux, des asperges, des oignons, de l'ail, de la ciboule, des concombres, de l'oseille, des raipons, des haricots verts, des fêves de marais, des fêves blanches, des pois, des petits pois verts, des lentilles, des pommes de terre.

Faites-nous une salade de laitue, avec un peu de persil et de cerfeuil haché, et mettez sur le tout quelques fleurs de capucine et de bourrache.

Apportez-nous de l'huile et du vinaigre.

Nous ne voulons point d'huile de noix. Nous voulons de l'huile d'olive.

Cette huile ne vaut rien, donnez-nous-en de meilleure.

Faites-nous une salade de concombre avec de l'estragon.

Coupez les concombres aussi mince qu'il vous sera possible. N'assaisonnez point la salade; nous mettrons nous-mêmes l'huile, le vinaigre, le sel et le poivre.

Donnez-nous du vinaigre rouge, du vinaigre blanc, du vinaigre à l'estragon. Ce vinaigre est bien foible, en avez-vous de plus fort?

schein, frische Heringe, gesalzene Heringe, geräucherte Heringe.

Haben-Sie Gemüse?

Spinat, Chicorien, römischen Lattich, Kopfsalat, Weiß-Kohl, grünen Kohl, Blumen-Kohl, Rüben, Mohr-Rüben, Rettig, Sellerie, Artischocken, Spargel, Zwiebeln, Knoblauch, Schnittlauch, Gurken, Sauerampfer, Kerbel, Rapünzel, grüne Bohnen, Saubohnen,[13] weiße Bohnen, Erbsen, kleine grüne Erbsen,[14] Linsen, Erdtoffeln.[15]

Machen-Sie uns einen Lattig-Salat, mit etwas Petersilje und gehacktem Kerbel, und thun-Sie einige Blätter indianische Kresse und Borretsch dazwischen.[16]

Bringen-Sie uns Oel und Essig.

Wir wollen kein Nuß-Oel. Wir wollen Baum-Oel.[17]

Dieses Oel taugt nicht; geben-Sie uns besseres.

Machen-Sie uns einen Gurken-Salat mit Tragant.

Schneiden-Sie die Gurke so dünn, als es Ihnen möglich seyn wird. Machen-Sie nicht den Salat; wir wollen selbst Oel, Essig, Salz und Pfeffer dazu thun.

Geben-Sie uns rothen Essig, weißen Essig, Tragant-Essig. Dieser Essig ist sehr schwach, haben-Sie (keinen) stärkern?

---

[13] Des fèves de cochons. [14] ou Schoten. [15] Cartoffeln, Erd-Aepfel. [16] entre. [17] huile d'arbre.

Apportez-nous-en. Donnez-nous des cornichons.

Bringen-Sie uns welchen. Geben-Sie uns Pfeffer-Gurken.[18]

Donnez-nous de la moutarde. Faites-nous du macaroni.

Geben-Sie uns Möstrich. Machen-Sie uns Macaronis.

Avez-vous quelques pâtisseries? des tartelettes, des tourtes aux fruits, aux cerises, aux abricots, aux prunes? des gâteaux feuilletés? aux amandes? une tourte à la franchipane? des masse-pains, des brioches, des tourtes et pâtés à la viande, des gauffres, un pâté de poularde, un pâté de veau?

Haben-Sie etwas Back-Werk?[19] Kleine Torten, Obst-Torten, Kirsch-, Abricosen-, Pflaumen-Torten? Blätter-Kuchen? Mandel-Torte? Frangipane-Torte? Marzipan, Briochen, Fleisch-Torten, Fleisch-Pasteten, Waffeln, eine Hühner-Pastete, eine Kalbs-Pastete?

Je voudrois des oeufs à la neige. Une omelette avec du persil et d'autres petites herbes hachées, et un peu de sel. Une omelette au rognon. Une omelette allemande avec de la farine et du sucre. Des oeufs brouillés au bouillon ou à la crème. Des oeufs au beurre noir. Faites-nous du blanc manger. Donnez-nous de la choucroute. Donnez-nous du pouding aux écrevisses, ou du pouding sucré, comme vous voudrez; mais qu'il ne soit pas trop gras.

Ich wünschte Eyer-Schnee. Einen Eyerkuchen mit Petersilje und andern klein-gehackten Kräutern, und etwas Salz. Einen Nieren-Eyerkuchen. Einen deutschen Eyerkuchen, mit Mehl und Zucker. Rühr-Eyer mit Bouillon oder Sahne. Setzeyer.[20] Eyer mit brauner[21] Butter. Machen-Sie uns ein Eyer-Weiß. Geben-Sie uns Sauer-Kraut.[22] Geben-Sie uns einen Krebs-Pudding, oder einen süßen[23] Pudding, wie Sie wollen; nur muß er nicht zu fett seyn.

Je vous prie de ne point mettre de beurre dans la soupe au bouillon, et dans le jus du rôti.

Ich bitte Sie, keine Butter an die Bouillon-Suppe und an die Braten-Brühe zu thun.

Mettez du beurre bien frais dans les légumes.

Thun-Sie recht frische Butter an das Gemüse.

Je n'aime ni la cannelle, ni la muscade, ni les clous de girofle; n'en mettez point dans les ragoûts, et mettez peu de sel.

Ich liebe weder Zimmet, noch Muscaten, noch Gewürz-Nägelein. Thun-Sie keine an die Ragouts, und nur[24] wenig Salz.

---

[18] Des concombres au poivre. [19] ouvrage de boulangerie. [20] des oeufs posés. [21] brun. [22] sauren Kohl, des choux aigres. [23] doux. [24] seulement.

Je ne veux point de champignons dans tout ce que vous ferez pour nous.

Ich will keine Champignons [25] an alles, was Sie für mich machen werden.

Avez-vous de bonnes olives?

Haben-Sie gute Oliven?

Donnez-nous-en.

Geben-Sie uns welche.

Cette viande n'est pas assez cuite; reportez-la dans la cuisine. Faites-la griller.

Dieses Fleisch hat man nicht genug gekocht; bringen-Sie es wieder nach der Küche, und lassen-Sie es rösten.

Allez mettre sur le gril ces cuisses de poulet; faites-les bien griller.

Lassen-Sie diese Hühner-Keulen auf den Rost legen; lassen-Sie sie gut rösten.

Cette viande sent mauvais, je n'en veux point.

Dieses Fleisch riecht, [26] ich mag es nicht.

Cette viande est si dure qu'il est impossible de la manger; donnez-nous autre chose.

Dieses Fleisch ist so hart, daß es mir unmöglich ist, es zu essen; geben-Sie uns etwas anders.

Je voudrois une crème au chocolat, au café, ou à la vanille, ou aux pisaches, ou une crème brûlée.

Ich möchte gern eine Chokolade-Creme, eine Kaffee-, Vanille-, Pistazien- oder eine gebrannte Creme (haben).

Avez-vous des pralines, des dragées, des anis?

Haben-Sie gebrannte Mandeln, [27] Dragees, [28] Anis-Körner? [29]

Avez-vous des confitures sèches et des confitures liquides? De la gelée de groseille, de la marmelade d'abricot, de la confiture de cerises, de coing, de prunes, de l'épine-vinette, du raisinet de Bourgogne, de la gelée de pommes, des pruneaux?

Haben-Sie trockenes oder flüssiges Confect? Johannisbeeren-Gelee, Abricosen-Muß, Kirsch-Confect, Quitten-, Pflaumen-, Berbisbeeren-Confect, Burgunder Weinbeer-Muß, Aepfel-Gelee, eingemachte Pflaumen?

Donnez-nous de la compote de pommes, de poires, des pommes cuites, de la marmelade de pommes.

Geben-Sie uns Aepfel-, Birnen-Compote, Brat-Aepfel, Aepfel-Muß.

Des fruits à l'eau-de-vie.

Früchte, in Branntewein [30] eingemacht. [31]

Apportez-nous le café, qu'il soit bien chaud et bien clarifié.

Bringen-Sie uns den Kaffee; er muß aber [32] recht warm und abgeklärt seyn.

Il en faut deux tasses, quatre tasses.

Ich muß zw- vier Tassen haben.

---

[25] Pilze. [26] sent; stinket, pue. [27] amandes brûlées. [28] Zucker-Bohnen, fèves de sucre. [29] grains d'anis. [30] vin brûlé. [31] confits. [32] mais il faut qu'il soit.

Quels vins avez-vous?	Was für Weine haben-Sie?
Du vins de bourgogne, rouge et blanc, du vin de champagne, du vin de Bordeaux, du Rhin, de Porto.	Burgunder, rothen und weißen Champagner, Bordeauer, Rheinwein, Portwein.
Donnez-nous surtout du vin bien naturel.	Geben-Sie uns vor allen Dingen [33] recht unverfälschten [34] Wein.
Quel est le prix de ce vin? combien le vendez-vous?	Welches ist der Preis dieses Weines? Wie theuer [35] verkaufen-Sie ihn?
Combien la bouteille?	Wie hoch [36] die Bouteille?
Apportez-en une bouteille, une demi-bouteille.	Bringen-Sie uns eine Bouteille, eine halbe Bouteille.
Avez-vous de bonne bière? de la bière blanche, de la petite bière, du porter?	Haben-Sie gutes Bier? Weiß-Bier, Halb-Bier, [37] Porter?
Avez-vous du bon cidre?	Haben-Sie guten Cider? [38]
Avez-vous des vins de liqueur? du vin de Malaga, de Rota, d'Alicante, de Madère, de Malvoisie, du vin de Sétuval et du vin muscat?	Haben-Sie Liqueur-Weine? Malaga, Rota, Alicanten-Wein, Madera, Malvasier, Setuval, Muscat-Wein?
Avez-vous des liqueurs?	Haben-Sie Liqueurs? [39]
Du ratafiat de cerises, de noyau, de l'escubar, du kirschwasser, de l'huile d'anis, du marasquin, du ratafiat de fleur d'orange, des liqueurs des îles?	Kirsch-Ratafia, Escobar, Kirschwasser, Anis-Oel, Marasquin, Orange-Blüthe-Ratafia, Liqueurs aus den westindischen [40] Inseln?
Avez-vous de bonne eau-de-vie?	Haben-Sie guten Branntewein?
Donnez-moi un verre d'eau-de-vie de grains.	Geben-Sie mir ein Glas Korn-Branntewein.
Un verre d'eau-de-vie de France.	Ein Glas Franz-Branntewein.
Donnez-nous du rak, du rum, de l'eau-de-vie ou du vin de champagne, du sucre et des citrons pour faire du punch.	Geben-Sie uns Rak, Rum, Branntewein oder Champagner, Zucker und Zitronen, um Punsch zu machen.
Faites-nous du punch chaud, du punch froid.	Machen-Sie uns warmen Punsch, kalten Punsch.

[33] Avant toutes choses. [34] non-corrompu. [35] combien cher. [36] combien haut. [37] de la demi-bière. [38] Aepfel-Most, moût de pommes. [39] abgezogene Wasser, des eaux distillées. [40] des Indes occidentales.

Ce punch est trop fort, remettez-y de la limonade.

Dieser Punsch ist zu stark, gießen-Sie Limonade-dazu. [41]

Mettez le punch dans un bowl, et donnez-nous une grande cuiller à punch et des verres pour le servir.

Thun-Sie den Punsch in eine Bowle, und geben-Sie uns einen großen Punsch-Löffel, und Gläser, um ihn zu trinken. [42]

Faites-nous du bishop (*a*).

Machen-Sie uns Bischof.

A quelle heure voulez vous dîner ou souper?

Um welche Zeit [43] wollen-Sie (zu Mittag, zu Abend) speisen?

A midi, à deux heures, et je vous prie de ne nous pas faire attendre, et de nous servir exactement à l'heure convenue.

Um zwölf Uhr [44] um Zwey, und ich bitte-Sie, uns nicht warten zu lassen, und uns genau zur bestimmten Stunde zu bedienen.

Apportez-nous une théière, des tasses, des soucoupes, des coquetiers, des pots au lait, un petit pot au lait, des cuillers à café, un sucrier, une pince à sucre, une salière, une carafe, des verres à liqueur, la boîte à thé, un réchaud à l'esprit de vin. Mettez la bouilloire sur le réchaud. Apportez-nous de l'eau bouillante dans la théière, mettez-y le thé, mettez-y deux cuillerées, trois ou quatre cuillerées de thé.

Bringen-Sie uns einen Thee-topf, [45] Tassen, Unter-Tassen, [46] Eyer-Näpfchen, Milch-Näpfchen, einen kleinen Milch-Topf, Kaffee-Löffel, eine Zucker-Dose, eine Zucker-Zange, ein Salz-Faß, [47] eine Karaffe, Liqueur-Gläser, die Thee-Büchse, ein Kohlen-Becken [48] mit Wein-Spiritus. Setzen-Sie den Wasser-Kessel [49] auf das Kohlen-Becken. Bringen-Sie uns kochendes Wasser in den Thee-Topf; thun-Sie den Thee darin, thun-Sie zwey, drey oder vier Löffel voll [50] darin.

Laissez infuser quelques minutes, à présent remplissez la théière d'eau bouillante. Versez le thé. Prenez garde de vous brûler ou de répandre sur la table. Essuyez la table, donnez-nous un torchon pour essuyer cette table.

Lassen-Sie es einige Minuten einweichen; nun gießen-Sie den Thee-Topf mit kochendem Wasser-voll. [51] Schenken-Sie den Thee-ein. [52] Nehmen-Sie sich in Acht, sich (nicht) zu verbrennen, oder vorbeyzugießen. [53] Wischen-Sie den Tisch-ab; geben-Sie uns ein Tuch, [54] um den Tisch abzuwischen.

(*a*) Cette boisson se fait avec du vin rouge, des oranges amères de Portugal, et du sucre. Elle est très-saine et très-bonne pour l'estomac, quand le vin est bon et naturel.

[41] Versez-y. [42] boire; herumgeben, donner autour. [43] temps. [44] douze heures. [45] pot à thé. [46] tasses de dessous. [47] tonneau à sel. [48] bassin à charbons. [49] chauderon à eau. [50] cuillers pleines. [51] vollgießen, verser plein, remplir, [52] einschenken, verser dedans, échansonner. [53] verser à côté. [54] un linge.

Faites-nous du chocolat au lait ou à l'eau. Qu'il soit bien mousseux. Donnez-moi l'émoussoir que je le fasse mousser. Apportez la chocolatière, ou la cafetière.

Machen-Sie uns Chocolate mit Milch oder Wasser. Er muß gut schäumen. [55] Geben-Sie mir den Quirl, daß ich sie quirle. [56] Bringen-Sie die Chocolaten-Kanne, die Kaffee-Kanne-her.

Dialogue XV.

Pour parler à table.

Funfzehntes Gespräch.

Bey Tische. [1]

Mettez le couvert; il nous faut une table ronde, une table carrée.

Mettez la nappe. Ce linge n'est pas propre.

Donnez-nous des serviettes. N'avez-vous pas des serviettes plus fines, moins grosses, plus belles? Donnez-nous-les.

Donnez-moi une cuiller, une fourchette, un couteau, une grande cuiller à soupe, une cuiller à ragoût.

Donnez-moi une assiette.

Otez ce plat; avancez ce plat; faites réchauffer ce plat.

Apportez-nous un grand ou un petit saladier.

Au lieu de ces fourchettes à deux dents, n'en avez-vous pas à trois dents?

Avez-vous un tire-bouchon? un tire-moelle?

Apportez-nous une écuelle, avec son assiette et son couvercle.

Decken-Sie den Tisch. [2] Wir brauchen [3] einen runden Tisch, einen viereckigen Tisch.

Legen-Sie das Tisch-Tuch auf. [4] Dieses Tuch ist nicht rein.

Geben-Sie uns Servietten. Haben-Sie keine feinere Servietten? keine Servietten, die nicht so [5] grob, die schöner sind? Geben-Sie sie uns.

Geben-Sie mir einen Löffel, eine Gabel, ein Messer, einen großen Suppen-Löffel, einen Vorlege-Löffel. [6]

Geben-Sie mir einen Teller.

Nehmen-Sie diese Schüssel weg; rücken-Sie diese Schüssel näher; [7] lassen-Sie diese Schüssel wärmen.

Bringen-Sie uns eine große oder eine kleine Saladiere.

Anstatt dieser Gabeln mit zwey Zähnen, haben-Sie nicht welche [8] mit drey Zähnen?

Haben-Sie einen Kork-Zieher, einen Mark-Zieher?

Bringen-Sie uns einen Napf, mit seinem Teller und seinem Deckel.

---

[55] Écumer. [56] schäumen machen, fasse écumer.

[1] Zu sprechen. [2] couvres la table. [3] avons besoin de... [4] auflegen, mettre dessus. [5] pas si... [6] une cuiller à poser devant, à servir. [7] plus près. [8] quelques-unes.

Une écuelle de terre, de porcelaine, d'argent.

Einen irdenen,[9] einen porzellanen, einen silbernen Napf.

N'avez-vous que des cuillers d'étain? des plats d'étain?

Haben-Sie keine andere[10] Löffel als zinnerne? keine andere Näpfe als zinnerne?

Allez mettre cela sur le gril.

Gehen-Sie, und legen-Sie das auf den Rost.

Apportez-nous une casserolle.

Bringen-Sie uns eine Casserolle.

Cette casserolle n'est pas bien étamée, il y a un peu de vert-de-gris.

Diese Casserolle ist nicht recht verzinnt; es ist ein wenig Grün-Span daran.

Nettoyez-la, donnez-en une autre.

Machen-Sie sie rein, geben-Sie eine andere.

Otez la soupière. Où sont les beurrières et les saucières?

Nehmen-Sie die Suppen-Schüssel[11] weg. Wo sind die Butter-Büchsen[12] und die Saucieren?[13]

Apportez-nous un pot de bière.

Bringen-Sie uns ein Maaß[14] Bier.

Il faut passer ce sucre au tamis, il n'est pas assez fin.

Man muß diesen Zucker durch das Sieb lassen;[15] er ist nicht fein genug.

Ce sel n'est pas assez blanc. Faites-le blanchir sur une pelle rouge.

Dieses Salz ist nicht weiß genug. Machen-Sie es weißer auf einer glühenden[16] Schaufel.

Je vais couper ce poulet, ce gigot, ce canard, ce boeuf etc.

Ich will dieses Huhn, diese (Hammel)-[17] Keule, diese Ente, dieses Rind-(Fleisch) vorschneiden.[18]

Donnez-moi un bon couteau qui coupe bien.

Geben-Sie mir ein gutes Messer, ein Messer, das gut schneidet.

Il faut faire repasser ce couteau.

Man muß dieses Messer schleifen[19] lassen.

Je vous prie, donnez-moi à boire et une assiette. Mettez près de nous les bouteilles, les verres, une pile d'assiettes, et nous nous servirons nous-mêmes.

Ich bitte-Sie, geben-Sie mir zu trinken, und einen Teller. Stellen-Sie die Bouteillen, die Gläser, eine Menge Teller neben uns, und wir wollen uns allein[20] bedienen.

Ich

---

[9] Terrestre, dans le sens matériel. [10] point d'autres. [11] plat à soupe. [12] boîtes à beurre. [13] Brüh-Näpfe. [14] mesure, pinte. [15] sieben, tamiser. [16] rougie au feu. [17] de mouton. [18] vorschneiden, couper devant les autres. [19] émoudre. [20] seuls.

J'ai l'honneur de boire à votre santé.	Ich habe die Ehre, (auf) Ihre Gesundheit zu trinken.
Aurai-je l'honneur de vous servir de ce plat?	Kann ich die Ehre haben, Ihnen von dieser Schüssel vorzulegen? [21]
Que voulez-vous? que desirez-vous?	Was wollen-Sie? Was begehren-Sie?
Que préférez-vous, de l'aile ou de la cuisse?	Was ziehen-Sie-vor, [22] den Flügel, oder die Keule?
Voulez-vous la carcasse ou le croupion de ce poulet?	Wollen-Sie die Carcasse, [23] oder den Croupion [24] dieses Huhns?
Aimez-vous les pattes?	Lieben-Sie die Pfoten?
Vous ne mangez rien.	Sie essen nicht.
J'ai déjà beaucoup mangé.	Ich habe schon viel gegessen.
Je vous suis bien obligé. Je vous rends mille grâces.	Ich bin Ihnen sehr verbunden. Ich sage [25] Ihnen tausend Dank.
Ce rôti est trop cuit. Ce ragoût est trop salé. Cette sauce est trop épicée et trop sucrée.	Dieser Braten ist sehr gebraten. [26] Dieses Ragout ist zu gesalzen. Diese Brühe ist zu gewürzt, zu gezuckert.
Servez l'entremets. Servez le dessert.	Tragen-Sie das Entremet, [27] den Dessert [28] auf.
Je ne bois pas de vin. Je ne bois jamais de liqueurs.	Ich trinke keinen Wein. Ich trinke nie Liqueurs.
J'attends vos ordres pour sortir de table.	Ich warte auf Ihre Befehle, um vom Tische aufzustehen. [29]
Donnez-nous de l'eau pour nous laver les mains, et nous rincer la bouche.	Geben-Sie uns Wasser, um uns die Hände zu waschen, und den Mund auszuspülen.

DIALOGUE XVI.	**Sechszehntes Gespräch.**
Pour parler à table d'hôte.	Zur Table d'Hote. [1]
Combien prend-on ici par tête pour un dîner à table d'hôte? le pain et le vin compris, (une	Wie viel bezahlt hier die Person, [2] um an der Table d'Hote (zu Mittag) zu speisen? [3]. Brot

[21] Poser devant vous. [22] vorziehen, préférer; was essen Sie lieber? que mangez-vous plus volontiers? [23] das Gerippe. [24] Steiß. [25] dis. [26] rôti. [27] Bey-Essen, Zwischen-Schüssel. [28] Nach-Tisch, après table. [29] me lever.

[1] Gast-Tisch. [2] paye la personne. [3] speisen, manger en grand seigneur; essen, manger en homme; fressen, manger en animal.

demi-bouteille de bon vin) ou sans y comprendre le vin.	und Wein [eine halbe Bouteille guten Wein] mit einbegriffen, oder ohne den Wein mitzurechnen. [4]
Fait-on bonne chère à cette table d'hôte? est-on servi proprement?	Speiset-man [5] gut an dieser Table d'Hote? wird man reinlich bedient?
Messieurs, on a servi.	Meine Herren, man hat angerichtet. [6]
Allons, descendons, ou montons.	Wir wollen hinunter-gehen, hinauf-gehen.
Voilà un dîner qui a fort bonne mine.	Das ist ja ein Mittags-Essen, welches ein gutes Ansehen hat.
Je couperai cette poularde si l'on veut.	Ich werde diese fette Henne vorschneiden, wenn man will.
Très-volontiers.	Sehr gern.
Monsieur ou madame, voulez-vous bien faire passer cette assiette?	Mein Herr, Madame, wollen-Sie wohl diesen Teller weiter geben? [7]
Auriez-vous la bonté de me donner la salière, ou le sucrier?	Wollen-Sie wohl die Güte haben, mir das Salz-Faß, den Zucker-Streuer [8] zu geben?
Oui monsieur, non monsieur, je vous remercie, j'en ai suffisamment.	Ja, mein Herr; nein, mein Herr; ich danke Ihnen; ich habe zur Gnüge. [9]
En voulez-vous encore un peu?	Befehlen-Sie [10] noch ein wenig?
Il faudroit appeler le garçon ou la servante.	Man muß den Aufwärter, [11] das Mädchen rufen.
Il n'y a plus de pain. Il n'y a plus d'eau. Il faut sonner.	Es ist kein Brot da; es ist kein Wasser da. Man muß schellen. [12]
Nous manquons d'assiettes.	Es fehlt uns [13] an Tellern.
Je voudrois bien encore une demi-bouteille de vin.	Ich wünschte noch eine halbe Bouteille [14] Wein (zu haben).
Vous offrirai-je un verre de ce vin?	Darf-ich [15] Ihnen ein Glas von diesem Weine anbieten?
Il est très-bon. Il est fort naturel.	Er ist sehr gut. Er hat einen natürlichen Geschmack. [16]
Mangez-vous habituellement à cette table?	Essen-Sie gewöhnlich an diesem Tische?

[4] Sans compter, calculer. [5] mange-t-on. [6] mis en ordre. [7] donner plus loin. [8] répandeur du sucre. [9] à suffisance. [10] ordonnez-vous. [11] servant. [12] klingeln. [13] il nous manque. [14] Flasche. [15] ose-je. [16] il a un goût naturel.

Le service s'y fait un peu lentement, le dîner ou le souper est trop long, mais assez bon.

Man wird etwas langsam bedient. [17] Man sitzt zu lange bey Tische; [18] aber das Essen ist ziemlich gut.

Aimez-vous la cuisine allemande ou angloise?

Lieben-Sie die deutsche oder die englische Küche?

Quand on voyage il faut s'accoutumer à tous les différens usages des pays que l'on parcourt, ne paroître étonné de rien, et surtout ne rien dénigrer.

Auf Reisen [19] muß man sich an die verschiedenen Gebräuche der Länder, durch welche man kommt, [20] gewöhnen, über nichts verwundert scheinen, und vor allen Dingen nichts verachten. [21]

Nous sommes tant de monde à table, et si serrés les uns contre les autres, que je crains de vous gêner.

Unserer sind so viel [22] bey Tische, und wir sitzen so gedrängt an einander, daß ich fürchte, Sie zu geniren. [23]

Point du tout, je vous assure.

Ganz und gar nicht, ich versichere Sie.

Monsieur, voulez-vous bien avancer un peu de ce côté, car je n'ai point de place.

Mein Herr, wollen-Sie wohl ein wenig nach dieser Seite zu rücken, ich habe nicht Platz genug. [24]

Je vous demande bien pardon.

Ich bitte sehr um Verzeihung.

Voilà une place ici. Voilà une place là bas.

Hier ist ein Platz. Dort ist ein Platz übrig. [25]

Il n'y a point de place. Il faudroit faire mettre une petite table.

Es ist kein Platz mehr. [26] Man müßte einen kleinen Tisch ansetzen [27] lassen.

Je me mettrai à la petite table.

Ich will mich an den kleinen Tisch setzen.

Je crois qu'on peut sortir de table.

Ich glaube, daß man aufstehen [28] kann.

Dialogue XVII.

Siebenzehntes Gespräch.

Diverses questions à faire en arrivant dans une auberge, et pour demander tout ce qu'il faut pour écrire.

Verschiedene Fragen, wenn man in einem Gasthofe ankommt; nothwendige [1] Fragen, wenn man schreiben will.

Quand la poste aux lettres part-elle d'ici?

Wenn geht-die Brief-Post von hier-ab? [2]

---

[17] On y est servi. [18] on est assis trop long-temps à table. [19] en voyage. [20] par où l'on vient. [21] mépriser. [22] il y en a tant de nous. [23] Ihnen beschwerlich zu seyn, de vous être pesant, incommode. [24] pas assez. [25] de reste. [26] plus. [27] pousser à (côté). [28] se lever.

[1] Nécessaires. [2] abgehen, s'en aller.

Quels sont les jours où la poste arrive (part), et à quelle heure?

Je dois avoir des lettres à la poste restante.

Le bureau de la poste est-il loin d'ici?

Voulez-vous bien m'en indiquer le chemin, ou m'y conduire, ou en indiquer le chemin à mon domestique?

Pourrois-je avoir un commissionnaire?

Avez-vous les gazettes?

Quelles gazettes voulez-vous?

Les plus fraiches.

Les papiers françois, les papiers anglois, les gazettes allemandes, les journaux politiques.

Voulez-vous souscrire?

Oui, je souscrirai volontiers.

Dites, je vous prie, au maître ou à la maîtresse de la maison, que lorsqu'il aura lu la gazette, il me fera plaisir de me la prêter, que je la lui renverrai promptement.

Y a-t-il quelque chose de nouveau?

Quelles nouvelles? que dit-on de nouveau?

Cette nouvelle est-elle bien vraie?

Cette nouvelle est certaine, elle est officielle.

On le dit, on le prétend, on l'assure.

Welches sind die Tage, wo die Post ankommt (abgeht), und um welche Zeit? [3]

Es müssen Briefe bleiben[4] der Post [4] für mich da seyn. [5]

Ist das Post-Haus [6] weit von hier.?

Wollen-Sie mir wohl den Weg dahin sagen, [7] oder mich dahin führen, oder meinem Bedienten den Weg anzeigen? [8]

Kann ich einen Kommissionair haben?

Haben-Sie die Zeitungen?

Welche Zeitungen befehlen-Sie?

Die aller neuesten. [9]

Die französischen, die englischen Papiere, die deutschen Zeitungen, die politischen Journale.

Wollen-Sie subscribiren? [10]

Ja, ich will gern mich abonniren.

Sagen-Sie doch [11] dem Haus-Herrn oder der Haus-Frau, daß sie mir einen Gefallen thun würden, wenn sie die Zeitungen gelesen haben werden, sie mir zu leyhen; ich will sie ihnen gleich [12] wieder zurückschicken.

Giebt-es [13] was neues?

Welche Nachrichten? Was sagt man neues?

Ist diese Nachricht gewiß [14] wahr?

Die Nachricht ist gewiß; [15] sie ist officiell.

Man sagt es, man behauptet [16] es, man versichert es.

---

[3] Stunde. [4] on dit aussi en allemand *poste restante*. [5] Il doit y avoir pour moi des lettres. [6] maison de poste. [7] dire. [8] zeigen c'est montrer le chemin (anzeigen ou sagen), indiquer. [9] nouvelles; fraiches frische. [10] on dit aussi sich abonniren, pränumeriren, vorausbezahlen. [11] ce doch, cependant, répond en françois *je vous prie*. [12] d'abord. [13] se donne-t-il; germanisme. [14] certainement. [15] sûre, sicher. [16] on le soutient.

Je n'en crois rien; on débite tant de faussetés!	Ich glaube sie nicht; man verbreitet [17] so viel falsche Nachrichten.
Avez-vous beaucoup de monde dans cette auberge?	Haben-Sie viel Fremde [18] in Ihrem Gasthofe?
Avez-vous des émigrés?	Haben-Sie Emigranten?
Quels sont leurs noms?	Wie heißen-sie?
Quelles sont les personnes qui logent à côté de moi?	Welches sind die Leute, [19] welche neben mir an logiren?
Quand part-il? quand part-elle?	Wann reiset er ab? Wann reiset sie ab?
Je n'en sais rien, je l'ignore.	Ich weiß es nicht.
Je voudrois écrire.	Ich wollte gern schreiben.
J'ai mon écritoire avec moi, et tout ce qu'il me faut pour écrire.	Ich habe mein Schreib-Zeug [20] mit mir, und alles, was ich zum Schreiben nöthig habe. [21]
Il ne me faut qu'un peu d'encre.	Ich brauche [22] nur ein wenig Dinte.
Cette encre est blanche, elle ne vaut rien.	Diese Dinte ist blaß, [23] sie taugt nicht.
Apportez-moi du papier, des plumes, de l'encre, des pains à cacheter, de la cire d'Espagne, de la cire rouge, de la cire noire, du beau papier, du papier vélin.	Bringen-Sie mir Papier, Federn, Dinte, Oblaten, [24] Siegel-Lack, [25] rothes, schwarzes Siegel-Lack, schön Papier, Velin-Papier.
Ces plumes ne valent rien.	Diese Federn taugen nicht.
Faites-les-moi bien tailler.	Lassen-Sie sie mir gut schneiden.
Les savez-vous tailler?	Können-Sie Federn schneiden?
Comment les aimez-vous? Voulez-vous qu'elles soient fines ou grosses?	Wie lieben-Sie sie? Befehlen-Sie sie fein oder grob (geschnitten)? [26]
Ni grosses ni fines. Je les aime très-fines, ou très-grosses.	Weder fein noch grob. Ich liebe sie sehr fein, sehr grob.
Les trouvez-vous bonnes?	Finden-Sie sie gut?
Excellentes.	Vortrefflich.
Avez-vous un cachet? allez m'en chercher un. Voici le mien.	Haben-Sie ein Pettschaft. Holen-Sie mir eins. Hier ist das meinige.
Donnez-moi un canif.	Geben-Sie mir ein Feder-Messer. [27]

[17] On répand. [18] étrangers. [19] gens. [20] étoffe à écrire. [21] ai besoin. [22] j'ai besoin, j'use. [23] pâle. [24] oublies. [25] cire à cacheter. [26] taillées. [27] couteau à plumes.

Ce canif ne vaut rien.	Dieses Federmesser taugt nicht.
Je vais tailler une plume.	Ich will eine Feder schneiden.
Où est l'encrier?	Wo ist das Dinten-Faß? [28]
Où est le poudrier? allez me chercher de la poudre à sécher l'écriture.	Wo ist die Streu-Büchse? [29] Holen-Sie mir Sand, [30] um über das Geschriebene zu streuen. [31]
Quelle poudre voulez-vous?	Was wollen-Sie zum Streuen [32] haben?
De la poudre d'or, ou de la sciure de bois, ou du sablon.	Gold-Staub, oder Holz-Staub, [33] oder feinen [34] Sand.
Une lumière, une chandelle, une bougie, car il faut que je cachète mes lettres.	Ein Licht, ein Wachs-Licht; [35] denn ich muß meine Briefe zu-siegeln.
Ayez la bonté de faire une enveloppe.	Haben-Sie die Güte, einen Umschlag zu machen.
Cachetez le paquet.	Siegeln-Sie das Paket-zu.
Je n'écrirai qu'un billet.	Ich werde nur ein Billet schreiben.
Je le ployerai sans le cacheter.	Ich will es falzen, ohne es zu-zu-siegeln.
J'écrirai simplement sur une carte.	Ich will bloß auf einer Karte schreiben.
Portez cette lettre à la poste, et n'oubliez pas de demander s'il faut affranchir ou non.	Tragen-Sie diesen Brief nach der Post, und vergessen-Sie nicht an-zu-fragen, ob man frankiren muß oder nicht.
Avez-vous de l'argent?	Haben-Sie Geld bey sich? [36]
Combien donne-t-on pour affranchir une lettre?	Wie viel bezahlt [37]-man, um einen Brief zu frankiren?
Je n'ai pas de monnoie.	Ich habe kein klein Geld. [38]
Tenez, en voilà.	Da ist welches.
Ne perdez point de temps, dépêchez-vous, je vous en prie.	Verlieren-Sie keine Zeit, sputen-Sie sich, ich bitte-Sie darum.
Allons, allons finissons, partez.	Geschwind, geschwind, [39] machen-Sie fort, [40] gehen-Sie. [41]
Avez-vous mis ma lettre à la poste?	Haben-Sie meinen Brief auf die Post gegeben?
N'étoit-il pas trop tard? est-elle partie?	War-es nicht zu spät? ist-er abgegangen?
L'avez-vous affranchie?	Haben-Sie ihn frankirt?

[28] Tonneau à encre. [29] boîte à répandre (le sable). [30] sable; Pulver, de la poudre. [31] répandre; faire sécher, trocknen lassen. [32] pour répandre. [33] poudre de bois. [34] fin. [35] chandelle de cire; Talg-Licht, chandelle de suif, chandelle. [36] avec (sur) vous. [37] paye-t-on. [38] petit argent. [39] vite! [40] faites en avant. [41] allez.

Dans combien de jours pourrai-je en recevoir la réponse, si l'on me répond sans délai?	In wie viel Zeit kann ich Antwort darauf [42] erhalten, wenn man mir ohne Zeit-Verlust [43] antwortet?
Ai-je des lettres? m'apportez-vous des lettres?	Habe-ich Briefe? Bringen-Sie mir Briefe?
Combien?	Wie viel?
Allez sur-le-champ à la poste demander mes lettres.	Gehen-Sie sogleich [44] nach der Post, und fragen-Sie nach meinen Briefen.
Je voudrois faire faire des cartes de visites, à qui dois-je m'adresser?	Ich wollte gern Visiten-Karten machen lassen, an wen soll ich mich wenden?
Voulez-vous que ces cartes soient imprimées?	Wollen-Sie, daß diese Karten gedruckt seyn sollen?
Assurément.	Gewiß. [45]
Voulez-vous qu'on y grave des ornemens?	Wollen-Sie Zierrathen darauf stechen lassen?
Non, jes les veux toutes simples.	Nein, ich will sie ganz simpel [46] haben.
Je voudrois acheter quelques livres.	Ich möchte gern einige Bücher kaufen.
Quels livres voulez-vous?	Was für [47] Bücher wollen-Sie haben?
Je voudrois des heures catholiques, des heures luthériennes, calvinistes etc.	Ich wollte katholische Gebet-Bücher, [48] lutherische, reformirte Gebet-Bücher, u. s. w.
Voulez-vous envoyer chez le libraire?	Wollen-Sie zum Buch-Händler [49] schicken?
Ce libraire est-il bien assorti?	Ist dieser Buch-Händler gut assortirt? [50]
Sait-il l'allemand, le françois?	Versteht-er deutsch, französisch?
Parlez-vous l'allemand?	Sprechen-Sie deutsch?
Non, et je voudrois bien avoir un interprête.	Nein, ich wünschte sehr, einen Dollmetscher zu haben.
Pourroit-on avoir un interprête?	Kann-man einen Dollmetscher bekommen? [51]
Je voudrois lire.	Ich wünschte zu lesen.
L'hôte ou l'hôtesse pourroient-ils me prêter quelques livres?	Könnte mir der Wirth, die Wirthinn (wohl) einige Bücher leyhen?

[42] Sur elle. [43] perte de temps. [44] d'abord; sur la place, auf der Stelle. [45] freylich, franchement. [46] einfach. [47] welche. [48] livres de prières. [49] négociant de livres. [50] versehen, pourvu. [51] recevoir.

Que desirez-vous?	Was wünschen-Sie (für welche)? [12]
A-t-il des romans, des pièces de théâtre, des livres de morale, l'almanach de l'année?	Hat-er Romane, Theater-Stücke, moralische Bücher, den Kalender von diesem Jahre?
Il n'a que des journaux.	Er hat nur Journale.
Oh! je n'en veux point.	O, ich mag [13] keine!
Voulez-vous vous abonner chez un libraire?	Wollen-Sie sich bey einem Buchhändler abonniren?
Que me coûtera cet abonnement? — Je voudrois bien avoir un catalogue des livres de ce libraire.	Was wird mir dieses Abonnement kosten? Ich wünschte wohl einen Bücher-Catalog [14] von diesem Buchhändler zu haben.
Que faut-il donner par mois?	Was muß man monatlich geben?
Donnez-moi un briquet. — Avez-vous de l'amadou?	Geben-Sie mir ein Feuer-Zeug. [15] Haben-Sie Zunder?
Donnez-moi des allumettes.	Geben-Sie mir Schwefel-Faden. [16]
Bonjour. Bonsoir. Bonne nuit.	Guten Morgen (Tag). Guten Abend. Gute Nacht.

Dialogue XVIII. — Achtzehntes Gespräch.

Une femme, ayant avec elle de petits enfans, et arrivant dans une auberge.	Für eine Frau, welche kleine Kinder bey sich hat, und in einem Wirthshause ankommt.
Pouvez-vous me donner un logement au premier ou au rez-de-chaussée, et qui ne soit pas humide?	Können-Sie mir in der zweyten oder ersten Etage [1] ein Logis [2] geben, welches nicht feucht sey?
Il n'y a pas assez de lits pour les enfans. Il en faut faire avec des matelas.	Es sind nicht genug Betten [3] für die Kinder da. Man muß welche mit Matrazen machen.
Nous n'avons que des lits de plumes.	Wir haben nichts als Feder-Betten.
Eh bien, apportez-les avec des oreillers.	Schon gut; bringen-Sie sie mit den Kopf-Kissen. [4]
Prenez le matelas de mon	Nehmen-Sie die Matraze von

[12] Für Bücher, quels livres. [13] de mögen, vouloir. [14] Verzeichniß, note. [15] machine à feu. [16] fil de soufre; Schwefel-Hölzchen, petits bois soufrés.

[1] Stock, Stockwerk, Geschoß. [2] Wohnung. [3] on dit aussi Bett-Stellen, places de lits, bois de lits. [4] coussins de tête.

lit, s'il n'y en a pas d'autres.	meinem Bette, wenn keine andere da sind.
Avez-vous des lits de sangle?	Haben-Sie Bett-Stellen mit Gurten?
Nous n'en avons point, mais nous avons de petits lits en forme de commode et d'armoire.	Wir haben keine; aber wir haben kleine Betten, in Gestalt einer Commode oder eines Schrankes.
Apportez-les.	Bringen-Sie sie her.
Il faut encore un lit. Nous le ferons sur quatre chaises, ou bien sur le canapé.	Wir müssen noch ein Bett haben. Wir wollen es auf vier Stühlen machen, oder auf dem Canapé.
Il nous faut encore des chaises, pour mettre devant le petit lit, afin que l'enfant ne puisse tomber.	Wir müssen noch Stühle haben, um sie vor das kleine Bett zu stellen, damit das Kind nicht herausfallen könne.
Faites un petit lit avec quatre ou six chaises.	Machen-Sie ein kleines Bett auf vier oder sechs Stühlen.
Avez-vous des cordes ou de la forte ficelle?	Haben-Sie Stricke oder starken Bind-Faden? [5]
Pourquoi faire?	Wozu? [6]
Pour attacher les chaises les unes aux autres, afin qu'elles ne s'écartent pas quand l'enfant sera couché.	Um die Stühle zusammen[7]zubinden, damit sie nicht von einander gehen, wenn das Kind darauf liegen wird.
Attachez bien les chaises, faites de doubles noeuds.	Binden-Sie die Stühle gut an einander, machen-Sie doppelte Knoten.
Voyons si cela tient.	Wir wollen sehen, ob es hält.
Cela est attaché trop lâche. Serrez les cordes, serrez les noeuds, cela est bien.	Es ist zu lose gebunden. Ziehen-Sie die Stricke, die Knoten -an; [8] so ist es gut.
Nous n'avons plus de chaises.	Wir haben keine Stühle mehr.
Eh bien, nous mettrons le matelas ou le lit de plumes à terre, mais il nous faudroit une paillasse pour mettre dessous.	Nun, so wollen wir die Matraze oder das Feder-Bett auf die Erde legen; allein wir müßten einen Stroh-Sack [9] haben, um ihn darunter zu legen.
Nous n'en avons point.	Wir haben keinen.
Avez-vous de la paille fraiche? — Oui.	Haben-Sie frisches Stroh? — Ja.

([4] Voyez p. 72. n. 3.) [5] fil à lier. [6] was wollen-Sie damit? qu'en voulez-vous (faire)? [7] ensemble. [8] anziehen, serrer, en tirant à soi; attirer; habiller. [9] sac à paille.

Apportez-en, mais qu'elle soit bien sèche et bien propre.	Bringen-Sie welches; es muß aber sehr trocken und rein seyn.
Mettez la paille sous le matelas.	Legen-Sie das Stroh unter die Matraze.
Que voulez-vous pour le souper des enfans?	Was befehlen-Sie, daß die Kinder essen sollen?
Du bon lait nouvellement tiré, et des légumes.	Gute, frisch-gemolkene Milch, und Gemüse.
Un peu de panade à l'eau.	Etwas (ein wenig) Wasser-Panade.
Savez-vous faire de la bouillie avec du gratin?	Können-Sie einen Brey mit Tiegel-Fett [10] machen?
Il faut du pain blanc et rassis pour les enfans.	Für die Kinder muß man weißes und altes Brot haben.
Ils ne mangent donc pas du pain de seigle?	Sie essen also kein Rocken-Brot?
Ils en mangent quand il est bon, bien fait, bien cuit et rassis; mais seulement à déjeûner, à dîner et à goûter; pour leur souper je leur donne du pain de froment.	Sie essen welches, wenn es gut, gut gemacht, gut gebacken und alt ist; aber nur zum Früh-Stück, [11] zum Mittag- und Vesper-Brot; [12] zum Abend-Brot gebe ich ihnen Waizen-Brot.
Pourroit-on avoir un berceau pour le petit enfant? voudriez-vous bien en faire chercher un dans la ville?	Kann man wohl eine Wiege für das kleine Kind bekommen? Wollen-Sie wohl eine in der Stadt holen lassen?
Ce berceau est-il bien propre?	Ist diese Wiege auch recht reinlich?
Voyons s'il n'y a pas de punaises.	Lassen-Sie uns sehen, ob keine Wanzen darin sind.
Emportez-le dans le corridor ou dans la cour, secouez-le bien, essuyez-le bien, et ensuite vous le rapporterez.	Bringen-Sie sie auf den Gang oder in den Hof; schütteln-Sie sie recht, waschen-Sie sie recht aus, und alsdann bringen-Sie sie mir wieder her.
Il faut appeler la servante pour déshabiller mes enfans.	Man muß das Mädchen rufen, um meine Kinder auszuziehen.
Voulez-vous bien coucher mes enfans?	Wollen-Sie wohl so gütig seyn, meine Kinder schlafen zu legen? [13]
Faites-moi le plaisir de bercer un peu le petit.	Thun-Sie mir den Gefallen, den Kleinen ein wenig zu wiegen.

[10] Graisse de lèchefrite. [11] pièce (qu'on mange) de bonne heure. [12] a in de vêpres. [13] poser pour coucher.

Je voudrois acheter quelques joujoux pour les enfans.	Ich möchte gern etwas Spiel-Zeug [14] für die Kinder kaufen.
Quels joujoux voulez-vous?	Was für Spiel-Sachen [15] befehlen-Sie?
Une jolie poupée de grandeur moyenne.	Eine hübsche Puppe von mittlerer Größe.
Une petite poupée. Un petit maillot.	Eine kleine Puppe. Ein klein Wickel-Kind. [16]
Un ménage d'étain. Un tambour.	Eine zinnerne Wirthschaft. Eine Trommel.
Une charrette. Un petit cheval.	Einen Karren. Ein kleines Pferd.
Voulez-vous qu'on apporte des joujoux pour choisir?	Wollen-Sie, daß man Ihnen Spiel-Sachen zum Aussuchen herbringe?
Oui. Faites entrer le marchand, je choisirai.	Ja. Lassen-Sie den Kaufmann hereinkommen; ich will mir etwas aussuchen. [17]

Dialogue XIX. — Neunzehntes Gespräch.

Pour une voyageuse, forcée d'accoucher dans une auberge.	Für eine Reisende, welche gezwungen ist, in einem Wirthshause niederzukommen. [1]
Madame a eu des douleurs cette nuit.	Madame hat diese Nacht Wehen gehabt.
Madame a des douleurs. Elle accouchera sûrement aujourd'hui.	Madame hat Wehen. Sie wird gewiß heute niederkommen.
Quel est le meilleur accoucheur ou la meilleure sage-femme de cette ville ou de ce lieu?	Welches ist der beste Accoucheur oder die beste Heb-Amme [2] dieses Orts?
Il faut l'aller chercher sur-le-champ.	Man muß sie auf der Stelle holen lassen.
Dites-lui que cela est très-pressé, et qu'il vienne en diligence.	Sagen-Sie ihm (ihr), daß es sehr eilt, und daß er (sie) geschwind [3] kommen muß.
Je voudrois bien avoir une bonne nourrice.	Ich möchte gern eine gute Amme haben.

[14] Instrumens de jeu. [15] choses à jouer. [16] enfant au maillot. [17] chercher dehors.

[1] Venir bas. [2] nourrice (qui) lève (l'enfant). [3] vite.

Je voudrois qu'elle fût jeune, grande et robuste, qu'elle eût de belles couleurs, de belles dents et qu'elle fût brune. Je desirerois qu'elle eût déjà fait une bonne nourriture.

Ich wollte, daß sie jung, groß und stark wäre, daß sie eine schöne Farbe, schöne Zähne hätte, und eine Brünette wäre. Ich wünschte, daß sie schon ein Kind gut gestillt hätte. *

Je crois que je puis vous en procurer une qui vous conviendra.

Ich glaube Ihnen eine verschaffen zu können, die Ihnen anstehen wird.

Combien y a-t-il de temps qu'elle est accouchée?

Wie lange ist-es (her), daß sie nieder-gekommen [5] ist?

Cinq mois.

Fünf Monate.

Je desirerois un lait plus nouveau.

Ich wünschte eine frischere [6] Milch.

Madame, voilà l'accoucheur.

Madame, hier ist der Accoucheur.

Dites-lui d'entrer.

Sagen-Sie ihm, daß er hereinkomme.

Bon jour, madame, avez-vous eu déjà des enfans?

Guten Morgen, Madame, haben-Sie schon Kinder gehabt?

Combien en avez-vous eu?

Wie viel Kinder haben-Sie gehabt?

Vos couches ont-elles été heureuses?

Sind Ihre Wochen [7] glücklich gewesen?

Vos enfans vivent-ils?

Sind Ihre Kinder am Leben? [8]

Avez-vous nourri?

Haben-Sie schon gestillt? [9]

Avez-vous le dessein de nourrir?

Sind-Sie Willens [10] zu stillen?

Oui, je compte nourrir.

Ja, ich denke [11] zu stillen.

Quel âge avez-vous?

Wie alt sind-Sie?

Suivant votre compte accouchez-vous à terme?

Kommen-Sie, nach Ihrer Rechnung, zur rechten Zeit [12] nieder?

Oui, je suis dans mon neuvième mois.

Ja, ich bin in meinem neunten Monat.

Je ne suis grosse que de sept mois, que de huit mois.

Ich bin nur seit [13] sieben, acht Monaten schwanger.

Avez-vous fait une chute?

Haben-Sie einen Fall gethan?

---

* Qu'elle eût déjà bien nourri un enfant. [5] entbunden, délivée; in Wochen gekommen, venue en semaines. [6] plus frais; jüngere, plus jeune. [7] semaines. [8] en vie. [9] appaisé (la soif), gesäugt, ne se dit guères que des animaux. [10] de volonté. [11] je pense. [12] au juste temps. [13] depuis.

Sentez-vous remuer votre enfant?

Depuis quand ne sentez-vous plus remuer?

Vous êtes-vous bien portée durant votre grossesse?

Avez-vous eu quelque frayeur?

J'ai éprouvé de grands chagrins.

Je ne vous conseille pas de nourrir.

Pensez-vous que je doive accoucher aujourd'hui?

Est-il nécessaire de me saigner?

Combien de fois depuis votre grossesse avez-vous été saignée?

Voulez-vous, monsieur, me saigner vous-même, ou faut-il que j'envoie chercher un chirurgien?

Pouvez-vous me procurer une bonne garde de femme en couches, et qui s'entende bien à soigner un enfant nouveau-né?

Fühlen-Sie Ihr Kind sich rühren?

Seit wann fühlen-Sie es nicht mehr rühren?

Haben-Sie sich seit Ihrer Schwangerschaft wohl befunden?

Haben-Sie einen Schreck gehabt?

Ich habe großen Kummer erfahren.[14]

Ich rathe Ihnen nicht, zu stillen.

Glauben-Sie, daß ich heute niederkommen werde?

Ist es nöthig, mir eine Ader zu lassen?[15]

Wie oft sind Sie, seit Ihrer Schwangerschaft, aus der Ader gelassen werden?

Wollen-Sie mir selbst eine Ader schlagen,[16] oder muß ich einen Wund-Arzt[17] kommen lassen?

Können-Sie mir eine gute Warts-Frau für eine Wöchnerinn[18] verschaffen, die sich gut darauf versteht, ein neu-gebohrnes Kind zu warten?

Dialogue XX.

Entre la nouvelle accouchée, le médecin et la garde.

Monsieur, qu'ordonnez-vous pour mon enfant?

Le trouvez-vous en bon état?

Voulez-vous bien expliquer à la garde tout ce qu'il faut

Zwanzigstes Gespräch.

Zwischen der Wöchnerinn, dem Arzte und der Warts-Frau.

Mein Herr, was verordnen-Sie für mein Kind?

Finden-Sie es in gutem Stande?

Wollten-Sie wohl der Warts-Frau alles erklären, was sie zu

---

[14] Expérimenté. [15] de me laisser (faire ouvrir) une veine. [16] me frapper une veine. [17] médecin de plaies. [18] pour une accouchée, (femme en semaine).

faire et lui recommander de bien exécuter vos ordres?	thun hat,[1] und ihr einschärfen,[2] alle Ihre Befehle gut zu beobachten?[3]
Quand reviendrez-vous?	Wann werden-Sie wiederkommen?
Si vous pouviez revenir un peu plutôt, cela me feroit grand plaisir.	Wenn Sie etwas früher wiederkommen könnten, so würde es mir sehr lieb[4] seyn.
Oh! tâchez, je vous en prie.	Sehen-Sie-zu,[5] ich bitte Sie.
Adieu, monsieur.	Adieu, mein Herr.
Appelez la garde, qu'elle vienne me parler.	Rufen-Sie die Warts-Frau, ich will mit ihr sprechen.[6]
Il faut changer mon enfant.	Sie müssen mein Kind umwickeln.[7]
Il crie, promenez-le dans la chambre.	Es schreit, tragen-Sie es in dem Zimmer-herum.[8]
Examinez si rien ne le gêne.	Untersuchen-Sie, ob ihn (es) nichts drückt.[9]
Il est peut-être trop serré dans ses langes.	Es ist vielleicht zu fest gewickelt.[10]
Une épingle le pique peut-être.	Vielleicht sticht ihn[11] eine Nadel.
Couchez-le.	Legen-Sie ihn (sie) in die Wiege.[12]
Bercez-le.	Wiegen-Sie ihn (sie, es).
Il faut lui donner un lavement.	Man muß ihm (ihr) ein Klystir geben.
Faites-lui prendre sa petite médecine.	Geben-Sie ihm (ihr) seine (ihre) kleine Arzeney-ein.[13]
Pourquoi crie-t-il?	Warum schreit er (es, sie)?
C'est qu'il a des tranchées.	Es hat Schneiden[14] im Leibe.
C'est qu'il veut teter.	Es will saugen.
Donnez-le-moi.	Geben-Sie es mir.
Déshabillez-le.	Ziehen-Sie es-aus.
Lavez-le.	Waschen-Sie es.
L'eau est-elle bonne?	Ist das Wasser gut?
N'est-elle ni trop froide ni trop chaude?	Ist es nicht zu kalt, zu warm?

[1] A à faire. [2] rendre aigu; inculquer. [3] observer. [4] cher. [5] regardez-y. [6] je veux lui parler. [7] démailloter. [8] portez-le autour. [9] presse. [10] trop fermement emmailloté; zu fest in den Windeln, trop serré dans les langes. [11] on devroit dire es, *l'enfant*, das Kind; mais on dit communément ihn ou sie, selon que c'est garçon ou fille. [12] dans la berceau. [13] eingeben, donner dedans; inspirer. [14] de l'infinitif schneiden couper, trancher.

Quand vous déshabillez l'enfant ne mettez point d'épingles dans votre bouche, et prenez garde d'en avoir sur vous qui soient prêtes à se détacher, car elles pourroient tomber dans la bouche de l'enfant lorsqu'il est couché sur vos genoux.	Wenn Sie das Kind ausziehen, so nehmen-Sie [15] keine Nadeln in den Mund, und nehmen-Sie sich in Acht, keine an sich zu haben, die zu lose [16] sind; denn sie könnten dem Kinde in den Mund fallen, wenn es auf Ihren Knien liegt.
Je vais lui donner à teter.	Ich will ihm die Brust [17] geben.
Donnez-moi un tabouret pour poser mes pieds.	Geben-Sie mir eine Hutsche, [18] um meine Füße darauf zu thun.
Avancez cette chaise près de moi.	Rücken-Sie diesen Stuhl an mich-heran.
Prenez mon enfant.	Nehmen-Sie mein Kind.
Il faut faire la petite boisson de mon enfant.	Sie müssen den kleinen Trank für mein Kind machen (-lassen).
Faites-le boire.	Lassen-Sie es trinken.
Dort-il? est-il endormi?	Schläft es? ist es eingeschlafen?
Ne faites pas de bruit, afin de ne pas réveiller mon enfant.	Machen-Sie keinen Lärm, damit Sie mein Kind nicht aufwecken.
Sa couverture est-elle assez chaude?	Ist seine Decke warm genug?
Il est trop couvert.	Es ist zu sehr zugedeckt.
Il a la tête trop basse.	Es liegt [19] zu niedrig mit dem Kopfe.
Relevez un peu son oreiller.	Heben-Sie sein Kopf-Kissen ein wenig höher. [20]
Il ne faut pas le coucher sur le dos, et moins encore sur le ventre.	Sie müssen es nicht auf den Rücken legen, noch weniger auf den Bauch.
Placez-le un peu de côté, et la tête un peu élevée.	Legen-Sie es ein wenig auf die Seite, und legen-Sie ihm den Kopf höher.
Ne fermez pas entièrement ses rideaux.	Machen-Sie die Gardinen nicht ganz-zu. [21]
Le berceau est mal placé, l'enfant auroit trop de jour, ou un faux jour, ce qui ne vaut rien.	Die Wiege steht [22] schlecht; das Kind würde zu viel Licht haben, oder im falschen Lichte liegen, und das taugt nicht.

[15] Prenez. [16] trop lâches. [17] la poitrine, le sein. [18] escabelle. [19] il est couché. [20] levez plus haut. [21] zumachen, fermer; aufmachen, ouvrir. [22] se tient.

Pourquoi?	Warum?
Celá fait loucher les enfans.	Das macht die Kinder schielen.
L'enfant a envie de vomir.	Das Kind hat Lust zu brechen.[23]
Il a vomi.	Es hat gebrochen.
C'est qu'il a trop tetté.	Weil es zu viel gesogen hat.
Prenez garde de le blesser en le déshabillant. Prenez garde de blesser ses petits bras.	Nehmen-Sie sich in Acht, ihm nicht wehe zu thun,[24] wenn Sie es ausziehen. Nehmen-Sie sich in Acht, seinen kleinen Armen nicht wehe zu thun.
Il fait chaud; mettez-le tout nu sur le lit, cela lui fera du bien.	Es ist warm; legen-Sie es nackt auf das Bette, es wird ihm wohl thun.
En le tenant ainsi couché sur vos genoux, prenez bien garde qu'il ne roule à terre. Tenez-le bien en le portant à l'église pour le faire baptiser, prenez bien garde qu'il ne se refroidisse.	Indem Sie es so auf Ihrem Schooße[25] liegen haben, nehmen-Sie sich ja in Acht, daß es nicht auf die Erde rolle. Halten-Sie es recht (fest[26]), wann Sie es nach der Kirche bringen, wann es getauft werden soll; nehmen-Sie sich wohl in Acht, daß es sich nicht erkälte.
Madame, il fait très-beau tems, voulez-vous que je mène votre enfant à la promenade?	Madame, es ist recht schönes Wetter, wollen-Sie, daß ich Ihr Kind spazieren trage?[27]
Oui, mais ayez la plus grande attention dans les rues.	Ja, aber nehmen-Sie sich sehr-auf den Straßen-in Acht.[28]
Prenez garde aux voitures, aux passans, à tout enfin.	Nehmen-Sie sich vor den Wagen, vor den Vorübergehenden, kurz vor allem in Acht.
N'ayez aucune inquiétude.	Haben-Sie keine Sorge.[29]
Nourrice, vous êtes échauffée, il faut vous rafraîchir.	Amme, Sie sind[30] erhitzt; Sie müssen sich abkühlen.
Il faut boire de l'eau légère de chicorée ou d'orge.	Sie müssen leichtes Cichorien- oder Habergrütz-Wasser trinken.
Comment la boirai-je?	Wie muß ich es trinken?
Le matin à jeûn, deux petites tasses, et à vos repas.	Des Morgens nüchtern zwey kleine Tassen, und beym Essen.
Soyez sûre, que si vous	Seyn-Sie versichert, daß wenn Sie

[23] Sich zu erbrechen, sich zu übergeben, zu speien. [24] faire mal; blesser, verwunden, verletzen. [25] giron; Ihren Knien, vos genoux. [26] ferme. [27] porte. [28] prenez très-garde. [29] souci; Unruhe, inquiétude. [30] en allemand on dit au singulier: Sie ist; mais cette nuance peut se négliger par les étrangers. Voyez la remarque 1, page 11 et 12.

soignez mon enfant comme je le désire et comme je vous le prescris, je vous récompenserai parfaitement.

Je suis très-contente de vous, ma chère amie, mais je vous exhorte à continuer.

Sie mein Kind so warten, wie ich es wünsche, und wie ich es Ihnen vorschreibe, ich Sie vollkommen dafür [11] belohnen werde.

Ich bin sehr mit Ihnen zufrieden, liebes Kind; [12] aber ich ermahne Sie, so [13] fortzufahren.

Dialogue XXI.

Ein und zwanzigstes Gespräch.

Entre un médecin, une garde et un malade dans une auberge.

Zwischen einem Arzte, einer Wärterinn, und einem Kranken in einem Wirthshause.

Bonjour, monsieur.

Votre serviteur.

Quel est votre mal?

J'ai la goutte. J'ai un rhumatisme, un rhume. J'ai de la fièvre et mal aux nerfs. J'ai le devoiement, la dyssenterie. J'ai mal à la gorge. J'ai une violente courbature. J'ai un érysipèle, j'ai des dartres. J'ai la colique. J'ai des obstructions ou mal au foie. J'ai mal à la poitrine. J'ai un violent mal de tête et mal aux yeux. Je crois que je vais avoir la rougeole ou la fièvre scarlatine; je crains d'avoir gagné la petite vérole.

Vous n'avez donc pas été inoculé?

Non, jamais.

Avez-vous mal aux reins?

Avez-vous appétit?

Guten Morgen (Tag), mein Herr.

Ihr Diener.

Worin besteht [1] Ihr Übel?

Ich habe das Podagra. Ich habe die Gicht, den Schnupfen. Ich habe das Fieber und die Nerven-Krankheit. Ich habe den Durchfall, die Ruhr. Ich habe Hals-Weh. Ich habe ein gewaltiges Hüft-Weh. [2] Ich habe einen Ausschlag, ich habe Flechten. Ich habe die Colik. Ich habe Verstopfungen in der Leber. Ich habe Brust-Weh. Ich habe ein gewaltiges Kopf-Weh und Augen-Weh. Ich glaube, daß ich die Masern (Rötheln) oder das Scharlach-Fieber bekommen werde; ich fürchte, daß ich die Blattern geerbt [3] habe.

Sind-Sie also nicht inoculirt [4] worden?

Nein, nie.

Thun-Ihnen die Nieren weh? [5]

Haben-Sie Appetit? [6]

---

[11] Pour cela. [12] chère enfant. [13] ainsi

[1] En quoi consiste. [2] mal aux hanches. [3] hérité; gagné, gewonnen. [4] Sind Ihnen die Blattern (Pocken) nicht eingeimpft (ents) worden? [5] les reins vous font-ils mal. [6] Eß-Lust, envie de manger.

Votre estomac est-il bon?	Ist Ihr Magen gut?
Digérez-vous bien?	Verdauen-Sie gut?
Voyons votre langue.	Zeigen-Sie mir [7] Ihre Zunge.
Dormez-vous bien?	Schlafen-Sie gut?
Non, j'ai des insomnies affreuses.	Nein, ich schlafe gar nicht. [8]
Avez-vous mal au cœur?	Haben-Sie Uebelkeiten? [9]
J'ai quelquefois des envies de vomir.	Ich habe bisweilen Lust zu brechen.
Avez-vous la bouche amère en vous réveillant?	Haben-Sie einen bittern Geschmack, [10] wenn Sie aufwachen?
Avez-vous les jambes enflées?	Haben-Sie geschwollene Füße? [11]
Etes-vous altéré?	Haben-Sie Durst? [12]
Oui, j'ai souvent soif; j'ai le hoquet, j'ai le scorbut.	Ja, ich habe oft Durst; ich habe den Schlucken, den Scharbock.
Quel est votre régime ordinaire?	Welches ist Ihre gewöhnliche Diät? [13]
Vous couchez-vous de bonne heure?	Gehen-Sie früh zu Bett? [14]
Faites-vous de l'exercice?	Machen-Sie sich Bewegung? [15]
Avez-vous eu d'autres maladies dans le cours de votre vie?	Haben-Sie in Ihrem Leben [16] andere Krankheiten gehabt?
Quelles maladies avez-vous eues?	Welche Krankheiten haben-Sie gehabt?
Avez-vous fait beaucoup de remèdes?	Haben-Sie viel Mittel [17] gebraucht? [18]
La saignée vous est-elle contraire?	Sind Ihnen die Aderlasse zuwider?
Avez-vous les nerfs irritables?	Haben-Sie reizbare Nerven?
Avez-vous la poitrine délicate?	Haben-Sie eine schwache [19] Brust?
Y a-t-il long-temps que vous avez ce mal?	Ist es lange her, daß Sie dieses Uebel [20] haben?
Depuis combien de temps?	Seit wie lange?
Pensez-vous, monsieur, que	Glauben-Sie, mein Herr, daß

[7] Montrez-moi. [8] je ne dors pas du tout; insomnie, Schlaflosigkeit. [9] ... des Herzens, des maux de cœur? [10] un goût amer. [11] pieds; Beine, jambes. [12] soif; durstig, altéré. [13] diète; Lebens-Art, façon de vivre. [14] allez-vous tôt au lit? [15] du mouvement. [16] dans votre vie; Lebens-Lauf, cours de vie. [17] moyens; Arzeney-Mittel, moyens de guérir. [18] employé. [19] foible. [20] diese Krankheit, cette maladie.

les bains me fissent du bien?	das Baden [21] mir gut bekommen [22] würde?
Oui, je le crois.	Ja, ich glaube es.
Mais comment ferai-je pour avoir une baignoire?	Aber, wie werde-ich es machen, um eine Bade-Wanne [23] zu haben?
Il sera difficile d'en trouver, même en la louant très-cher.	Es wird schwer seyn, eine zu bekommen, auch wenn man sie theuer miethen wollte. [24]
Voudriez-vous bien m'en chercher une?	Wollten-Sie mir wohl eine zu verschaffen suchen? [25]
Et quand saurai-je si je puis en avoir une?	Wann werde-ich wissen, ob ich eine bekommen kann?
Ce soir ou demain.	Diesen Abend oder morgen.
Si vous n'en trouvez pas je me baignerai dans un tonneau.	Wenn Sie keine finden, so will ich mich in einem Fasse baden.
Je vais toujours envoyer chez un tonnelier.	Ich will immer zu einem Faß-Binder [26] schicken.
Voulez-vous bien dire à la servante qu'elle aille me commander un tonneau assez grand pour que je puisse m'y baigner?	Wollen-Sie wohl der Magd sagen, daß sie mir ein Faß bestelle, welches groß genug ist, daß ich mich darin baden könne?
Que le tonneau soit bien cerclé, afin qu'il ne faie pas.	Das Faß muß gut gebunden [27] seyn, damit es nicht lecke. [28]
Dites (à la servante ou) au domestique que je lui payerai bien sa commission, mais qu'il la fasse promptement.	Sagen-Sie (der Magd oder) dem Knechte, daß ich ihm seinen Gang [29] gut bezahlen werde, aber daß er ihn auch gleich [30] thue.
Quand voulez-vous avoir ce tonneau?	Wann wollen-Sie diese Tonne haben?
Le plutôt possible. Aujourd'hui si cela se peut.	Sobald [31] als möglich. Heute, wenn es geschehen [32] kann.
Combien de temps dois-je rester dans l'eau?	Wie lange muß ich in dem Wasser bleiben?
Une demi-heure ou trois quarts d'heure.	Eine halbe Stunde, drey viertel-Stunden.
Combien prendrai-je de bains?	Wie viel mal [33] werde ich baden?

[21] Le baigner. [22] me viendroit-bien; germanisme ou anglicisme de *become*; ce n'est pas ici le verbe bekommen, recevoir. [23] cuve à bain. [24] quand on voudroit. [25] chercher à procurer. [26] relieur de tonneau. [27] lié, relié. [28] découler. [29] chemin; commission, Auftrag, Commission. [30] d'abord. [31] aussitôt. [32] arriver. [33] combien de fois.

Neuf, ou treize, ou vingt et un.

Vous ferez bien de mettre vos pieds dans de l'eau tiède, mais n'y restez chaque fois qu'un bon quart d'heure ou vingt minutes. Vous mettrez du son ou du savon dans l'eau, ou une bonne poignée de sel.

Pourrois-je avoir un sceau pour mettre mes pieds dans l'eau?

Oui, un sceau d'écurie.

J'en voudrois un plus grand, afin d'y avoir de l'eau jusqu'aux genoux.

Nous n'en avons point de semblable.

Je vais d'abord prendre celui que vous avez; mais je vous prie d'aller chez un tonnelier en commander un beaucoup plus profond.

De combien faut-il qu'il soit plus profond?

D'un bon demi-pied.

Demandez au tonnelier ce qu'un tel sceau coûtera.

Priez-le de le faire en diligence. Assurez-le qu'il sera bien payé, et si je l'ai promptement je donnerai bien pour boire à celui qui me l'apportera.

Il faut envoyer chez l'apothicaire.

Je vais écrire l'ordonnance.

Je vais vous faire saigner du pied ou du bras.

Préparez les bandes nécessaires pour une saignée.

Neun, dreyzehn, ein und zwanzig mal.

Sie werden wohl daran thun, Ihre Füße in laues Wasser zu stellen; aber bleiben-Sie jedes mal nur eine gute Viertelstunde oder zwanzig Minuten darin. Thun-Sie Kleye oder Seife in das Wasser, oder eine gute Hand-voll [24] Salz.

Kann-ich wohl einen Eimer bekommen, um meine Füße ins Wasser zu setzen?

Ja, einen Stall-Eimer.

Ich möchte gern einen größern haben, um bis an die Kniee im Wasser zu sitzen. [25]

Wir haben keinen solchen. [26]

Ich will fürs erste*) den nehmen, welchen Sie haben; aber ich bitte Sie, zu dem Faßbinder zu gehn, und einen weit [27] tiefern zu bestellen.

Wie viel tiefer muß er seyn?

Einen guten halben Fuß.

Fragen-Sie den Faßbinder, was ein solcher Eimer kosten wird.

Bitten-Sie ihn, damit zu eilen. Versichern-Sie ihn, daß er gut bezahlt werden soll; und wenn ich ihn bald bekomme, so will ich dem, der ihn mir bringen wird, ein gutes Trink-Geld geben.

Man muß zum Apotheker schicken.

Ich will das Recept schreiben.

Ich will Ihnen am Fuße, am Arme eine Ader schlagen lassen. [28]

Bereiten-Sie die nothwendigen Binden zu einer Aderlasse.

---

[24] Main pleine. [25] être assise. [26] tel. *) pour le premier (usage). [27] loin, large. [28] faire frapper une veine.

Combien me tirerez-vous de palettes de sang?	Wie viel Tassen [39] Blut werden-Sie mir lassen?
Fermez les fenêtres.	Machen-Sie die Fenster-zu.
Allez chercher de la lumière.	Holen-Sie Licht.
Je me trouve mal.	Mir wird übel. [40]
Donnez des sels à respirer, ou de l'eau de Luce.	Geben-Sie Salz zu riechen, oder Eau-de-Lüce.
Il s'évanouit.	Er wird ohnmächtig. [41]
Couchons-le tout à plat sur son lit.	Wir wollen ihn ganz gerade [42] auf sein Bett legen.
Il faut vous appliquer des sangsues.	Man muß Ihnen Blut-Igel setzen.
Qui me les appliquera?	Wer wird mir sie setzen?
Un chirurgien ou la garde.	Ein Wund-Arzt oder eine Warts-Frau.
Combien mettrai-je de sangsues?	Wie viel Blut-Igel werde ich anlegen?
Six ou huit.	Sechs oder acht.
De quoi est composé la médecine que je dois prendre?	Woraus besteht die Arzeney, die ich einnehmen soll?
De rhabarbe et de crème de tartre.	Aus Rhabarber und Cremor Tartari.
De séné, de manne etc.	Aus Senes-Blättern, [43] Manna, u. s. w.
Vous prendrez aussi un vomitif.	Sie müssen auch ein Brech-Mittel [44] nehmen.
De l'émétique, ou de l'ipécacuanha?	Brech-Wein [45] oder Ipecacuanha?
Comment trouvez-vous mon pouls?	Wie finden-Sie meinen Puls?
Ai-je beaucoup de fièvre?	Habe-ich viel Fieber?
Quand j'aurai soif que boirai-je?	Wann mich durften wird, was soll-ich trinken?
Que puis-je manger?	Was darf-ich essen?
Vous prendrez deux lavemens.	Sie müssen sich zwey Klystiere setzen lassen. [46]
D'eau simple?	Von reinem [47] Wasser?
Non, composés d'eau et de miel.	Nein, aus Honig und Wasser zusammen gesetzt.
Vous prendrez une cuille-	Sie werden alle Stunden [48]

[39] En Allemagne on n'a pas de palettes pour tirer le sang; on le recueille dans des tasses, dont la capacité est estimée du chirurgien par le coup d'oeil. [40] il me devient mal; germanisme. [41] sans force, ohne Macht. [42] droit. [43] feuilles de... [44] moyen de vomir. [45] vin à vomir. [46] vous faire placer; mettre. [47] pure; simple bloß. [48] toutes les heures.

rée de cette potion, d'heure en heure.	einen Löffel voll von diesem Tranke nehmen.
Puis-je prendre cette potion après avoir mangé?	Kann-ich diesen Trank einnehmen, wann ich gegessen habe?
Non, vous la prendrez à jeûn, ou trois heures après avoir mangé.	Nein, Sie müssen ihn nüchtern nehmen, oder drey Stunden, nachdem Sie gegessen haben.
Puis-je sans inconvénient changer de linge, et faire faire mon lit?	Kann-ich ohne Gefahr [49] ein reines Hemde anziehen, [50] und mein Bett machen lassen?
Puis-je me lever?	Kann-ich aufstehen?
Quand pourrai-je sortir?	Wann werde-ich ausgehen können?
Quand prendrai-je ces pilules?	Wann werde-ich diese Pillen einnehmen?
Combien en prendrai-je à la fois?	Wie viel nehme-ich auf ein mal?
Quand prendrai-je du quinquina?	Wann werde-ich China [51] einnehmen?
Je me sens très-foible.	Ich fühle mich sehr schwach.
Je suis d'une extrême foiblesse.	Ich bin von einer außerordentlichen Schwäche.
J'ai des tintemens d'oreilles.	Ich habe Ohren-Klingen.
J'ai des engourdissemens dans les jambes et dans les mains quand je me réveille.	Hände und Füße sind mir eingeschlafen, [52] wann ich aufwache.
C'est que le sang circule mal.	Das kommt daher, [53] weil das Blut seinen Umlauf [54] nicht hat.
J'ai eu un saignement de nez.	Ich habe ein Nasenbluten gehabt.
J'ai des tressaillemens de nerfs et des palpitations de coeur.	Ich habe ein Nerven-Zittern und ein Herz-Pochen.
Je me sens la tête pesante et embarrassée.	Ich fühle, daß mein Kopf schwer und verwirrt ist.
J'ai des éblouissemens et des vertiges.	Es wird mir so blind vor den Augen; [55] ich habe Schwindel.
Le sang me porte à la tête.	Das Blut steigt [56] mir zu Kopfe.
J'ai des étourdissemens.	Ich bin wie betäubt. [57]
J'ai mal aux dents.	Ich habe Zahn-Weh.

[49] Danger; inconvénient Nachtheil. [50] tirer sur moi une chemise nette. [51] Fieber-Rinde, écorce pour la fièvre. [52] me sont endormis. [53] cela vient de là; germanisme. [54] circulation. [55] cela me devient si aveugle devant les yeux. [56] me monte. [57] je suis comme étourdi.

C'est une fluxion.	Es ist ein Fluß.
Quelle est ma maladie?	Worin besteht [58] meine Krankheit?
Avez-vous dormi?	Haben-Sie geschlafen?
Point du tout. Très-peu.	Ganz und gar nicht. Sehr wenig.
J'ai vomi de la bile.	Ich habe Galle gebrochen.
Crachez-vous facilement?	Haben-Sie leichten Auswurf?[59]
Non, je ne crache point.	Nein, ich werfe nicht aus.
Je tousse continuellement.	Ich huste beständig.
Cette toux me fatigue beaucoup.	Dieser Husten greift mich sehr-an. [60]
Je suis enrhumé du cerveau.	Ich habe den Schnupfen. [61]
J'éternue sans cesse.	Ich niese unaufhörlich. [62]
Puis-je prendre du tabac?	Darf-ich Tobak nehmen? [63]
Vous mouchez-vous beaucoup?	Schnauben-Sie sich viel?
Il faut vous tranquilliser; la patience et la douceur valent mieux que tous les remèdes.	Sie müssen sich beruhigen; Geduld und Sanftmuth sind besser als alle Artzeneyen.
Où est donc ma garde?	Wo ist meine Warts-Frau?
Me voilà, monsieur.	Hier bin-ich, mein Herr.
Ouvrez mon rideau.	Ziehen-Sie die Gardine-auf.[64]
Faites chauffer ma chemise.	Lassen-Sie mein Hemde wärmen.
Renouvelez l'air de la chambre en ouvrant la porte.	Machen-Sie [65] frische Luft in dem Zimmer, öffnen-Sie die Thür.
Faites brûler du sucre, ou des grains de genièvre, ou du vinaigre.	Brennen-Sie Zucker, oder Wacholder-Beeren, oder Essig.
Donnez-moi à boire.	Geben-Sie mir zu trinken.
Donnez-moi le bassin.	Geben-Sie mir das Becken.
J'ai trop chaud, ôtez-moi une couverture.	Mir ist zu warm, nehmen-Sie mir eine Decke-weg.
Donnez-moi une couverture de plus.	Geben-Sie mir eine Decke mehr.
Venez raccommoder mon lit.	Kommen-Sie, machen-Sie mir mein Bett zurecht.
Je suis mal à mon aise, raccommodez mes oreillers. Ils sont trop hauts, ils sont trop bas.	Ich liege schlecht, [66] machen-Sie meine Kopf-Kissen zurecht. Sie sind zu hoch, zu niedrig.
J'ai froid aux pieds.	Meine Füße frieren. [67]

[58] En quoi consiste. [59] ce qu'on jette dehors. [60] angreifen, attaquer. [61] j'ai le rhume. [62] in einem Weg, en un chemin (*uno tenore*); germanisme. [63] schnupfen, renifler. [64] aufziehen, tirer en haut. [65] faites. [66] je suis mal couché; à mon aise bequem. [67] gèlent.

Faites chauffer des serviettes, et vous me les apporterez.

Laſſen-Sie Servietten wärmen; alsdann [68] werden-Sie ſie mir bringen.

Cette serviette n'est pas assez chaude.

Dieſe Serviette iſt nicht warm genug.

Enveloppez mes pieds dans cette serviette.

Wickeln-Sie meine Füße in dieſe Serviette-ein.

Mettez-la moi sur l'estomac.

Legen-Sie ſie mir auf den Magen.

Donnez-moi un bouillon.

Geben-Sie mir ein Bouillon.

Soutenez-moi.

Halten-Sie mich aufrecht. [69]

Appelez la servante.

Rufen-Sie die Magd.

Je me sens plus mal, il faut aller chercher le médecin.

Ich befinde mich [70] ſchlechter; man muß den Arzt rufen.

Allez réveiller la servante, et dites-lui qu'elle aille sur-le-champ chercher le médecin, en lui disant que je suis plus mal, et que je souffre infiniment. Dites au domestique ou à la servante que je leur payerai bien cette commission.

Gehen-Sie, wecken-Sie die Magd-auf, und ſagen-Sie ihr, daß ſie auf der Stelle den Arzt holen, und ihm ſagen ſoll, daß ich ſchlechter bin, und daß ich unendlich ausſtehe. [71] Sagen-Sie dem Knechte oder der Magd, daß ich ihnen dieſe Commiſſion [72] gut bezahlen will.

Dépêchez-vous, et revenez le plutôt possible.

Eilen-Sie; und kommen-Sie ſo geſchwind als möglich-wieder.

Quelle heure est-il?

Was iſt die Glocke? [73]

Donnez-moi la cuvette, je vais vomir.

Geben-Sie mir das Becken; ich will brechen.

Soutenez-moi la tête.

Halten-Sie mir den Kopf.

Montez ma montre.

Ziehen-Sie meine Uhr-auf. [64]

Allumez la lampe de nuit. Placez-la de manière que je ne la voie pas.

Stecken-Sie die Nacht-Lampe-an. [74] Stellen-Sie ſie ſo, daß ich ſie nicht ſehe.

Éteignez le feu.

Machen-Sie das Feuer-aus. [75]

Rallumez le feu.

Machen-Sie das Feuer wieder-an. [76]

Donnez-moi ma tabatière.

Geben-Sie mir meine Tabaks-Doſe. [77]

Où est mon mouchoir?

Wo iſt mein Schnupftuch?

Donnez-moi un mouchoir blanc.

Geben-Sie mir ein weißes [78] Schnupftuch.

---

[68] Ensuite. [69] tenez-moi sur le séant. [70] je me trouve. [71] ausſtehen, leiden, souffrir. [72] Auftrag; Gang, chemin. [73] la cloche. ([64] voyez p. 87. n. 64.) [74] anſtecken, anzünden allumer. [75] ausmachen, auslöſchen éteindre. [76] anmachen, anzünden allumer. [77] boîte à tabac. [78] reines, net.

Donnez-moi une cravate.	Geben-Sie mir ein Halstuch.[79]
Donnez-moi mon bonnet.	Geben-Sie mir meine Mütze.
Donnez-moi un peigne.	Geben-Sie mir einen Kamm.
Otez mon bonnet. Peignez-moi.	Nehmen-Sie mir die Mütze-ab.[80] Kämmen-Sie mich.
Donnez-moi ma robe-de-chambre; mettez-la sur mon lit.	Geben-Sie mir meinen Schlaf-Rock,[81] legen-Sie ihn auf mein Bett.
Quelqu'un frappe à la porte. Voyez ce que c'est.	Jemand klopft an die Thür. Sehen-Sie, wer[82] es ist.
Ne faites pas tant de bruit. Vous m'empêchez de dormir. Je vous prie de vous tenir tranquille. Ne marchez pas si fort.	Machen-Sie nicht so viel Lärm. Sie verhindern mich zu schlafen. Ich bitte Sie, sich ruhig zu verhalten. Gehen-Sie nicht so stark.
Doucement, je vous prie.	Sachte, bitte-ich.
Donnez-moi une cuiller.	Geben-Sie mir einen Löffel.
Donnez-moi un cure-dent, et de l'eau tiède pour me laver la bouche et les mains.	Geben-Sie mir einen Zahn-Stocher,[83] und laues Wasser, mir den Mund und die Hände zu waschen.
Où sont mes pantoufles?	Wo sind meine Pantoffeln?
Donnez-moi le bras.	Geben-Sie mir den Arm.
Approchez ce fauteuil.	Rücken-Sie diesen Lehn-Stuhl[84]-heran.[85]
Je voudrois m'aller promener en chaise à porteurs.	Ich möchte gern in einer Portechaise[86] spazieren gehen.
Pourroit-on avoir une chaise à porteurs?	Könnte man wohl eine Sänfte bekommen?
Allez m'en chercher une.	Gehen-Sie, und holen-Sie mir eine.

DIALOGUE XXII.	Zwey und zwanzigstes Gespräch.
Avec un dentiste.	Mit einem Zahn-Arzte.[1]
J'ai mal aux dents.	Ich habe Zahn-Weh.
Est-ce une fluxion, ou avez-vous une dent gâtée?	Ist-es ein Fluß, oder haben-Sie einen verdorbenen Zahn?

[79] Mouchoir de cou. [80] abnehmen, ôter, prendre de... [81] robe à dormir. [82] qui, was, ce que. [83] Zahn-Reiniger. [84] chaise à s'appuyer. [85] heranrücken, pousser vers... [86] Sänfte, litière.

[1] Médecin de dents.

Je crois qu'une telle douleur vient d'une dent gâtée.	Ich glaube, daß ein solches (Zahn-)Weh von einem verdorbenen Zahne herrührt. [2]
Voulez-vous examiner ma bouche?	Wollen-Sie meinen Mund untersuchen?
Vous avez une dent gâtée, deux dents gâtées.	Sie haben einen verdorbenen Zahn, zwey verdorbene Zähne.
Peut-on les plomber?	Kann man sie plombiren?
Je les plomberai si vous voulez.	Ich will sie plombiren, wenn Sie es befehlen.
Vos gencives sont gonflées.	Ihr Zahn-Fleisch [3] ist geschwollen.
Voulez-vous arracher cette dent?	Wollen-Sie diesen Zahn ausziehen? [4]
Non, il ne faut pas l'arracher tant que vous aurez la joue enflée.	Nein, man muß ihn nicht ausziehen, so lange Sie einen geschwollenen Backen haben.
Que ferai-je donc pour appaiser la douleur?	Was soll ich denn thun, um den Schmerz zu lindern?
Mettez dans le trou de la dent un peu de coton imbibé d'éther.	Stecken-Sie in das Zahn-Loch ein wenig Baumwolle, in Aether getaucht. [5]
L'huile de girofle ou de cannelle ne me soulageroit-elle pas?	Sollte Nelken-Oel oder Zimmet-Oel meinen Schmerz [6] nicht lindern?
Oui, mais l'éther vaut mieux.	Ja, aber Aether ist besser.
Je souffre surtout la nuit.	Ich stehe-, zumal des Nachts, viel-aus. [7]
Ayez sous votre tête un oreiller de crin un peu dur, et non un oreiller de plume ou de duvet.	Legen-Sie [8] unter den Kopf ein etwas hartes Kopf-Kissen von Pferde-Haaren, [9] aber ja [10] kein Feder- oder Daunen-Kissen.
Voulez-vous me nettoyer les dents?	Wollen-Sie mir die Zähne putzen? [11]
Ne faudroit-il pas limer cette dent?	Muß dieser Zahn nicht gefeilt werden?
Avez-vous de la bonne poudre ou de l'opiat pour les dents?	Haben-Sie gutes Zahn-Pulver oder Opiat?
Et une brosse ou une racine pour les dents?	Haben-Sie eine Bürste oder eine Wurzel für die Zähne?
Avez-vous de l'eau spiritueuse pour les dents?	Haben-Sie Spiritus [12] für die Zähne?

[2] Se meut de... [3] chair de dents. [4] tirer dehors. [5] plongé dans... [6] ma douleur. [7] ausstehen; germanisme, pour leiden souffrir. [8] posez. [9] cheveux de cheval. [10] mais oui-dà. [11] rein machen, rendre nettes. [12] geistiges Wasser.

Un peu d'eau-de-vie camphrée dans un verre d'eau est ce qu'il y a de meilleur.	Etwas gekampferter Branntewein in einem Glase Wasser ist das beste Mittel. [11]

Dialogue XXIII. / Drey und zwanzigstes Gespräch.

Entre un homme blessé et un chirurgien.	Zwischen einem Verwundeten und einem Wund-Arzte.
Voulez-vous examiner ma plaie?	Wollen-Sie meine Wunde untersuchen?
Est-ce un coup de feu ou un coup d'épée?	Ist es eine Schuß-Wunde, [1] oder ein Hieb, [2] ein Stich? [3]
Quel a été le premier pansement?	Worin hat der erste Verband bestanden? [4]
On n'y a mis d'abord qu'un peu d'eau et de sel.	Man hat gleich nichts weiter [5] aufgelegt, als ein wenig Wasser und Salz.
L'hémorrhagie a-t-elle été considérable?	Ist der Blut-Fluß [6] ansehnlich gewesen?
J'ai perdu beaucoup de sang.	Ich habe viel Blut verloren.
J'ai fait une chute, je me suis démis l'épaule, ou la rotule; j'ai le bras cassé.	Ich habe einen Fall gethan, ich habe mir die Schulter und die Knie-Scheibe [7] verrenkt; mein Arm ist entzwey. [8]
Je crois avoir une côte cassée.	Ich glaube, daß ich eine Rippe zerbrochen habe.
Sentez-vous beaucoup de douleur?	Empfinden- (haben-) Sie viele Schmerzen?
Doucement, vous me faites mal.	Sacht, Sie thun mir weh.
Attendez un peu.	Warten-Sie ein wenig.
Avez-vous été saigné?	Sind-Sie zur Ader gelassen worden?
J'ai pris des vulnéraires.	Ich habe Wund-Mittel gebraucht. [9]
Il faut pour vous panser, des bandes de linge et de la charpie, le tout bien propre, avec du linge de lessive et non savonné.	Um Sie zu verbinden, muß ich leinene Binden und Charpie, alles sehr rein haben, imgleichen [10] ungeseiftes Wasch-Leinen.

[11] Remède. — [1] Plaie de tir. [2] coup de taille. [3] coup d'estoc. [4] en quoi a consisté. [5] rien de plus (loin). [6] fleuve, coulant de sang. [7] le d... que du genou. [8] pour in Zwey, en deux; cassé zerbrochen. [9] employé; ge-nommen pris. [10] semblablement.

Ces bandes ne valent rien; elles sont de toile de coton.	Diese Binden taugen nicht; sie sind von Baumwollen-Zeug. [11]
Il faut de la vieille toile, bien fine, ou de la batiste.	Man muß alte, sehr feine Leinwand haben, oder Batiste.
Tenez-vous bien et ne remuez pas.	Halten-Sie recht still, und rühren-Sie sich nicht.
J'ai un panaris.	Ich habe einen Wurm am Finger. [12]
J'ai un ulcère; j'ai un clou.	Ich habe ein Geschwür, ein Blut-Geschwür.
Depuis quand?	Seit wann?
Ne faudroit-il pas me faire un cautère, ou un séton?	Müßte man mir nicht eine Fontanelle legen? ein Haar-Seil? [13]
Je n'ai qu'une forte contusion.	Ich habe nur eine starke Quetschung.

DIALOGUE XXIV.	Vier und zwanzigstes Gespräch.
Une mère consultant pour ses enfans malades.	Eine Mutter, deren Kinder krank sind, befrägt sich um Rath. [1]
Quel âge a cet enfant?	Wie alt ist dieses Kind?
Deux ans.	Zwey Jahr.
A-t-il toutes ses dents?	Hat es alle seine Zähne?
A-t-il des convulsions?	Hat es Zuckungen? [2]
A-t-il eu des engelures?	Hat es Frost [3] gehabt?
Les a-t-on guéries subitement? — Oui.	Ist es plötzlich geheilt worden? — Ja.
Tant pis, cela est dangereux.	Desto schlimmer, das ist gefährlich.
Il a beaucoup de poux.	Es hat viel Läuse.
Coupez ses cheveux. Tenez-le bien proprement, et ne lui faites aucun remède pour cela.	Schneiden-Sie ihm die Haare ab. Halten-Sie es sehr reinlich, und geben-Sie ihm sonst [4] nichts dafür ein. [5]
Quel est son régime?	Welches ist seine Diät?
A-t-il eu une bonne nourrice?	Hat es eine gute Amme gehabt?
Combien de temps a-t-il teté?	Wie lange hat es gesogen? [6]

[11] Étoffe. [12] ver au doigt; on dit en province Akelei. [13] corde de cheveux. — — [1] Demande conseil. [2] on dit aussi der Jammer, das böse Zeug. [3] erfrorne Hände und Füße. [4] sans cela, outre cela. [5] eingeben, donner dedans, donner des remèdes; dans un autre sens *inspirer*. [6] die Brust gehabt, eu la poitrine, le sein.

Depuis quand est-il sevré?	Seit wie lange ist es entwöhnt? [7]
A-t-il le ventre libre?	Hat es offenen [8] Leib?
Dort-il bien?	Schläft-es gut?
Quel âge a cette enfant?	Wie alt ist dieses Kind (Mädchen)?
Elle a six ans.	Sie ist sechs Jahre alt.
C'est le germe de ses dents de sept ans qui la rend malade.	Sie setzt - die Zähne vom siebenten Jahre - an, [9] dies [10] macht sie krank.
Est - elle triste?	Ist sie traurig?
A - t - elle de l'appétit?	Hat sie Appetit?
Elle ne mange point, et elle maigrit tous les jours.	Sie isset nicht, und wird alle Tage magerer. [11]
Le régime et un exercice modéré la guériront.	Diät und mäßige Bewegung werden sie heilen. [12]
Quel âge a mademoiselle?	Wie alt ist [13] Mademoiselle?
Quatorze ans.	Vierzehn Jahr.
Je crains qu'elle ne tombe dans les pâles couleurs.	Ich fürchte, daß sie in die Jungfern - Krankheit [14] verfallen wird.
A-t-elle eu la rougeole?	Hat sie die Masern gehabt?
A-t-elle été inoculée?	Ist sie inoculirt worden?
Non, elle a eu la petite vérole naturelle.	Nein, sie hat die natürlichen Blattern gehabt.
Combien y a-t-il de temps?	Wie lange ist - es - her?
Il faut la dissiper, et suspendre ou du moins diminuer ses études.	Man muß sie zerstreuen, und ihre Studien unterbrechen, [15] oder wenigstens sie weniger studieren lassen. [16]

DIALOGUE XXV.	Fünf und zwanzigstes Gespräch.
Un homme voulant s'établir dans un pays étranger.	Jemand will sich in einem fremden Lande niederlassen. [1]
Je voudrois me mettre en pension dans cette ville. Je ne veux qu'une chambre simple-	Ich habe Lust, [2] mich in dieser Stadt in die Kost zu geben. Ich will nur ein schlecht [3] meu-

[7] Désaccoutumé (de teter); gespänt. [8] ouvert. [9] ansetzen, poser les fondemens, ajouter. [10] cela. [11] plus maigre. [12] gesund machen, faire (rendre) saine. [13] les Allemands disent sind, même en conservant le tour de la troisième personne; il n'est pas nécessaire que les étrangers adoptent cet usage. [14] maladie de filles. [15] interrompre. [16] la faire moins étudier.

[1] Se poser bas. [2] j'ai envie. [3] mal; et puis: simplement, schlecht, einfach, simpel.

ment meublée, et un petit cabinet.

Je voudrois une chambre à coucher, un salon, une antichambre, une garde-robe, un cabinet, deux chambres de domestiques, et une cuisine.

Voulez-vous que cet appartement soit meublé?

Oui ou non; je louerai des meubles.

Je desirerois qu'il y eût un petit jardin dans la maison.

Que la maison fût située dans le quartier le plus sain de la ville, et près d'une église et d'une promenade.

Voulez-vous être au rez-de-chaussée?

Oui, s'il n'est pas humide et obscur; s'il est posé sur des caves.

Je voudrois être au premier étage ou au second.

Je voudrois être nourri. Je mangerai avec mes hôtes. Je voudrois manger seul, ou avec ma famille dans mon appartement.

Je ne demande point à être nourri; je ferai faire ma cuisine, ou je ferai un arrangement avec un traiteur.

Si mes hôtes se chargent de ma nourriture, dites-leur que je ne soupe point. Je me chargerai de mes déjeûners et de mon thé. Ils me donneront à dîner. Je me fournirai

blirtes Zimmer und ein klein Cabinett.

Ich wollte gern ein Schlaf-Zimmer, einen Saal, ein Vor-Zimmer, eine Polter-Kammer, ein Cabinett, zwey Gesinde-Zimmer und eine Küche (haben).

Wollen-Sie, daß diese Wohnung meublirt sey?

Ja oder nein; ich werde Meubles [4] miethen.

Ich wünschte, daß ein kleiner Garten hinter [5] dem Hause wäre.

Daß das Haus in dem gesundesten Viertel der Stadt, und bey einer Kirche und einem Spaziergange gelegen wäre.

Wollen-Sie unten [6] wohnen?

Ja, wenn es unten nicht feucht und dunkel ist; wenn ein Keller darunter ist. [7]

Ich wünschte in der zweyten, dritten Etage [8] zu wohnen.

Ich wollte gern in der Kost [9] seyn. Ich will mit meinen Wirthsleuten essen. Ich möchte gern allein oder mit meiner Familie auf meinem Zimmer essen.

Ich verlange nicht, mich in die Kost zu geben; [10] ich will selbst kochen lassen, [11] oder ich werde mit einem Traiteur eine Einrichtung machen. [12]

Wenn meine Wirthsleute sich mit meiner Beköstigung abgeben wollen, so sagen-Sie ihnen, daß ich des Abends nicht esse. [13] Ich will für mein Frühstück und meinen Thee sorgen. [14] Sie sollen

---

[4] Haus-Geräth, instrumens de maison. [5] derrière. [6] en bas. [7] est dessous. [8] voyez page 47, rem. 6. [9] être en (pension pour la) nourriture. [10] de me donner en (pension pour la) nourriture. [11] je ferai cuire. [12] toufien. [13] je ne mange point le soir. [14] soigner.

de vin, de café et de sucre.

mir Mittagbrot geben. Ich will mir Wein, Caffee und Zucker anschaffen.

Vous fournirez-vous du linge?

Werden-Sie für Tisch-Zeug [15] sorgen? [16]

Je me fournirai de serviettes; mais je voudrois qu'on me fournît des draps.

Ich will mir Servietten halten; [17] aber ich möchte, daß man mir Bett-Tücher verschaffte.

Je me charge de mon chauffage.

Ich nehme die Heizung über mich. [18]

Je payerai le chauffage à part.

Ich will die Heizung [19] besonders bezahlen.

Combien m'en coûtera-t-il pour le chauffage de deux cheminées ou de deux poêles?

Wie viel wird es mir kosten, zwey Camine oder zwey Oefen heizen zu lassen?

Voulez-vous du bois ou de la tourbe?

Wollen-Sie (mit) Holz oder Torf (heizen)?

Que me coûtera le bois pour deux cheminées ou deux poêles depuis les derniers jours d'octobre jusqu'au mois d'avril?

Wie viel wird mir das Holz kosten, um zwey Camine oder Oefen von den letzten Tagen Octobers bis zum Monat April zu heizen?

L'appartement est-il sur la rue, ou sur une cour, ou sur un jardin?

Geht [20] das Zimmer auf die Straße, oder auf den Hof, oder auf einen Garten?

Combien le salon a-t-il de fenêtres? est-il boisé? a-t-il des glaces?

Wie viel Fenster hat der Saal? ist er getäfelt? hat er Spiegel?

Les hôtes sont-ils de bonnes gens?

Sind die Wirths-Leute gute Leute?

Quel est leur état?

Von welchem Stande sind sie? [21]

L'escalier est-il beau?

Ist die Treppe schön?

Combien y a-t-il de marches jusqu'à l'appartement qu'on me destine?

Wie viel Stufen sind es bis zum Zimmer, welches man mir bestimmt?

La maison est-elle neuve ou vieille?

Ist das Haus neu oder alt?

N'y a-t-il pas des plâtres neufs, ou de la peinture fraîche?

Sind keine neuen Wände, [22] keine frische Malerey da?

Il a-t-il un puits ou une

Ist ein Brunnen oder eine

---

[15] Linge de table. [16] soignerez-vous. [17] tenir. [18] je prends sur moi. [19] die Feurung, de Feuer feu. [20] va-t-il. [21] de quel état sont-ils? [22] murailles, sind sie nicht neu geweisset? ne sont-elles pas nouvellement blanchies, plâtrées?

pompe dans la maison? l'eau en est-elle bonne?	Pumpe in dem Hause? ist das Wasser davon gut?
Pourrai-je avoir des remises et une écurie?	Kann ich Wagen-Remisen und einen Stall bekommen?

Dialogue XXVI. / Sechs und zwanzigstes Gespräch.

Un homme voulant acheter ou louer une maison de campagne.	Wenn man ein Land-Haus kaufen oder miethen will.
Je voudrois acheter ou louer une maison de campagne.	Ich habe Lust, ein Land-Haus zu kaufen oder zu miethen.
Je payerai argent comptant, ou je ferai une rente. J'aurai une caution.	Ich will baar bezahlen, oder eine Leib-Rente geben. Ich will Caution schaffen. [1]
Je la veux meublée ou non meublée, et à cinq ou six lieues de la ville. Je desire qu'elle soit en bon air, qu'elle ne soit pas dans un lieu marécageux.	Ich will das Haus meublirt oder nicht meublirt, fünf oder sechs (französische) Meilen von der Stadt. Ich wünschte, daß es in einer gesunden [2] Luft stände, daß es in keiner morastigen Gegend stände.
Je ne veux qu'une ferme, ou qu'un petit logement dans une chaumière.	Ich will nur eine Meyerey, [3] eine kleine Wohnung in einer Bauern-Hütte. [4]
J'en connois une qui vous conviendroit; elle est à six lieues d'ici.	Ich kenne eine, welche Ihnen anstehen [5] wird; sie liegt sechs (französische) Meilen von hier.
Le chemin qui y conduit, est-il beau?	Ist der Weg dahin schön?
Il est passable.	Er ist ziemlich. [6]
En combien de temps peut on s'y rendre en voiture ou à cheval?	In wie viel Zeit kann man sich zu Pferde oder zu Wagen dahin begeben? [7]
Cette ferme est couverte de chaume.	Die Meyerey ist mit Stroh gedeckt.
Cela m'est égal.	Das ist mir gleich.
Le jardin est-il joli?	Ist der Garten hübsch?
Trouve-t-on des ombrages près de la maison?	Findet man Schatten bey dem Hause?

Ist

[1] Créer, procurer. [2] sain. [3] cense, métairie. [4] cabane de paysan. [5] accommoder. [6] er gehet-an, il passe; germanisme. [7] s'y donner.

Y a-t-il un potager, un verger, une basse-cour, un bois, des prairies?	Ist ein Kohl-Garten, [8] ein Obst-Garten, [9] ein Vieh-Hof, [10] ein Holz und eine Wiese dabey?
Comment la maison est-elle distribuée?	Wie ist das Haus eingetheilt?
Est-elle près d'un village?	Ist es neben einem Dorfe?
Combien de fois par semaine y reçoit-on des lettres par la poste?	Wie oft erhält man in der Woche Briefe von der Post?
Comment y fait-on mettre ses lettres à la poste?	Wie schickt-man [11] die Briefe nach der Post?
Le fermier est-il un bon homme?	Ist der Meyer [12] ein guter Mann?
A-t-il des vaches?	Hat-er Kühe?
Le lait est-il bon?	Ist die Milch gut?
Comment fait-on pour avoir du pain de froment, de la viande de boucherie, de la volaille, etc.?	Wie fängt-man es-an, [13] um Waizen-Brot, frisches Fleisch, [14] Geflügel, u. s. w. zu haben?
Les environs sont-ils jolis?	Sind die Gegenden hübsch?
Y a-t-il de jolies promenades?	Giebt-es hübsche Spazier-Gänge bey dem Hause?
L'eau est-elle bonne?	Ist das Wasser gut?
Le voisinage est-il agréable?	Ist die Nachbarschaft angenehm?
La maison est-elle bien bâtie?	Ist das Haus gut gebaut?
Est-elle bâtie en briques ou en pierre de taille?	Ist-es mit Backsteinen [15] oder Quadersteinen [16] gebaut?
Est-elle couverte en briques ou en ardoises?	Ist-es mit Ziegeln oder mit Schiefern gedeckt?
Y boit-on de l'eau de rivière, ou de l'eau de source, ou de l'eau de puits?	Trinkt-man Fluß-Wasser, oder Quell-Wasser, oder Brunnen-Wasser?
Y a-t-il un puits dans la maison?	Ist ein Brunnen bey dem Hause?
Y a-t-il un colombier?	Ist ein Taubenschlag dabey?
La maison est-elle près d'une église catholique?	Liegt [17] das Haus in der Nachbarschaft [18] einer katholischen Kirche?

[8] Jardin à choux. [9] jardin à fruits. [10] cour de bestiaux; Hühner-Hof cour pour les poules. [11] envoye-t-on. [12] le métairier. [13] commence-t-on. [14] viande fraîche. [15] pierres cuites. [16] pierres carrées. [17] est-elle couchée, sise. [18] dans le voisinage.

A quelle distance la maison est-elle de l'église?	In welcher Entfernung liegt das Haus von der Kirche?
La maison est-elle meublée?	Ist das Haus meublirt?
Les meubles sont-ils neufs, sont-ils bons, sont-ils beaux?	Sind die Meubles neu, sind-sie gut; sind-sie schön?
Combien a-t-elle d'appartemens de maîtres?	Wie viel Zimmer für die Herren [19] sind in dem Hause?
Combien de chambres de domestiques?	Wie viel Zimmer für das Gesinde? [20]
Y a-t-il des offices outre les cuisines, un garde-manger, un garde-meuble, un grenier, une glacière, une laiterie?	Giebt-es Speise-Kammern [21] außer der Küche, eine Speise-Kammer, eine Polter-Kammer, einen Boden, eine Eis-Grube, [22] eine Milch-Kammer?
Les jardins sont-ils à la françoise ou dans le goût anglois?	Sind die Garten im französischen oder englischen Geschmack?
Combien coûte l'entretien des jardins?	Wie viel kostet die Erhaltung der Gärten?
Combien rapporte la terre?	Wie viel bringt-das Land-Gut [23]-ein?
Combien veut-on vendre les meubles et la batterie de cuisine?	Wie hoch will man die Meubles und das Küchen-Geräthe verkaufen?
Je ne veux pas acheter les meubles.	Ich will die Meubles nicht kaufen.
Je voudrois acheter la maison à vie.	Ich wollte gern das Haus auf Lebens-Zeit kaufen.
Je voudrois faire un bail de neuf ans.	Ich wünschte einen Mieths-Contract auf neun Jahre zu schließen.
Quel jour voulez-vous que nous allions voir cette maison?	Wann wollen-Sie mit mir [24] dieses Haus besehen?
Le jour que vous indiquerez me conviendra.	Der Tag, den Sie angeben werden, wird mir recht seyn. [25]

[19] Herrschaften, les seigneuries. [20] terme collectif pour le domestique mâle et femelle; die Bedienten, les domestiques hommes, die Mädchen ou plutôt die Mägde, domestiques femmes. [21] chambre pour (conserver) le manger. [22] fosse à glace. [23] bien de campagne. [24] quand voulez-vous avec moi... [25] me sera juste.

Dialogue XXVII.	Sieben und zwanzigstes Gespräch.
Pour acheter des meubles.	Um Meubles [1] zu kaufen.
Il me faut deux lits.	Ich muß zwey Betten haben.
Comment les voulez-vous?	Wie wollen-Sie sie haben?
Très-simples. Les bois de lits de noyer, les rideaux d'indienne.	Sehr simpel. Die Bett-Stellen [2] von Nuß-Baum-Holz, die Gardinen [3] von Cattun.
Les voulez-vous à colonnes, en pavillon, à la polonaise?	Wollen-Sie sie mit Stollen, mit einem Pavillon, [4] auf polnische Weise?
Voulez-vous des courte-pointes, des couvre-pieds?	Wollen-Sie Stepp-Decken, Fuß-Decken?
Je veux des couvertures de laine commune. Je les veux très-fines, de belle laine d'Angleterre.	Ich will Decken von gemeiner Wolle. Ich will sie sehr fein; von englischer Wolle.
Combien voulez-vous de matelas?	Wie viel Matrazen wollen-Sie?
Il faut pour chaque lit deux matelas de crin ou de laine, une paillasse, un lit de plume et un traversin.	Für jedes Bett muß ich zwey Matrazen von Pferde-Haar [5] oder Wolle haben, einen Stroh-Sack, [6] ein Feder-Bett und einen Pfühl.
De quelle couleur et de quelle qualité voulez-vous les indiennes?	Von welcher Farbe und Güte [7] wollen-Sie den Cattun?
Je les choisirai moi-même. Je les veux bonnes, mais très-communes.	Ich will ihn selbst aussuchen. Ich will ihn gut, aber sehr gemein. [8]
Combien faudra-t-il d'aunes pour chaque lit?	Wie viel Ellen brauche ich für jedes Bett?
Il me faut des rideaux de fenêtres, de toile de coton, d'indienne, de taffetas, de damas, de péking.	Ich muß Fenster-Gardinen von Baumwoll-Leinwand, von Cattun, von Taft, Damost, Peking haben.
Il me faut une toilette renfermée dans une table, deux tables de nuit, une commode avec un dessus de marbre, une grande	Ich muß eine Toilette in einem Tische haben, zwey Nacht-Tische, eine Commode mit einer Marmor-Platte, [9] einen großen

[1] Haus-Geräth, instrumens de maison. [2] places de lit; on devroit dire Stollen poteaux, colonnes, sur lesquels le lit repose. [3] Vorhänge, ce qui pend devant. [4] eine große, oben an der Wand befestigte Gardine. [5] cheveux, poil de cheval. [6] sac à paille. [7] bonté. [8] grob grossier. [9] plaque.

armoire, douze chaises de paille, un fauteuil, un canapé, un bureau, un secrétaire, deux tables de bois d'acajou, une table de jeu, six chandeliers, un bougeoir, un tapis, un paravant, etc.	Schrank, [10] zwölf Stroh-Stühle, einen Lehn-Stuhl, ein Canapé, ein Büreau, ein Schreib-Spinde, [11] zwey Tische von Mahagony, einen Spiel-Tisch, sechs Leuchter, eine Wachs-Scheere, [12] einen Teppich, einen Schirm, u. s. w.
Je meublerai mon cabinet en papier.	Ich will mein Cabinett mit Papier tapezieren. [13]
Que voulez-vous en batterie de cuisine?	Was wollen-Sie an Küchen-Geräthe?
Des casserolles, des chaudrons, une marmite, des poëlons, des cafetières, un coquemar, etc.	Casserollen, Kessel, einen Grapen, Tiegel, Kaffee-Kannen, einen Thee-Kessel, u. s. w.
Que voulez-vous en poterie et en faïence?	Was wollen-Sie an Töpfer-Waare [14] und an Fayence? [15]
Des pots, des plats, des assiettes, des écuelles, des soupières, des cuvettes.	Töpfe, Schüsseln, Teller, Näpfe, Suppen-Näpfe, Kumpen.
Voulez-vous des assiettes d'étain?	Wollen-Sie zinnerne Teller?
Que voulez-vous en argenterie?	Was wollen-Sie an Silber (-Zeug)?
Des cuillers, des fourchettes, etc.	Löffel, Gabeln, u. s. w.
N'oubliez pas de m'acheter des sceaux de bois, des tamis et des torchons.	Vergessen-Sie nicht, mir hölzerne Eimer, Siebe und Wasch-Lappen [16] zu kaufen.

Dialogue XXVIII. — Acht und zwanzigstes Gespräch.

Pour acheter de quoi se vêtir. — Um Kleidungs-Stücke [1] zu kaufen.

Combien vendez-vous cette étoffe?	Wie viel [2] verkaufen-Sie diesen Zeug?
Combien coûte l'aune de Paris ou d'Allemagne, etc.?	Wie viel kostet die pariser Elle, die deutsche Elle, ꝛc.?
Cela est bien cher.	Das ist sehr theuer.

---

10 Spinde. 11 armoire à écrire. 12 ciseaux à cire. 13 tapisser. 14 marchandise de potier. 15 irden Zeug, instrumens (étoffe) de terre. 16 des chiffons pour laver; Wisch-Lappen, chiffons pour essuyer; Scheuer-Lappen, chiffons pour écurer. —

1 Des pièces de vêtement. 2 wie hoch.

Je n'en donnerai que	Ich will nur . . . . geben.
Cela ne vaut pas davantage.	Es ist nicht mehr werth.
Voyez, si vous voulez me la donner pour ce prix. J'en prendrai dix aunes.	Sehen-Sie-zu, ob Sie mir es für diesen Preis lassen [3] wollen. Ich werde zehn Ellen nehmen. [4]
Il faut acheter la pièce toute entière.	Sie müssen das ganze Stück kaufen.
Je la prendrai. — Je n'en veux point.	Ich will es nehmen. — Ich mag es nicht.
Coupez-en douze aunes.	Schneiden-Sie zwölf Ellen davon ab.
Voulez-vous bien la mesurer?	Wollen-Sie es (sie) wohl messen?
Combien coûte ce ruban, cette blonde blanche, cette dentelle?	Wie viel kostet dieser Band, diese weiße Blonden, diese Kante? [5]
Combien vendez-vous ce satin, ce linon, cette mousseline rayée, unie, mouchetée, brodée? cette gaze brochée, peinte? cette batiste? etc.	Wie hoch verkaufen-Sie diesen Atlas? Linon? diesen streifigen, schlichten, [6] mouschirten, gestickten Mousselin? [7] diesen broschirten, gemahlten Flor? diesen Batiste? [8] u. s. w.
Je voudrois acheter du drap.	Ich wollte gern Tuch kaufen.
De quelle qualité?	Von welcher Sorte? [9]
De beau drap, du drap commun. C'est pour faire un habit, une redingote.	Schönes Tuch, gemeines Tuch. Zum Kleide, zum Ueber-Rocke. [10]
Je voudrois acheter un chapeau de castor, un chapeau rond, ou à trois cornes.	Ich wollte einen Castor-Hut kaufen, einen runden Hut, einen dreyeckigen Hut.
Avez-vous de bonne toile pour faire des chemises ou des mouchoirs?	Haben-Sie gute Leinwand zu Hemden oder Schnupf-Tüchern? [11]
Il me faut aussi du basin, de la futaine, de la flanelle, et des bas de soie, des bas de coton, des bas de fil, des bas de laine.	Ich muß auch Basin, Parchent, Flanell und seidene Strümpfe, baumwollene, zwirnene, wollene Strümpfe haben.
Il me faut du taffetas pour	Ich brauche Taft zu einem

[3] Laissez; germanisme. [4] ich brauche zehn Ellen, j'ai besoin de dix aunes. [5] [illegible] [6] simple; glatten lisse, uni. [7] Nessel-Tuch, linge ou étoffe d'ortie. [8] Kammer-Tuch, étoffe de Cambrai. [9] Art, Eigenschaft, Güte. [10] habit de dessus, surtout. [11] mouchoirs à moucher.

une robe, pour un manteau, pour une pelisse, pour une doublure.

Je veux acheter de la soie pour broder, montrez-moi toutes les nuances que vous avez.

Cette soie est trop fine, elle est trop grosse, elle est trop foncée, elle est trop claire. N'en avez-vous pas d'autre?

Que desirez-vous?

Je voudrois acheter un chapeau de paille, un chapeau avec des plumes, un bonnet négligé, des fichus de gaze, des shawls, des fichus de soie, des fleurs artificielles, des perles fausses, ou de l'ambre jaune pour faire un collier ou des bracelets, des aiguilles à coudre et des aiguilles à tricoter.

Kleide, einem Mantel, einem Pelze, einem Futter.

Ich möchte gern Seide zum Sticken haben. [12] Zeigen-Sie mir alle Schattirungen (von Seide), die Sie haben.

Diese Seide ist zu fein, zu dick, zu dunkel, zu hell. Haben-Sie keine andere?

Was verlangen-Sie?

Ich wollte gern einen Stroh-Hut haben, einen Hut mit Federn, eine Dormeuse, [13] florne Hals-Tücher, Shawls, seidene Tücher, italienische [14] Blumen, Glas-[15] Perlen, oder gelben Bernstein, um einen Hals-Band [16] oder Arm-Bänder daraus zu machen. Näh-Nadeln und Strick-Nadeln.

Dialogue XXIX.

Pour acheter des bijoux.

Neun und zwanzigstes Gespräch.

Um Juwelen und Bijouterien [1] zu kaufen.

Combien coûte cette bague, cet anneau, cette chaîne d'or?

Je voudrois une chaîne de montre.

Avez-vous des dés à coudre?

En voici, qui sont faits en Angleterre.

Je voudrois qu'il eût un étui. Je l'achèterai, si vous vous chargez d'y faire faire un étui de chagrin vert, ou de marroquin.

Wie viel kostet dieser Ring, diese goldene Kette?

Ich wollte gern eine Uhr-Kette haben.

Haben-Sie Finger-Hüte? [2]

Hier sind welche, die in England gemacht sind.

Ich wollte, daß ein Etui [3] dazu wäre. Ich will ihn kaufen, wenn Sie ein Etui von grünem Chagrin [4] oder Corduan dazu machen lassen wollen.

---

[12] Avoir. [13] le mot est françois. [14] d'Italie. [15] de verre. [16] ruban de cou. —.— [1] Kleinodien, de klein *petit*, et od, vieux mot qui signifie quelque chose de précieux, d'où vient edel pour ödel *noble*. [2] des chapeaux de doigts. [3] Futteral. [4] Fisch-Haut, peau de poisson.

Vendez-vous de grands porte-feuilles de marroquin, contenant des écritoires?	Haben-Sie [5] große Schreib-Tafeln von Corduan, worin ein Schreib-Zeug enthalten ist? [6]
Combien coûtent ces mirzas, ces pendans d'oreilles et ce médaillon?	Wie viel kosten diese Mirza's, diese Ohr-Gehänge [7] und dieses Medaillon?
Avez-vous des tabatières, des bonbonnières d'écaille, d'ivoire, et des étuis à cure-dents?	Haben-Sie Tabaksdosen, Bonbonnieren von Schild-Kröte, [8] von Elfenbein, [9] und Etuis zu Zahn-Stochern?
De quel prix est cette épingle?	Wie theuer [10] ist diese Nadel?
Et ce flacon? et ce cachet?	Und dieses Flacon? [11] und dies Petschaft?
Voici un cachet que je voudrois faire graver.	Hier ist ein Petschaft, welches ich stechen lassen möchte.
Je voudrois qu'on y gravât un chiffre.	Ich wollte gern einen Namens-Zug [12] darauf gestochen haben. [13]
Quel chiffre voulez-vous?	Welche Buchstaben [14] (Chiffer) wollen-Sie?
Voici une miniature que je voudrois avoir sur une boëte ou dans un porte-feuille.	Hier ist ein Miniatürgemählde, welches ich gern auf einer Dose oder auf einer Schreib-Tafel haben möchte.
Voulez-vous que la boëte soit d'or ou d'or émaillé? qu'elle soit ronde ou carrée? qu'elle soit à charnière?	Wollen-Sie, daß diese Dose bloß [15] golden, oder golden und emaillirt seyn soll? Soll-sie rund oder viereckigt und mit einem Scharnier [16] seyn?
Je voudrois une navette pour faire des noeuds.	Ich möchte wohl ein Schiffchen haben, um Knoten (Knötchen) zu machen.
Une navette de nacre de perle.	Ein Schiffchen von Perlen-Mutter. [17]

[5] Avez-vous (à vendre)? [6] dans lesquels est contenu un instrument à écrire. [7] Ohr-Ringe, anneaux d'oreilles. [8] crapaud à bouclier, tortue. [9] pour Elephanten-Bein, os d'éléphant. [10] combien chère; de quel prix von welchem Preise, ou welches ist der Preis? quel est le prix? [11] Riech-Büchschen petite boëte à sentir. [12] trait de nom. [13] avoir gravé dessus. [14] lettres... On dit Ziffer dans le sens d'arithmétique, Chiffer dans la diplomatie pour les dépêches, et dans le sens dont il s'agit ici. [15] simplement schlicht. [16] Gewinde. [17] mère des perles.

Dialogue XXX.

Pour parler à un horloger.

Je voudrois acheter une pendule ou une montre à répétition.

Cette montre est-elle bonne?

Me la laisserez-vous à l'essai?

Je ne l'achèterai qu'à cette condition.

Vous m'en ôterez les aiguilles de diamans, et vous y mettrez des aiguilles d'or.

Ma montre est dérangée: je vous prie de vouloir bien la nettoyer, la raccommoder, et de m'en prêter une en attendant.

Je voudrois troquer cette montre.

Combien voulez-vous de retour?

C'est trop demander. Cette montre m'a coûté vingt louis, et elle est excellente.

Si vous voulez, je prendrai celle qui vous m'offrez en troc, et je vous donnerai trois louis de retour.

Il faut remettre un verre à ma montre; j'ai cassé le verre de ma montre; la répétition en est dérangée; j'ai cassé le grand ressort de ma montre.

Cette montre va mal; est-elle montée?

Dreyßigstes Gespräch.

Mit einem Uhrmacher. [1]

Ich wollte gern eine Wand-Uhr [2] oder eine Repetier-Uhr kaufen.

Ist diese Uhr gut?

Wollen Sie sie mir auf die Probe geben? [3]

Ich werde sie nur unter dieser Bedingung kaufen.

Nehmen Sie die demantnen Zeiger [4] weg, und thun Sie goldene an die Stelle. [5]

Meine Uhr ist in Unordnung; [6] ich bitte Sie, sie rein zu machen, sie zurecht zu machen, und mir unterdessen [7] eine andere zu leyhen.

Ich wollte gern meine Uhr vertauschen.

Wie viel wollen Sie heraus haben? [8]

Sie fordern zu viel. Diese Uhr hat mir zwanzig Louisd'or gekostet, und ist vortrefflich.

Wenn Sie damit zufrieden sind, [9] so will ich die Uhr nehmen, die Sie mir zum Tausch anbieten, und Ihnen drey Louisd'or Retour [10] geben.

Ich muß ein neues [11] Glas auf meine Uhr setzen lassen; ich habe mein Uhr-Glas zerbrochen; das Repetir-Werk [12] ist in Unordnung; ich habe die große Feder zerbrochen.

Diese Uhr geht falsch; [13] ist sie aufgezogen? [14]

---

[1] Faiseur de montres, d'horloges. [2] horloge (placée contre la) muraille. [3] donner. [4] montrans, indicateurs. [5] à la place. [6] en désordre. [7] sous cela. [8] avoir dehors. [9] si vous en êtes content. [10] zurück. [11] neuf. [12] l'ouvrage de la... [13] faussement. [14] tirée en haut.

Cette montre est beaucoup trop chère, elle est d'une forme gothique.	Diese Uhr ist viel zu theuer, sie ist von (alter) gothischer Form.
Je ne me soucie pas d'une belle montre, je veux seulement qu'elle soit bonne.	Ich mache mir nichts aus [15] einer schönen Uhr, wenn sie nur [16] gut ist.
Quel est le nom de l'horloger?	Wie heißt [17] der Uhrmacher?
Vendez-vous des lunettes?	Verkaufen-Sie Brillen?
Vendez-vous des lorgnettes de spectacle?	Verkaufen-Sie Theater-Lorgnetten?
Vendez-vous des loupes?	Verkaufen-Sie Vergrößerungs-Gläser? [18]
Ce verre grossit trop les objets. Il ne grossit pas assez. Cette lorgnette ne vaut rien.	Dieses Glas vergrößert die Gegenstände zu sehr. Es vergrößert nicht genug. Diese Lorgnette taugt nichts.

Dialogue XXXI. — Ein und dreyßigstes Gespräch.

Pour parler à un tailleur et à une couturière.	Mit einem Schneider und einer Nätherinn.
Il me faut faire un habit de cette étoffe.	Sie sollen mir ein Kleid [1] von diesem Zeuge machen.
Il faut m'en faire une robe et un jupon.	Sie müssen mir ein Kleid und einen Rock daraus machen.
Il n'y a pas de quoi.	Es ist-nicht (Zeug) genug dazu-da. [2]
Je n'en puis avoir davantage, il faut que cela vous suffise.	Ich kann nicht mehr davon haben; es muß genug seyn.
Voulez-vous prendre ma mesure?	Wollen-Sie mir Maaß nehmen?
Quand me rendrez-vous ma robe?	Wann werde ich mein Kleid bekommen?
N'y manquez pas?	Bleiben-Sie ja nicht-aus. [3]
Vous me ferez de ceci un tablier avec des poches.	Machen-Sie mir hieraus eine Schürze mit Taschen.

[15] Ich mache mir nichts aus einer Sache, je ne me fais rien (je ne fais aucun cas) d'une chose; germanisme. [16] pourvu qu'elle soit. [17] comment s'appelle. [18] verres à grandir (à grossir les objets).

[1] Einen Rock. [2] da seyn être là, se trouver; exister. [3] ne restez pas dehors; germanisme: manquer fehlen.

M'apporterez-vous ma robe?	Bringen-Sie mir mein Kleid?
Essayez-la moi.	Probiren-Sie mir es-an. [4]
Les manches sont trop larges, trop étroites; la taille est trop longue, trop courte.	Die Aermel sind zu weit, zu eng; die Taille ist zu lang, zu kurz.
Cela me serre trop.	Das drückt mich zu sehr.
Les entournures me gênent.	Die Einfassungen geniren [5] mich.
Ce jupon est mal plissé.	Dieser Rock ist schlecht gefaltet.
La robe n'a pas assez d'ampleur.	Das Kleid hat nicht Weite genug.
Faites ma robe sur ce modèle.	Machen-Sie mein Kleid nach diesem Muster. [6]
Je vous payerai quand vous me rapporterez tout ce que vous avez à moi.	Ich will Sie bezahlen, wenn Sie mir alles, was Sie für mich machen sollen, gebracht haben werden.
Soyez bien exact, ou bien exacte, je vous prie.	Seyn-Sie ja recht pünktlich, [7] ich bitte Sie.
Vous me ferez de ceci, une veste, un gilet, une culotte, des caleçons, etc.	Machen-Sie mir von diesem Zeuge eine Weste, ein Gilet, ein paar [8] Unter-Hosen, [9] u. s. w.

Dialogue XXXII.	Zwey und dreyßigstes Gespräch.
Pour parler à une blanchisseuse.	*Mit einer Wäscherinn.* [1]
Quand me rapporterez-vous mon linge?	Wann werden-Sie mir meine Wäsche [2] wiederbringen?
Je vous prie de le blanchir avec soin.	Ich bitte-Sie, sie mit vielem Fleiße zu waschen.
Je vous prie de ne point mettre d'empois, en blanchissant mes bonnets de nuit.	Ich bitte-Sie, keine Stärke daran zu thun, wenn Sie meine Nacht-Mützen waschen.
Connoissez-vous quelqu'un qui sache raccommoder les bas de soie?	Kennen-Sie jemand, der die seidenen Strümpfe ausbessern [3] kann?
Je voudrois faire raccommoder des dentelles, et ensuite les faire blanchir.	Ich möchte gern Kanten zurecht machen, und hernach waschen lassen.

[4] Anprobiren éprouver, essayer; on dit aussi anpassen. [5] drücken, pressen, hindern mich. [6] Schnitt, coupe, Modell. [7] ponctuel, ponctuelle. [8] une paire de… [9] des culottes de dessous.

[1] Laveuse. [2] mon lavage; mein Zeug mon linge. [3] améliorer.

Il faudra blanchir et calendrer cette robe.	Man muß dieses Kleid waschen und kalandern [4] lassen.
Prenez bien garde en blanchissant, d'érailler ce linon.	Nehmen - Sie sich in Acht, wenn Sie diesen Linon waschen, ihn nicht auszufasern.
Il ne faut savonner ni mes mouchoirs, ni mes chemises, il faut les passer à la lessive.	Sie müssen weder meine Tücher noch meine Hemden einseifen, sondern sie durch die Lauge ziehn.
Apportez - vous votre mémoire?	Bringen-Sie Ihre Rechnung [5] -mit?
Je vais compter mon linge.	Ich will meine Wäsche zählen.
Mémoire du linge blanchi.	*Note des gewaschenen Zeuges.*
Deux paires de draps.	Zwey Paar Laken.
Quinze chemises.	Funfzehn Hemden.
Deux caleçons.	Zwey Unter-Hosen.
Deux gilets.	Zwey Gilets.
Trois jupons.	Drey Röcke.
Une robe.	Ein Kleid.
Un pierrot.	Ein Pierrot.
Quatre camisoles de nuit.	Vier Nacht-Camisöler.
Six paires de bas.	Sechs Paar Strümpfe.
Six paires de chaussons.	Sechs Paar Socken.
Trois paires de mitaines.	Drey Paar Hand-Muffen.
Une paire de gants.	Ein Paar Hand-Schuhe. [7]
Quatre bonnets de nuit.	Vier Nacht-Mützen.
Deux coiffes.	Zwey Kappen.
Trois bandeaux de nuit.	Drey Kopf-Binden.
Deux fichus de linon.	Zwey Hals-Tücher von Linon.
Deux fichus de nuit.	Zwey Nacht-Hals-Tücher.
Une paire de poches.	Ein Paar Taschen.
Six cravates.	Sechs Hals-Binden.
Deux shwals.	Zwey Shawls.
Cinq tabliers.	Fünf Schürzen.
Quatre corsets.	Vier Corselette.
Deux peignoirs.	Zwey Puder-Hemden. [8]
Douze mouchoirs de poche.	Zwölf Schnupf-Tücher.
Douze serviettes.	Zwölf Servietten.
Trois nappes.	Drey Tisch-Tücher.
Six essui-mains.	Sechs Hand-Tücher.
Quinze frottoirs (*a*).	Funfzehn Wisch-Tücher. [9]

(*a*) Petits linges pour essuyer le visage après la toilette.

[4] Glätten lisser. [5] compte. [6] manchons de mains. [7] souliers de mains. [8] chemises à poudre. [9] kleine Tücher, um sich nach der Toilette das Gesicht abzuwischen.

Il me manque deux pièces.	Es fehlen mir zwey Stück.
Voilà un mouchoir qui n'est pas à moi; ce n'est pas-là ma marque.	Da ist ein Schnupf-Tuch, das mir nicht gehört; [10] es ist nicht mein Zeichen.
Ce plis sont mal faits. Cela est mal repassé.	Diese Falten sind schlecht gemacht. Dies ist schlecht geplättet.
Cela n'est pas bien blanchi.	Dies ist nicht recht gewaschen.
Cela est blanchi à merveille.	Dieses ist vortrefflich [11] gewaschen.

Dialogue XXXIII.	**Drey und dreyßigstes Gespräch.**
Pour parler à un cordonnier.	Mit einem Schuh-Macher. [1]
Avez-vous des souliers tout faits? Apportez-m'en plusieurs paires de diverses grandeurs.	Haben-Sie Schuhe fertig? Bringen-Sie mir verschiedene Paare von verschiedener Größe.
De quel prix sont ceux-ci?	Wie theuer sind diese hier?
Je vais les essayer.	Ich will sie anprobiren.
Je voudrois que vous me fissiez des bottines, des bottes à l'angloise, des souliers.	Ich wollte wohl, daß Sie mir Halb-Stiefeln, englische Stiefeln, Schuhe machten.
De quoi les voulez-vous?	Wovon befehlen-Sie sie?
De cuir noir, de marroquin, de coutil, de droguet, de peau, de taffetas.	Von schwarzem Leder, Corduan, von Zwilch, von Droguet, von Leder, [2] von Taft.
De quelle couleur?	Von welcher Farbe?
Rouge, couleur de rose, couleur de chair, vert de pomme, vert foncé, bleu, chamois, blanc, violet, lilas, jaune, aurore, gris, couleur de feu, couleur de paille.	Roth, rosenroth, fleischfarbig, apfelgrün, dunkelgrün, blau, chamois, [3] weiß, violett, Lila, gelb, Aurore, [4] grau, feuerfarben, Strohgelb. [5]
Voulez-vous des talons?	Wollen-Sie Hacken?
Des talons plats d'un pouce.	Platte Hacken, einen Zoll hoch.
Voulez-vous prendre ma mesure?	Wollen-Sie mir Maaß nehmen?
Je vais essayer mes souliers.	Ich will meine Schuh anprobiren.
Ils me blessent. Il sont trop découverts ou trop couverts.	Sie drücken [6] mich. Sie sind zu ausgeschnitten. [7] Sie gehen zu hoch. [8]

---

10 Appartient. 11 éminemment, excellemment.

1 Schuster. 2 Haut. 3 Gemsenfarbig. 4 Morgenrothfarbig. 5 jaune de paille. 6 pressent; blesser verwunden. 7 échancrés. 8 ils montent trop.

Vous me ferez aussi des pantoufles.	Machen-Sie mir auch Pantoffeln.
Je voudrois des souliers fourrés. Faites-les assez larges pour que je puisse les mettre par dessus ma chaussure ordinaire.	Ich möchte gern gefütterte [9] Schuhe. Machen-Sie sie weit genug, daß ich sie über mein gewöhnliches Fuß-Werk [10] anziehen kann.
Faites-moi des semelles bien épaisses, et que le ruban qui bordera mes souliers, soit bien cousu.	Machen-Sie mir recht dicke Sohlen, und machen-Sie, daß der Band, der meine Schuhe einfaßt, gut genähet sey.

Dialogue XXXIV.	**Vier und dreyßigstes Gespräch.**
Pour parler à un coiffeur.	*Mit einem Friseur.*
Il faut aller me chercher un perruquier, un barbier.	Man muß mir einen Friseur,[1] einen Barbierer holen.
Je vous prie de me raser, de me faire la barbe.	Ich bitte-Sie, mich zu rasiren, mir den Bart abzunehmen.[2]
Vos rasoirs sont-il bons?	Sind Ihre Scheer-Messer [3] gut?
Sont-ils propres? Essayez-les, je vous prie.	Sind-Sie rein? Probiren-Sie sie, ich bitte (-Sie).
Où est le plat à barbe?	Wo ist der Barbier-Napf?
Où est la savonnette?	Wo ist die Seifen-Kugel? [4]
Prenez garde de me couper.	Nehmen-Sie sich in Acht, mich nicht zu schneiden.
Je vous prie de me friser. Il faut me couper les cheveux, et me mettre des papillotes.	Ich bitte-Sie, mich zu frisiren. Sie müssen mir die Haare verschneiden, und mir Papillotten machen.
Mettez-moi de grosses papillotes, afin que cela soit plutôt fait.	Machen-Sie mir große [5] Papillotten, damit ich geschwinder fertig werde.
Dépêchons-nous, je vous en prie.	Machen-Sie geschwind, [6] ich bitte-Sie.
Il faut d'abord me peigner.	Sie müssen mich erst auskämmen.
Où sont mes peignes?	Wo sind meine Kämme?

[9] Doublés. [10] ouvrage de pied.

[1] On dit aussi Perrüken-Macher, faiseur de perruques, dans le sens de coiffeur. [2] ôter, prendre de..., déprendre. [3] couteaux à raser. [4] boule à savon. [5] de grandes. [6] faites vite.

Doucement.	Sacht.
Faites chauffer les fers.	Machen-Sie die Eisen heiß.[7]
Le fer n'est-il pas trop chaud? essayez-le d'abord sur du papier.	Ist das Eisen nicht zu heiß? Probiren-Sie es erst auf Papier.
Cette boucle n'est pas assez grosse.	Diese Locke ist nicht dick genug.
Cette boucle va mal.	Diese Locke sitzt[8] schlecht.
Faites mon chignon à présent.	Machen-Sie mir jetzt den Chignon.
Voulez-vous bien me faire une tresse?	Wollen-Sie mir wohl eine Flechte machen?
Où est la boête à poudre et la pommade?	Wo ist die Puder-Schachtel und die Pommade?
Voici la houpe.	Hier ist der Puder-Quast.
Il faut me poudrer.	Pudern-Sie mich.
Je ne mets point de poudre.	Ich trage[9] keinen Puder.
Je vous prie de venir ce soir pour me rouler les cheveux.	Ich bitte-Sie, diesen Abend zu kommen, um mir die Haare aufzurollen.
Quelle coiffure aimez-vous?	Welchen Kopf-Aufsatz[10] lieben-Sie?
Une coiffure très-simple.	Einen sehr einfachen Aufsatz.

DIALOGUE XXXV.	**Fünf und dreyßigstes Gespräch.**
La toilette d'une femme.	Bey einer weiblichen Toilette.
Donnez-moi mes bas, ma camisole et mon jupon.	Geben-Sie mir meine Strümpfe, mein Camisol und meinen Rock.
Donnez-moi mon peignoir.	Geben-Sie mir mein Puder-Hemde.[1]
Préparez ma toilette.	Rangiren-Sie[2] meine Toilette.
Donnez-moi de l'eau dans une cuvette, et de la pâte d'amande ou du savon pour me laver les mains.	Geben-Sie mir Wasser in einem Napfe, und Mandel-Kleye[3] oder Seife, um mir die Hände zu waschen.
Donnez-moi de l'eau pour me rincer la bouche.	Geben-Sie mir Wasser, um mir den Mund auszuspülen.

---

[7] Faites chaude. [8] on sieht; le François dit geht so. [9] porte. [10] ce qu'on met sur la tête, de aufsetzen mettre dessus.

[1] Chemise à poudrer, Puder-Mantel. [2] ranger; on dit aussi in Ordnung bringen, mettre en ordre, aufstellen, exposer, in Bereitschaft setzen, mettre en préparation, préparer. [3] du son d'amandes.

Où est ma brosse, ou ma racine pour les dents?	Wo ist meine Zahn-Bürste, meine Zahn-Wurzel?
Donnez-moi de l'opiat ou de la poudre pour les dents, et des cure-dents.	Geben-Sie mir meine Zahn-Latwerge, mein Zahn-Pulver und meine Zahn-Stocher.
Donnez-moi une serviette et un frottoir.	Geben-Sie mir eine Serviette und ein Wisch-Tüchlein.
Donnez-moi des ciseaux et une aiguille à passer.	Geben-Sie mir eine Scheere und eine Schnür-Nadel. [4]
Donnez-moi mon corset.	Geben-Sie mir mein Corselet. [5]
Lacez-moi. Vous serrez trop vite.	Schnüren-Sie mich. Sie schnüren zu geschwind.
Ce lacet ne vaut rien, en avez-vous un autre?	Dieses Schnür-Band [6] taugt nichts; haben-Sie kein anderes?
Cette aiguillette est rompue, il en faut mettre une autre.	Der Senkel-Stift ist zerbrochen; man muß einen andern daran befestigen. [7]
Où sont mes jarretières?	Wo sind meine Strumpf-Bänder? [8]
Donnez-moi une cravate.	Geben-Sie mir eine Hals-Binde. [9]
Donnez-moi mon écrin, ma ceinture, mon écharpe, mon sac à ouvrage, des épingles blanches, des camions, des épingles noires, la pelote.	Geben-Sie mir mein Schmuck-Kästchen, [10] meinen Gürtel, meine Schärpe, meinen Arbeits-Beutel, weiße Stecknadeln, kleine Nadeln, schwarze Stecknadeln, das Nadel-Kissen. [11]
Voyez, si mon fichu est droit par derrière.	Sehen-Sie zu, ob mein Hals-Tuch hinten gerade sitzt. [12]
Mettez-y une épingle.	Stecken-Sie es mit einer Nadel-an.
Vous me piquez.	Sie stechen mich.
Cela n'est pas bien attaché.	Dieses sitzt nicht fest. [13]
Attachez ma ceinture par derrière; faites un noeud simple, faites un noeud double, serrez-le bien. Ne serrez pas si fort.	Stecken-Sie meinen Gürtel hinten fest. [14] Machen-Sie einen einfachen Knoten, einen doppelten Knoten. Ziehen-Sie ihn fest-an, ziehen-Sie nicht so fest.
Retroussez mes manches.	Schlagen-Sie meine Aermel-auf.

[4] Aiguille ou épingle à serrer (le corps). [5] Schnür-Leib, corps à serrer. [6] ruban à serrer, Senkel. [7] affermir; on dit aussi anmachen, mettre (faire) à... [8] rubans de cou. [9] bande de cou. [10] cassette à bijoux. [11] le coussin aux épingles. [12] est assis; voyez dialogue XXXIV, n. 8. [13] germanisme; cela n'est pas (assis) ferme. [14] ferme.

Donnez-moi ma pelisse, mon manchon et mon éventail.

Otez ce miroir.

Attachez mon collier. Donnez-moi mes boucles d'oreilles.

Donnez-moi un mouchoir, des mitaines, des gants.

Dialogue XXXVI.

Pour parler à un jardinier, à un fleuriste et à une bouquetière.

Que faites-vous-là?

Comment cela s'appelle-t-il?

Nettoyez cette allée avec le rateau.

Où est la bêche? où est la pioche? où est la serpe?

Il faut tailler les arbres.

Aurons-nous beaucoup de fruit cette année?

Il faudroit ôter ces mauvaises herbes.

Comment appelez-vous ce fruit, ce légume, cette plante, cette fleur?

Il faut semer ici du gazon.

Je vous prie de faire poser ici un banc.

Combien vendez-vous ce pot de fleurs, cette caisse de fleurs, cette botte de fleurs, ce bouquet?

Je vous prie de me faire un beau bouquet composé de

Geben-Sie mir meinen Pelz, meinen Mantel, meinen Fächer.

Nehmen-Sie diesen Spiegel weg.

Machen-Sie mir mein Hals-Band-an. [15] Geben-Sie mir meine Ohr-Ringe.

Geben-Sie mir ein Schnupf-Tuch, Hand-Muff, Hand-Schuhe.

Sechs und dreyßigstes Gespräch.

Mit einem Gärtner, mit einem Blumen-Händler [1] und einem Sträußer-Mädchen. [2]

Was machen-Sie da?

Wie nennet man dies?

Machen-Sie diese Allee [3] mit der Harke [4] - rein. [5]

Wo ist der Spaten? wo ist die Hacke? wo ist die Hippe? [6]

Man muß diese Bäume beschneiden.

Werden-wir dieses Jahr viel Obst haben?

Man muß dies Unkraut [7] ausreißen. [8]

Wie nennen-Sie diese Frucht, dies Gemüse, diese Pflanze, diese Blume?

Man muß hier Gras säen.

Ich bitte-Sie, hier eine Bank setzen zu lassen.

Wie theuer verkaufen-Sie diesen Blumen-Topf, diesen Blumen-Kasten, diesen Blumen-Strauß, dieses Bouquet?

Ich bitte-Sie, mir ein schönes Bouquet [9] zu binden; es muß (bestehen)

---

[15] Mettez à moi. — — [1] Marchand de fleurs. [2] fille à bouquets. [3] der Gang. [4] Rechen. [5] rein machen, faire net. [6] das Garten-Messer, le couteau de jardin. [7] mauv.-herbe. [8] tirer dehors; le mot est ausraufen. [9] einen Strauß.

roses, de jasmin blanc, de jasmin d'Espagne, de réséda, de jonquilles, de lilas, de tubéreuses, d'oeillets, de giroflées, de muguet, de violettes, de fleur d'orange, d'anémones, de renoncules, de narcisses, de pavots, de soucis, d'oeillets d'inde, de couronne impériale, de lavande, de thim, de serpolet, de boules de neige, d'acacia, de reines Marguerite, d'amaranthe, d'oreille d'ours, de seringat, de chèvre-feuille, de tourne-sol, d'absinthe, de laurier, de tulipes, de jacinthes, de lis, de pivoines, de pensées, de belles de nuit, de balsamines, de primevères.

stehen) aus Rosen, weißem Jasmin, spanischem Jasmin, Reseda, Jonquillen, Holunder, [10] Tuberosen, Nelken, Levkojen, May-Blumen, Veilchen, Orange-Blüthen, Anemonen, Ranunkeln, Narcissen, Mohn-Blumen, Ringel-Blumen, Sammt-Blumen, Kaiser-Kronen, Lavendel, Timian, Quendel, Schnee-Ball, Acacia, Maaßlieben, [11] Amaranth, [12] Aurikeln, wildem Jasmin, Caprifolium, [13] Sonnen-Blumen, Wermuth, Lorbeeren, Tulpen, Hyacinthen, Lilien, Peonien, [14] Stiefmütterchen, Sommer-Cypressen, [15] Balsaminen, Primeln bestehen.

Dialogue XXXVII.

Pour acheter chez un herboriste des herbes sèches, que l'on prend en infusion pour la santé.

Sieben und dreyßigstes Gespräch.

Um bey einem Kräuter-Manne trokkene Kräuter, die man zur Gesundheit trinkt, zu kaufen.

Je voudrois un bon paquet de fleurs de tilleul, bonnes pour les nerfs.

— de fleurs de coquelicot, bonnes pour le rhume qui vient de transpiration arrêtée. Ces fleurs sont aussi un peu narcotiques.

— de fleurs de camomille; elles portent un peu à la peau.

— de mélisse, bonne pour les nerfs.

Ich möchte gern ein gutes Bündel Linden-Blüthen; sie sind gut für die Nerven.

— Ein Bündel Klapper-Rosen, [1] gut wider den Schnupfen, der von unterbrochener [2] Ausdünstung herrührt. [3] Diese Blumen sind auch etwas narkotisch. [4]

— Kamillen-Blumen. Sie treiben etwas in die Haut.

— Melissen, gut für die Nerven.

---

[10] Spanischen Flieder. [11] Gänse-Blumen. [12] Tausendschön. [13] Geiß-Blatt, je länger je lieber. [14] Gicht-Rosen. [15] Schweizerhosen. On ne rend que les noms de ces fleurs littéralement, vu qu'il ne règne nulle part plus de bizarrerie et moins d'analogie de langues, que dans les noms qu'on a donnés aux plantes et aux fleurs.

[1] Pavot sauvage, wilden Mohn. [2] interrompue. [3] se meut. [4] einschläfernd

— de bouillon blanc, bon pour le rhume.	— Woll-Kraut,[1] gut wider den Schnupfen.
— de fleurs d'orange, bonnes pour l'estomac.	— Orangen-Blüthe, gut für den Magen.

Dialogue XXXVIII. — Acht und dreyßigstes Gespräch.

Pour une personne égarée dans une ville.	Wenn man sich in einer Stadt verirrt hat.
Auriez-vous la bonté de me dire si je suis loin du quartier .... ou de la rue	Wollten-Sie wohl die Güte haben, und mir sagen, ob ich weit von dem Viertel... oder der Straße... bin?
Y a-t-il loin d'ici à ....?	Ist-es weit von hier nach...?
Je cherche la maison de monsieur... ou de madame...	Ich suche das Haus des Herrn ...., der Madame....
De quel côté dois-je aller?	Nach welcher Seite muß-ich gehen?
Dois-je ensuite tourner à droite ou à gauche?	Muß-ich hernach rechts oder links umwenden?
Est-ce ici que demeure monsieur ***?	Wohnt Herr *** hier?
Voudriez-vous bien me donner son adresse?	Wollten-Sie mir wohl seine Adresse[2] geben?
Pourriez-vous m'indiquer le chemin que je dois prendre pour aller chez.... ou à....	Könnten-Sie mir wohl den Weg anzeigen, den ich zu nehmen habe,[3] um zu .... oder nach .... zu gehen?
Voudriez-vous m'y conduire? je vous payerai bien. Je vous donnerai vingt-quatre sous.	Wollten-Sie mich wohl hinführen? ich will Sie gut bezahlen. Ich will Ihnen acht Groschen[4] geben.
Passez devant, je vous suivrai.	Gehen-Sie-voran, ich will Ihnen folgen.
N'allez pas si vite.	Gehen-Sie nicht so geschwind.
Menez-moi par le chemin le plus court.	Führen-Sie mich den kürzesten Weg.
Il y a trop d'embarras dans cette rue, prenons un autre chemin.	Es sind zu viel Hindernisse[5] in dieser Straße; wir wollen einen andern Weg nehmen.

[1] Herzkraut. — — [2] Seine Wohnung, sa demeure. [3] que j'ai à prendre. [4] huit gros, ou un tiers d'écu d'Allemagne. [5] empêchemens; le mot commun est Wirrwarr, le mot noble Gewirr.

Appelez-moi un fiacre.	Rufen-Sie mir einen Fiacre.[1]
Cocher, voulez-vous me mener?	Kutscher, wollen-Sie mich fahren?
Je demeure dans la rue....	Ich wohne in der ....Straße.

Dialogue XXXIX. / Neun und dreyßigstes Gespräch.

Diverses questions. / Verschiedene Fragen.

Quel temps fait-il?	Was für Wetter ist-es?
Il pleut, il neige, il grêle, il fait du tonnerre, il gèle, il dégèle.	Es regnet, schneyet, hagelt, es donnert,[1] es friert, es thauet.[2]
Où allez-vous?	Wo gehen-Sie-hin?
D'où venez-vous?	Wo kommen-Sie-her?
Restez encore un peu.	Bleiben-Sie noch ein wenig.
Je ne puis.	Ich kann nicht.
J'ai un rendez-vous.	Ich habe ein Rendez-vous.
Quand reviendrez-vous? Quand vous reverrai-je?	Wann werden-Sie wiederkommen? Wann werde-ich Sie wiedersehen?
A quelle heure? quel jour? Le matin ou le soir?	Um welch' Uhr? welchen Tag? Des Morgens oder des Abends?
Voulez-vous dîner ou souper avec nous, avec moi?	Wollen-Sie mit uns, mit mir zu Mittag, zu Abend essen?
Je suis engagé. Cela m'est impossible; j'en suis bien fâché, je vous assure.	Ich bin engagirt.[3] Es ist mir unmöglich; es thut mir leid,[4] ich versichere-Sie.
Je reviendrai bientôt, dans un moment.	Ich werde bald wiederkommen, in einem Augenblick.
Quand partez-vous pour Paris?	Wann reisen-Sie-ab nach Paris?
Pourriez-vous vous charger d'une lettre?	Könnten-Sie sich wohl mit einem Briefe beschweren?
Je vous la donnerai tout ouverte, afin que vous puissiez être assuré qu'elle ne contient rien qui puisse vous compromettre.	Ich will ihn Ihnen ganz offen geben, damit Sie versichert seyn können, daß er nichts enthält, was Ihnen nachtheilig seyn könnte.[5]

[1] Eine Miethe-Kutsche, une voiture de remise, un carrosse à louer.

[1] Il tonne. [2] thauen (aufthauen) signifie *dégeler*, et le même mot thauen signifie aussi *tomber de la rosée*. [3] versagt, le contraire de *dédit*. [4] cela me fait beaucoup de peine. [5] qui pourroit vous être préjudiciable; se compromettre, sich kompromittiren, sich in einen schlimmen Handel verwickeln, s'embarasser dans une mauvaise affaire.

Quand pourrai-je vous l'envoyer?	Wann kann-ich Ihnen den Brief schicken?
Où dois-je l'envoyer?	Wo soll-ich ihn hinschicken?
Voulez-vous bien me donner votre adresse?	Wollen-Sie mir wohl Ihre Adresse geben?
Je reviendrai la prendre.	Ich will wiederkommen, und den Brief abholen.
Elle sera prête.	Er soll fertig seyn.
Soyez tranquille.	Seyn-Sie ruhig.
Me le promettez-vous?	Versprechen-Sie es mir?
Je vous le promets, je vous en donne ma parole.	Ich verspreche es Ihnen, ich gebe Ihnen mein Wort.
Je vous aurai une bien grande obligation.	Ich werde Ihnen viel Dank [6] schuldig seyn.
Je suis trop heureux ou trop heureuse de pouvoir vous rendre ce petit service.	Ich bin zu glücklich (sehr glücklich), daß ich Ihnen diesen kleinen Dienst leisten [7] kann.
Avez-vous fait ma commission?	Haben-Sie meine Commission [8] ausgerichtet? [9]
Voulez-vous jouer au trictrac, aux dames, aux échecs?	Wollen-Sie Trictrac, Damen, Schach spielen?
J'y joue bien mal.	Ich spiele schlecht.
N'importe.	Es schadet nichts. [10]
Jouons au piquet, au quinze, au reversi, au whisk.	Wir wollen Piquet, Quinze, Reversi, Whist spielen.
Il faut demander des cartes, une table de jeu, des jetons et des fiches.	Fordern-Sie [11] Karten, einen Spiel-Tisch, Zahl-Pfennige [12] und Marquen. [13]
Quel est votre jeu?	Wie hoch spielen-Sie? [14]
Tirons.	Ziehen-Sie.
Je suis votre partner, et je vous demande d'avance beaucoup d'indulgence.	Ich bin Ihr Partner, und ich bitte Sie im Voraus sehr um Nachsicht.
A qui est-ce à donner?	Wer giebt? [15]
Les cartes ne sont pas bien mêlées.	Die Karten sind nicht gut gemischt.
Coupez, s'il vous plaît.	Coupiren-Sie, [16] wenn es Ihnen beliebt.
J'ai mal donné. Je perds la main.	Ich habe unrecht [17] gegeben. Ich verliere die Vorhand. [18]

---

[6] Reconnoissance, remerciment. [7] prêter. [8] meinen Auftrag. [9] exécuté. [10] cela ne nuit point; germanisme: on dit aussi gleichviel, égal combien! [11] demandez. [12] des fiches pour compter. [13] Zeichen. [14] combien haut jouez-vous? [15] qui donne? (an wem ist es, zu geben?) [16] nehmen-Sie ab, prenez de dessus. [17] l'opposé de l'adverbe *juste*. [18] l'avant-main.

Il y a une carte retournée, il faut refaire.	Eine Karte ist umgelegt; [19] es muß wiedergegeben [20] werden.
Vous avez renoncé.	Sie haben renoncirt. [21]
Combien avons-nous de points?	Wie viel haben-wir Stiche?
Nous avons gagné.	Wir haben gewonnen.
Vous avez gagné.	Sie haben gewonnen.
Changeons de places.	Wir wollen die Stellen wechseln.
Savez-vous jouer au billard, au bilboquet, aux quilles, à la paume?	Können-Sie Billard, Bilboquet, Kegel, Ball spielen?
Avez-vous eu des nouvelles de monsieur D***?	Haben-Sie Nachricht vom Herrn D***?
Il se porte bien ainsi que sa femme.	Er befindet sich wohl, und seine Frau auch. [22]
Comment se porte madame votre femme, mademoiselle votre fille, ou soeur, ou tante, oncle, nièce, neveu, fils, père, mère, belle-fille, gendre, beau-frère, belle-soeur, cousin, cousine, grand-père, grand-mère, petits-enfans, etc.?	Wie befindet-sich Ihre Frau Gemahlinn, Ihre Demoiselle Tochter, Schwester, Tante, Ihr Herr Oncle, Ihre Niece, [23] Ihr Neveu, [24] Sohn, Vater, Mutter, (Stieftochter,) Schwieger-Tochter, [25] Schwieger-Sohn, (Stief-Bruder,) Schwager, (Stiefschwester,) Schwägerinn, Cousin, [26] Cousine, [27] Groß-Vater, Groß-Mutter, Enkel, u. s. w.?
Est-il votre ami, ou votre amie?	Ist-er Ihr Freund, Ihre Freundinn?
Le connoissez-vous?	Kennen-Sie ihn?
Je ne le connois pas.	Ich kenne ihn nicht.
Il est malade.	Er ist krank.
Il se marie.	Er verheurathet sich.

---

[19] Posée à rebours. [20] redonner. [21] nicht Farbe bekannt, pas confessé la couleur. [22] aussi. [23] Nichte. [24] Neffe. [25] belle-fille signifie en allemand Stief-Tochter et Schwieger-Tochter. Le mot Stief joint à Vater, Mutter, Bruder, Schwester, Sohn, Tochter indique la relation qui naît par un second mariage, et le mot Schwieger celle qui naît par un premier. Par exemple: un veuf se remarie ayant des enfans du premier lit; ces enfans deviennent les Stief-Kinder de sa seconde femme, et elle devient leur Stief-Mutter. Est-elle aussi veuve et ayant des enfans; ces enfans et ceux de son second mari sont Stief-Brüder et Stief-Schwestern; ceux qui proviennent du second mariage sont en rapport de ceux du premier Halb-Brüder et Halb-Schwestern, (demi-frères, demi-soeurs). Quand à Schwieger-, ce mot joint à Vater, Mutter, Sohn, Tochter répond exactement à *gendre*, *bru*, et aux mots de *beau-père*, *belle-mère*, qui y correspondent. On dit dans le même sens Schwager, Schwägerinn, au frère et à la soeur de la personne qu'on a épousée. [26] Vetter. [27] Muhme, Baase.

Il vient de se marier.	Er hat sich eben verheurathet.
Il est veuf, elle est veuve.	Er ist Wittwer, sie ist Wittwe.
Depuis quand?	Seit wann?
Il s'est battu en duel.	Er hat sich duellirt. [28]
Il a été tué.	Er ist getödtet [29] worden.
Il est blessé.	Er ist verwundet (blessirt).
Sa blessure est-elle dangereuse?	Ist seine Wunde gefährlich?
Il s'est ruiné.	Er hat sich ruinirt. [30]
Il est joueur.	Er ist ein Spieler.
Tant pis.	Desto schlimmer.
Cela est fâcheux.	Das ist traurig. [31]
Cela est charmant.	Das ist scharmant. [32]
A merveille.	Unvergleichlich! [33]
Courage!	Courage! (Muth).
Un peu de patience.	Ein wenig Geduld.
Ne vous impatientez pas.	Werden-Sie nicht ungeduldig.
Est-elle jolie?	Ist-sie hübsch?
Est-elle bonne, aimable?	Ist-sie gut, liebenswürdig? [34]
A-t-elle des talens?	Hat-sie Talente? [35]
Est-elle riche?	Ist-sie reich?
Parlez-vous allemand?	Sprechen-Sie deutsch?
Un peu. Point du tout. Je le lis, et ne puis le parler.	Ein wenig. Ganz und gar nicht. Ich kann es lesen, aber nicht sprechen.
Il faut prendre un maître.	Sie müssen einen Sprach-Meister nehmen.
M'entendez-vous?	Verstehen-Sie mich?
Ai-je bien prononcé?	Habe-ich gut ausgesprochen?
Comment appelez-vous cela en allemand?	Wie nennen-Sie das auf deutsch?
Parlez un peu plus doucement.	Sprechen-Sie etwas langsamer. [36]
Quelle pièce joue-t-on aujourd'hui à la comédie?	Welches Stück spielt-man [37] heute in der Comödie?
Quel est l'auteur de cette pièce?	Wer ist der Verfasser dieses Stücks?
Cette pièce est-elle intéressante?	Ist das Stück interessant? [38]
Est-ce un tragédie, une co-	Ist-es eine Tragödie, [39] eine

[28] On dit simplement geschlagen, battu. [29] on dit erstochen, piqué d'une épée, erschossen, tiré d'un pistolet; on dit aussi er ist geblieben, il est resté (sur le carreau). [30] zu Grunde gerichtet, coulé à fond. [31] triste. [32] allerliebst, le plus aimable. [33] incomparable! [34] digne d'être aimée. [35] Gaben, des dons. [36] plus lentement. [37] donne-t-on. [38] anziehend, attirante. [39] Trauerspiel, jeu de tristesse.

médie, un drame, un opéra-comique?	Comödie, [40] ein Drama, [41] eine comische Oper?
Les acteurs sont-ils bons?	Sind die Schauspieler [42] gut?
Irez-vous au spectacle?	Werden-Sie ins Schauspiel gehen?
Avez-vous des billets? avez-vous une loge?	Haben-Sie Billets? Haben-Sie eine Loge?
Irez-vous au concert?	Werden-Sie ins Concert gehen?
La salle est-elle grande, belle?	Ist der Saal groß und schön?
L'orchestre est-il bon?	Ist das Orchester gut? [43]
Irez-vous au bal? avez-vous été au bal?	Werden-Sie auf den Ball gehen? Sind-Sie auf dem Balle gewesen?
Aimez-vous la musique?	Lieben-Sie die Musik?
Aimez-vous la danse?	Lieben-Sie den Tanz?
Danse-t-elle bien? chante-t-elle bien? joue-t-elle bien de la harpe ou du piano?	Tanzt-sie gut? singt-sie gut? spielt-sie gut auf der Harfe oder auf dem Piano-forte?
Il a, ou elle a une belle voix.	Er, sie hat eine schöne Stimme.
Y avoit-il beaucoup de monde?	Waren viel Leute da? [44]
J'irai. Je n'irai pas.	Ich werde hineingehen. Ich werde nicht hineingehen.
Reposez-vous.	Ruhen-Sie sich-aus.
Donnez-moi le bras.	Geben-Sie mir den Arm.
Allons-nous-en.	Wir wollen weg-gehen.
Vous amusez-vous?	Amüsiren-Sie sich? [45]
Il s'ennuie. Elle s'ennuie.	Er hat lange Weile. Sie hat lange Weile; (er, sie ennüyirt sich [45]).
Je suis très-enrhumé.	Ich habe einen starken Schnupfen. [46]
J'ai froid, j'ai chaud. J'ai faim, j'ai soif.	Mich friert; [47] mir ist warm. Mich hungert, mich durstet. [48]
Je suis fatigué ou fatiguée.	Ich bin müde, (ermüdet).
Je ne suis pas fatigué.	Ich bin nicht müde.

[40] Lustspiel, jeu de gaité. [41] Schauspiel, jeu de spectacle. [42] joueurs de spectacle. [43] gut besetzt, bien composé. [44] war es voll? (la salle) étoit-elle pleine? [45] les Allemands ont les substantifs Kurzweil, amusement, temps court, et lange Weile, ennui, temps long; mais ils ne veulent pas admettre les verbes sich kurzweilen, sich langweilen, qui sont clairs et analogiques, puisqu'on dit sich verweilen, s'arrêter. On pourroit aussi dire au lieu de kurzweilen, entweilen. [46] j'ai un fort rhume; ich habe es auf der Brust, je l'ai sur la poitrine. [47] je gèle. [48] pour ich habe Hunger, Durst.

Dialogue XL.

D'un prêtre émigré, qui veut se placer.

N'y a-t-il pas des monastères dans la ville ou aux environs?

Je desirerois une place d'aumônier dans un couvent de religieux ou de religieuses.

A qui pourrois-je m'adresser pour cela?

Comment se nomme l'abbé ou le prieur, l'abbesse ou la prieure ou supérieure?

Oui, je suis un prêtre émigré.

A quelle époque avez-vous émigré?

Il y a deux ans, cinq ou six ans.

Je montrerai des papiers qui constateront qui je suis, et quelle a été ma conduite.

Je desirerois me placer dans une maison comme secrétaire, ou bibliothécaire, ou instituteur d'enfans.

Voulez-vous que cette famille soit catholique?

Dans tous les cas je l'aimerois mieux, cependant j'accepterois chez des protestans une place de secrétaire ou de bibliothécaire, mais non d'instituteur de leurs enfans. Je ne pourrois prendre que le titre de maître de langue ou d'histoire et de géographie; mais je ne voudrois pas être gouverneur

Vierzigstes Gespräch

Von einem emigrirten [1] Priester, welcher eine Stelle sucht. [2]

Giebt-es keine Klöster in der Stadt oder in der Gegend?

Ich wünschte eine Almosenmiet-Stelle in einem Mönchs- oder Nonnen-Kloster.

Bey wem könnte-ich mich diesfalls (deswegen) melden?

Wie heißt der Abt, der Prior, die Aebtissinn, die Priorinn, die Vorsteherinn?

Ja, ich bin ein emigrirter Priester.

In welchem Zeitpunkte [3] sind-Sie ausgewandert?

Es sind-zwey, fünf, sechs Jahre-her. [4]

Ich kann Papiere vorzeigen, aus welchen Sie sehen werden, [5] wer ich bin, und wie meine Aufführung gewesen ist.

Ich wünschte in einem Hause als Secretair, Bibliothecar oder Erzieher der Jugend [6] angesetzt werden [7] zu können.

Wünschten-Sie, daß die Familie catholisch wäre?

Auf alle Fälle wäre es mir lieber; [8] inzwischen würde ich auch bey Protestanten eine Secretair-oder Bibliothecar-Stelle annehmen, nur keine Gouverneur- [9] Stelle. Ich könnte nur den Titel als Sprach-Meister oder Lehrer der Geschichte und Geographie annehmen; aber ich möchte nicht gern bey Kindern, die nicht catho-

---

[1] Ausgewanderten. [2] on dit aussi sich placiren. [3] point de temps. [4] on dit aussi vor zwey Jahren. [5] par où vous verrez. [6] de la jeunesse. [7] être apposé, placé. [8] cela me sera meilleur. [9] Erzieher.

d'enfans qui ne seroient pas catholiques. Il me seroit impossible de me charger entièrement de leur éducation.

Voulez-vous donner des leçons en ville?

Je puis en donner de langue françoise, mais ne sachant pas l'allemand, je voudrois des écoliers qui entendissent un peu le françois, je les perfectionnerois pour la lecture et la prononciation.

Je puis enseigner aussi le latin, le grec, l'italien, l'anglois, etc.

Vous m'obligeriez beaucoup en me procurant des écoliers.

Combien prendrez-vous par cachet?

Ce que vous jugerez convenable.

Voudriez-vous une place comme maître dans une école?

Très-volontiers. Quel sera mon traitement dans ce cas?

Je voudrois être logé, nourri, chauffé, éclairé; du reste je me contenterai des appointemens les plus modiques. A l'égard du travail, je donnerai des leçons toutes les matinées, et dans l'après-midi, je voudrois seulement me réserver deux heures de liberté chaque jour, et le dimanche tout entier.

Vous pourriez avoir une place de prote chez un imprimeur.

Oui, je serois fort en état

lisch wären, Gouverneur seyn. Es wäre mir unmöglich, ihre ganze Erziehung über mich zu nehmen.[10]

Wollen-Sie Stunden in der Stadt geben?

Ich kann welche in der französischen Sprache geben; da ich aber kein deutsch verstehe, so wünschte-ich Schüler zu haben, die schon etwas französisch verständen: ich würde sie im Lesen und in der Aussprache vollkommener machen.

Ich kann auch im lateinischen, griechischen, italienischen, englischen, u. s. w. Unterricht geben.[11]

Sie würden mich sehr verbinden, wenn Sie mir Schüler verschaffen könnten.

Wie viel nehmen-Sie für die Marque?

Was Sie für schicklich halten werden.

Wollten-Sie wohl eine Stelle als Schul-Lehrer (annehmen[12])?

Sehr gern. Was wird in diesem Falle mein Gehalt seyn?

Ich wünschte freye[13] Wohnung, Kost, Heizung und Licht zu haben. Uebrigens würde ich mich mit dem allermäßigsten Gehalte begnügen. Was die Arbeit betrifft, so will-ich alle Morgen Stunden[14] geben; nur des Nachmittages wünschte-ich täglich zwey Frey-Stunden behalten zu können, und den ganzen Sonntag für mich zu haben.[15]

Sie können eine Corrector-Stelle bey einem Buchdrucker bekommen.

Ja, ich bin sehr im Stande,

---

[10] De prendre sur moi. [11] donner instruction. [12] accepter. [13] libre, franc. [14] des heures; germanisme. [15] avoir pour moi.

de corriger les épreuves des ouvrages françois.

Aurez-vous la bonté de me proposer?

Vous me rendrez un grand service.

DIALOGUE XLI.

D'un domestique émigré, qui veut se placer ou faire un négoce.

Je cherche une place. J'ai de bons certificats, et j'aurai des répondans.

Quelle place voulez-vous?

De cocher, de postillon, de valet-de-chambre, de domestique, de cuisinier, de portier, etc

Je sais très-bien mener, et monter à cheval.

Je sais friser, faire la barbe, coiffer les femmes.

Je sais un peu écrire et compter.

Je sais faire la cuisine et l'office, et toutes sortes de pâtisseries.

Savez-vous faire des liqueurs?

Quels gages voulez-vous?

Ceux qu'on donne ordinairement dans le pays.

Je voudrois faire un petit négoce.

De quoi?

De modes, de souliers, de

die Correcturen der französischen Werke zu besorgen. [16]

Wollen-Sie die Güte haben, mich vorzuschlagen?

Sie werden mir einen großen Dienst leisten. [17]

Ein und vierzigstes Gespräch.

Von einem emigrirten Bedienten, welcher einen Dienst sucht, [1] oder einen Handel anfangen [2] will.

Ich suche einen Dienst. [3] Ich habe gute Zeugnisse, und ich werde Bürgen stellen. [4]

Was für einen Dienst wollen-Sie?

Ich will als Kutscher dienen, [5] als Vor-Reiter, als Kammer-Diener, als Bedienter, als Koch, als Portier, [6] u. s. w.

Ich kann sehr gut fahren und reiten.

Ich kann frisiren, barbiren, die Damen frisiren. [7]

Ich kann ein wenig schreiben und rechnen.

Ich kann kochen und einmachen, [8] und allerley Gebackenes machen.

Können-Sie Liqueurs machen?

Wie viel Lohn wollen-Sie?

Was man gewöhnlich hier zu Lande giebt.

Ich wünschte, einen kleinen Handel anfangen zu können.

Womit?

Mit Mode-Waaren, [9] Schu-

---

[16] De soigner. [17] vous me prêterez.

[1] Cherche un service. [2] commencer. [3] eine Stelle. [4] je placerai (présenterai) des garans. [5] servir. [6] Schweizer, Thürhüter, Pförtner. [7] aufsetzen, leur mettre (en ordre ses cheveux) sur (la tête). [8] confire. [9] marchandises de modes.

bas, de parfums, de différentes marchandises de France.	hen, Strümpfen, wohlriechenden Sachen, [10] mit verschiedenen französischen Waaren.
Je voudrois trouver un associé qui fît la moitié des frais.	Ich wünschte einen Compagnon zu finden, der die Hälfte der Kosten trüge. [11]
Je voudrois aller coiffer en ville les hommes ou les femmes.	Ich wünschte in der Stadt die Männer und Frauen zu frisiren.
Je vous aurois une grande obligation, si vous pouviez me procurer quelques pratiques.	Ich würde Ihnen viel Verbindlichkeit schuldig seyn, [12] wenn Sie mir einige Kunden verschaffen könnten.

Dialogue XLII. — Zwey und vierzigstes Gespräch.

Du même homme établi dans une boutique.	Von demselben, nachdem er einen Laden angelegt [1] hat.
Monsieur, madame ou mademoiselle, donnez-vous la peine d'entrer.	Mein Herr, Madame, Mademoiselle, geben-Sie sich die Mühe, hereinzutreten.
Voulez-vous vous asseoir?	Wollen-Sie sich nicht niederlassen? [2]
Voilà une chaise.	Hier ist ein Stuhl.
Que desirez-vous?	Was begehren-Sie?
Vous pouvez choisir.	Sie haben die Wahl. [3]
Combien vendez-vous ceci?	Wie theuer verkaufen-Sie dies?
Tout au plus juste....	Das aller genaueste....
Cela est bien cher.	Das ist sehr theuer.
C'est, je vous assure, le plus juste prix. Je ne surfais jamais. Je n'en puis rien rabattre.	Ich versichere Sie, daß es der genaueste Preis ist. Ich schlage nie-vor. [4] Ich kann nichts davon lassen. [5]
Je ne le puis, j'y perdrois.	Ich kann nicht, ich würde dabey verlieren.
Examinez la bonté de la marchandise.	Betrachten-Sie [6] die Güte der Waare.
C'est le dernier goût, la dernière mode.	Es ist der letzte Geschmack, die neueste [7] Mode.

[10] Choses qui sentent bon. [11] qui portoit. [12] je vous devrois.

[1] Après avoir posé (le fondement d') une boutique. [2] vous abaisser; sich setzen, vous asseoir. [3] vous avez le choix. [4] vorschlagen, frapper un petit coup avant le véritable; terme de musique. [5] abschlagen, abattre. [6] considérez. [7] la plus nouvelle.

Cela vient d'arriver de France ou d'Angleterre.	Es kommt eben von Frankreich, von England.
Combien voulez-vous d'aunes?	Wie viel Ellen befehlen-Sie?
Voulez-vous voir autre chose?	Wollen-Sie noch sonst etwas sehen?
Voilà une de mes cartes d'adresse.	Hier ist meine Adresse, (meine Karte).
Je me recommande à votre protection.	Ich empfehle mich Ihrer Gewogenheit.[1]
Votre très-humble serviteur.	Ihr gehorsamer[2] Diener.

Dialogue XLIV. — Drey und vierzigstes Gespräch.

D'une femme émigrée, qui veut se placer.	Von einer Emigrantinn, die einen Dienst sucht.
Je voudrois trouver une place de femme-de-chambre ou de gouvernante d'enfans.	Ich wünschte als Kammer-Frau (Jungfer) oder als Gouvernante[1] anzukommen.[2]
Je sais travailler en linge, faire des robes, des fourreaux d'enfans, et j'ai appris le métier de marchande de modes.	Ich kann feine Wäsche nähen,[3] Kleider machen, Kinder-Kleider, und ich habe lernen Moden machen.
Savez-vous broder?	Können-Sie sticken?
Oui, je brode au tambour, et de toutes les autres manières.	Ja, ich sticke auf dem Rahmen und auf alle andere Arten.
Savez-vous coiffer?	Können-Sie frisiren?[4]
Un peu. — Je sais coiffer, couper les cheveux et mettre des papillotes.	Ein wenig. — Ich kann frisiren, die Haare verschneiden und in Papillotten legen.[5]
Savez-vous blanchir?	Können-Sie (feine Wäsche) waschen?
Savez-vous raccommoder la dentelle?	Können-Sie Kanten ausbessern?[6]
Savez-vous faire un peu de cuisine?	Können-Sie etwas kochen?[7]
Avez-vous déjà servi?	Haben-Sie schon gedient?
Avez-vous des certificats?	Haben-Sie Zeugnisse?
Quels sont vos répondans?	Wer sagt-gut für Sie?[8]

[1] Affection. [2] obéissant.

[1] Kinder-Erzieherinn. [2] parvenir. [3] coudre du fin linge à laver. [4] aufsetzen, mettre dessus. [5] aufwickeln, rouler. [6] améliorer. [7] verstehen-Sie etwas von der Küche? Entendez-vous quelque chose à la cuisine?. [8] qui dit bon (répond) pour vous?

Quel âge avez-vous?	Wie alt sind-Sie?
Accepteriez-vous une place de concierge?	Würden-Sie die Stelle einer Aufseherinn [9] annehmen?
Très-volontiers.	Sehr gern.
Consentirez-vous à passer toute l'année à la campagne?	Sind-Sie damit zufrieden, [10] das ganze Jahr auf dem Lande zuzubringen?
Avez-vous déjà élevé des enfans?	Haben-Sie schon Kinder erzogen?
Quels gages desirez-vous?	Wie viel Lohn verlangen-Sie?
Quels gages veut-on donner?	Wie viel Lohn will-man geben?
Serai-je nourrie et blanchie?	Werde-ich auch freye Kost und freye Wäsche [11] haben?
Aurai-je une chambre à moi seule?	Werde-ich mein eigenes [12] Zimmer haben?
Quand pourrai-je savoir la réponse?	Wann kann-ich die Antwort erfahren? [13]
Quand dois-je revenir?	Wann soll-ich wiederkommen?
A qui faudra-t-il m'adresser?	An wen muß-ich mich melden?
Où dois-je aller?	Wo soll-ich hingehen?
Je rendrai réponse demain, ou dans huit jours, ou dans quelques jours.	Ich werde morgen, oder in acht Tagen, oder in einigen Tagen Antwort sagen.
Je suis bien reconnoissante de toutes vos bontés?	Ich bin Ihnen für Ihre Güte vielen Dank schuldig. [14]
Je suis bien fâchée de ne pouvoir m'exprimer mieux.	Es thut mir leid, daß ich mich nicht besser ausdrücken kann.
Vous ne savez pas l'allemand?	Verstehen-Sie kein Deutsch.
Je ne sais que quelques phrases; mais je compte l'étudier et l'apprendre.	Ich verstehe nur einige Redensarten; [15] aber ich nehme-mir-vor, [16] es zu studieren und es zu lernen.
Votre très-humble servante.	Ihre gehorsamste Dienerinn.

DIALOGUE XLIV.	**Vier und vierzigstes Gespräch.**
La même femme, placée chez une dame allemande.	Von derselben, im Dienste bey einer deutschen Dame.
Je vous supplie, madame, d'avoir de l'indulgence pour moi, surtout dans les commencemens,	Ich bitte-Sie, Madame, Nachsicht mit mir zu haben, vorzüglich im Anfange; denn da ich kein

[9] Inspectrice. [10] en êtes-vous contente? [11] nourriture et lavage francs. [12] propre, particulière. [13] apprendre. [14] je vous suis redevable de beaucoup de remercimens. [15] façons de parler. [16] sich vornehmen, se proposer.

car ne sachant pas l'allemand, je comprendrai souvent mal, et je ferai bien des fautes involontaires.	Deutsch kann, so werde ich oft unrecht verstehen, und unwillkürliche Fehler begehen.
Cependant vous parlez un peu l'allemand?	Aber Sie sprechen doch ein wenig Deutsch?
Quand on parle doucement, je l'entends un peu.	Wenn man langsam spricht, so verstehe ich es ein wenig.
Vous êtes née en France?	Sind-Sie in Frankreich gebohren?
Oui, madame.	Ja, Madame.
Dans quelle province?	In welcher Provinz?
En quelle année avez-vous quitté la France?	In welchem Jahre haben-Sie Frankreich verlassen?
Madame veut-elle s'habiller, se coiffer?	Wollen Madame sich ankleiden, [1] sich aufsetzen (lassen)?
Quelle robe mettra madame?	Welches Kleid wollen Madame anziehen?
A quelle heure madame s'habillera-t-elle?	Um welche Uhr wollen-sich Madame ankleiden (lassen)?
A quelle heure faudra-t-il éveiller madame?	Um welche Uhr soll-ich Madame aufwecken?
Madame voudroit-elle bien me permettre de sortir pour quelques heures aujourd'hui, ou demain, ou après-demain?	Wollten-mir Madame wohl erlauben, heute, oder morgen, oder übermorgen auf einige Stunden auszugehen?
Madame a-t-elle des commissions à me donner?	Haben Madame mir keine Commissionen [2] zu geben?

Dialogue XLV.	**Fünf und vierzigstes Gespräch.**
La même personne, gouvernante d'enfans.	Von derselben, als Gouvernante bey Kindern.
Allons, mademoiselle, il faut vous lever.	Allons, Mademoiselle, Sie müssen aufstehen.
Chaussez-vous.	Ziehen-Sie sich Schuhe und Strümpfe-an. [3]
Présentement dites vos prières.	Sagen-Sie jetzt Ihre Gebeter.

[1] On dit communément: anziehen. [2] Aufträge, Befehle; on dit aussi: Haben Madame nichts zu befehlen? Madame n'a-t-elle rien à ordonner?
[3] Tirez sur vous (mettez) souliers et bas: on devroit commencer par nommer les bas.

Venez, je vais vous habiller.
Kommen-Sie-her, ich will Sie anziehen.

Je vais vous peigner.
Ich will Sie kämmen.

Tenez-vous donc mieux.
Halten-Sie sich doch besser.

Voulez-vous déjeûner?
Wollen-Sie frühstücken?

Ne mangez pas si vite.
Essen-Sie nicht so geschwind.

Vous êtes assise de travers.
Sie sitzen schief.

Vos pieds sont en dedans, tournez-les en dehors.
Ihre Füße sind einwärts, drehen-Sie sie auswärts.

Vous vous penchez à droite ou à gauche.
Sie neigen sich (zu sehr) rechts, links.

Levez donc la tête, tenez-vous droite.
Halten-Sie doch den Kopf in die Höhe,[2] halten-Sie sich gerade.

Où est votre poupée?
Wo ist Ihre Puppe?

Vous pouvez jouer à présent.
Sie können jetzt spielen.

Que cherchez-vous?
Was suchen-Sie?

Vous perdez toujours tous vos joujoux. Si vous aviez plus de soin, vous ne passeriez pas une grande partie de la journée en recherches ennuyeuses.
Sie verlieren immer alle Ihre Spiel-Sachen. Wenn Sie mehr Ordnung[3] hätten, so würden Sie nicht einen großen Theil des Tages in langweiligem Suchen verlieren.

Ne faites pas tant de bruit.
Machen-Sie nicht so viel Lärm.

Ne parlez pas si haut.
Reden-Sie nicht so laut.

Ne contrariez pas votre soeur ou votre frère.
Widersprechen-Sie nicht Ihrer Schwester, Ihrem Bruder.

Point de disputes, je vous prie.
Keinen Zank, ich bitte.

Ayez donc plus de complaisance et de douceur.
Haben-Sie doch mehr Gefälligkeit und Sanftmuth.

Embrassez votre soeur.
Umarmen-Sie Ihre Schwester.

Venez ici.
Kommen-Sie-her.

Approchez-vous.
Kommen-Sie näher.[4]

Donnez-moi cela, apportez-moi cela.
Geben-Sie mir das, bringen-Sie mir das.

Asseyez-vous.
Setzen-Sie sich-hin.

Voulez-vous travailler? voulez-vous coudre? voulez-vous tricoter?
Wollen-Sie wohl[5] arbeiten? Wollen-Sie wohl nähen? Wollen-Sie wohl stricken?

Montrez-moi votre ouvrage.
Zeigen-Sie mir Ihre Arbeit.

Cela est fort bien. Cela est fort mal.
Das ist recht gut. Das ist sehr schlecht.

---

[2] Tenez la tête en hauteur (haute). [3] ordre. [4] venez plus près. [5] bien (dans le sens excitatoire).

Regardez-moi faire.	Sehen-Sie zu, wie [6] ich es mache.
Recommencez cela.	Fangen-Sie dies wieder-an.
Où est votre dé, votre aiguille? où sont vos ciseaux?	Wo ist Ihr Finger-Hut, [7] Ihre Näh-Nadel? wo ist Ihre Scheere?
Prenez garde de vous couper.	Nehmen-Sie sich in Acht, sich (nicht) zu schneiden.
Doucement.	Sachte.
A merveille.	Vortrefflich! [8]
Faites un ourlet, une couture, etc.	Machen-Sie einen Saum, eine Naht, u. s. w.
Enfilez votre aiguille, faites un noeud à votre fil ou soie.	Fädeln-Sie die Nähnadel ein; machen-Sie einen Knoten an Ihrem Zwirn, Ihrer Seide.
Quittez votre ouvrage, ployez-le, serrez-le.	Hören-Sie-auf zu arbeiten. [9] Legen-Sie Ihre Arbeit-zusammen. Legen-Sie sie-weg. [10]
Prenez votre ouvrage.	Nehmen-Sie Ihre Arbeit.
Voici votre maître d'écriture.	Da kommt Ihr Schreib-Meister.
J'espère que vous allez prendre votre leçon avec application.	Ich hoffe, daß Sie Ihre Stunde mit vielem [11] Fleiße nehmen werden.
Me le promettez-vous?	Versprechen-Sie es mir?
Appliquez-vous donc.	Geben-Sie sich doch Mühe. [12]
Vous ne vous appliquez pas du tout.	Sie geben sich ganz und gar keine Mühe.
Quand on prend une leçon on ne doit pas causer.	Wenn man eine Stunde nimmt, so muß man nicht plaudern.
Voici votre maître de danse.	Hier ist Ihr Tanz-Meister.
Faites donc ce que vous dit votre maître.	Thun-Sie doch, was Ihr Lehrer Ihnen sagt.
Répondez donc plus poliment.	Antworten-Sie doch höflicher.
Si vous continuez, je serai obligée de vous mettre en pénitence.	Wenn Sie so fortfahren, so werde ich gezwungen seyn, Ihnen eine Strafe aufzulegen. [13]
Je le dirai à madame votre mère.	Ich werde es Ihrer Frau Mutter sagen.
Allons, soyez donc plus raisonnable.	Allons, seyn-Sie doch vernünftiger.
Remerciez donc monsieur, ou madame, ou mademoiselle.	Danken-Sie doch dem Herrn, der Madame, der Demoiselle.

Vernei-

[6] Regardez comment je... [7] chapeau de doigt. [8] excellemment. [9] cessez de travailler. [10] zusammenlegen, poser ensemble; weglegen, poser de côté (du chemin). [11] beaucoup. [12] donnez-vous donc de la peine. [13] de vous imposer une punition.

Faites la révérence.	Verneigen-Sie sich.[14]
Voulez-vous lire du françois?	Wollen-Sie französisch lesen?
Vous ne prononcez pas bien.	Sie sprechen - nicht gut - aus.
Ecoutez-moi. C'est ainsi qu'il faut prononcer.	Hören-Sie mich - an. So muß man aussprechen.
Vous lisez trop vite.	Sie lesen zu geschwind.
Fort bien. Continuez.	Recht gut. Fahren - Sie so - fort.
Si vous lisez avec attention, je vous donnerai une jolie récompense.	Wenn Sie mit Aufmerksamkeit lesen, so will ich Ihnen eine hübsche Belohnung geben.
Allons, courage!	Allons, Courage![15]
En voilà assez pour aujourd'hui.	Es ist genug für heute.
Le dîner est servi. Mettons-nous à table.	Das Essen[16] ist aufgetragen.[17] Wir wollen uns zu Tisch setzen.
On ne met point les coudes sur la table.	Man legt nicht die Ellenbogen auf den Tisch.
Mangez donc plus proprement.	Essen-Sie doch reinlicher.
Vous mangez trop vite.	Sie essen zu geschwind.
Avez-vous bu?	Haben-Sie getrunken?
Allons nous promener.	Wir wollen spazieren gehen.
Mettez votre chapeau.	Setzen-Sie Ihren Hut - auf.
Où sont vos gants?	Wo sind Ihre Handschuhe?
Nous voilà dans la campagne; vous pouvez courir si vous voulez.	Wir sind auf dem Felde; Sie können laufen, wenn Sie wollen.
Faites une petite course.	Laufen-Sie ein wenig.
Revenez. Arrêtez-vous.	Kommen - Sie - wieder. Halten - Sie - ein.
Avez-vous chaud?	Ist - Ihnen warm?
Etes-vous essoufflée?	Sind - Sie außer Athem?[18]
Ne dandinez pas en marchant.	Dähmeln - Sie[19] nicht im Gehen.
Amusez-vous à cueillir des fleurs.	Amüsiren-Sie sich mit Blumenpflücken.
Asseyons-nous.	Wir wollen uns hinsetzen.
Etes-vous fatiguée?	Sind - Sie müde?
Avez-vous froid?	Ist - Ihnen kalt?
Ne marchez pas dans ce chemin.	Gehen - Sie nicht diesen Weg.

[14] Inclinez-vous. [15] Muth; au lieu d'Allons on dit frisch, fraîchement! [16] le manger. [17] porté sur (la table). [18] hors d'haleine. [19] dandiner c'est sich hin und her wiegen, se bercer de çà et de-là; dähmeln c'est aller en personne ivre ou en bête.

Ne marchez pas sur le gazon.	Gehen-Sie nicht auf dem Rasen.
Prenez garde de vous crotter.	Nehmen-Sie sich in Acht, sich nicht schmutzig zu machen. [20]
N'avez-vous pas les pieds humides?	Haben-Sie nicht feuchte Füße?
Donnez-moi la main.	Geben-Sie mir die Hand.
Retroussez votre robe.	Heben-Sie Ihren Rock-auf.
Allons-nous-en.	Wir wollen wieder nach Hause [21] gehen.
Ne marchez pas si vite.	Gehen-Sie nicht so geschwind.
Mettez votre manteau, votre shawl, etc.	Legen-Sie Ihren Mantel, Ihren Shawl-um.
Où est votre mouchoir?	Wo ist Ihr Schnupftuch?
Mouchez-vous donc.	Schnauben-Sie sich doch.
Prenez garde de tomber.	Nehmen-Sie sich in Acht, (nicht) zu fallen.
Vous allez souper.	Sie sollen zu Abend essen.
Allons nous coucher.	Wir wollen zu Bett gehen. [22]
Bonsoir, bonne nuit.	Guten Abend, gute Nacht.

Dialogue XLVI. — Sechs und vierzigstes Gespräch.

Un médecin ou chirurgien arrivant en pays étranger.	**Von einem Arzte oder Wundarzte, der in ein fremdes Land kommt.**
Quels sont les médecins ou chirurgiens célèbres de cette ville?	Welches sind die berühmten Ärzte oder Wundärzte dieser Stadt?
Quel est le meilleur apothicaire de cette ville?	Welches ist der beste Apotheker in der Stadt?
Où demeure-t-il?	Wo wohnt-er?
Y a-t-il ici un jardin public de botanique?	Ist hier ein öffentlicher botanischer Garten?
Ce jardin est-il vaste? est-il riche en plantes exotiques?	Ist dieser Garten groß? ist-er schön? ist-er reich an fremden Pflanzen?
A qui faut-il s'adresser pour le voir?	Bey wem muß-man sich melden, um ihn zu sehen?
Y a-t-il d'autres jardins particuliers de botanique?	Giebt-es noch andere besondere botanische Gärten?
La bibliothèque publique mérite-t-elle d'être vue?	Verdient die öffentliche Bibliothek gesehen zu werden?

[20] De vous faire (ou rendre) sale. [21] au logis. [22] aller au lit.

Quel est le nom du bibliothécaire?	Wie heißt der Bibliothekar?
Fait-on dans cette ville des cours publics d'anatomie, de chimie, de physique?	Hält-man in dieser Stadt öffentliche Lehrstunden [1] über die Anatomie, Chimie, Physik?
Quels sont les meilleurs professeurs dans ce genre?	Welches sind die besten Professoren in dieser Gattung?
Combien y a-t-il d'hôpitaux dans cette ville?	Wie viel sind Hospitäler in der Stadt?
Quel est l'hôpital le plus considérable pour les malades?	Welches ist das vornehmste Kranken-Hospital?
Quel est le nom du premier médecin ou du premier chirurgien de cet hôpital?	Wie heißt der erste Arzt oder Wundarzt in diesem Hospitale?
Quels sont les noms des administrateurs?	Wie heißen die Aufseher?
Monsieur est médecin ou chirurgien?	Mein Herr, sind-Sie Arzt oder Wundarzt?
Oui, monsieur.	Ja, mein Herr.
Où avez-vous étudié?	Wo haben-Sie studiert?
Depuis combien de temps exercez-vous la médecine?	Seit wie lange üben-Sie die Medicin? [2]
Je sais saigner, panser des plaies, et faire les principales opérations chirurgicales.	Ich kann zur Ader lassen, Wunden verbinden, und die vornehmsten Künste [3] eines Wund-Arztes verrichten.
Savez-vous la botanique?	Verstehen-Sie sich auf [4] die Botanik? [5]
Un peu. Je l'ai étudiée d'après le système de Linné ou de Tournefort.	Ein wenig. Ich habe sie nach dem Linneischen oder Tournefortschen Systeme studiert.
Je voudrois bien acheter ou emprunter un herbier gravé et colorié.	Ich wünschte sehr, ein gestochenes und ausgemahltes Herbarium zu kaufen oder zu borgen.

---

[1] Heures (leçons) d'enseignement. [2] sind-Sie ausübender Arzt? Êtes-vous médecin practicien? [3] arts. [4] vous entendez-vous à... [5] Kräuter-Kunde, connoissance des plantes.

Dialogue XLVII.	Sieben und vierzigstes Gespräch.
D'un artiste, peintre, graveur, sculpteur, architecte.	Von einem Künstler, Mahler, Kupferstecher,[1] Bildhauer,[2] Baumeister.[3]
Y a-t-il dans cette ville des cabinets de tableaux?	Giebt-es in dieser Stadt Gemählde-Sammlungen?[4]
Quelles sont les églises célébres par leur architecture, leurs monumens de sculpture et leurs tableaux?	Welches sind die Kirchen, die durch ihre Bau-Art, ihre Denkmähler der Bildhauer-Kunst und ihre Gemählde berühmt sind?
Quels sont les beaux édifices de cette ville et de ses environs?	Welches sind die schönen Gebäude in der Stadt und in der Gegend?
Quels sont les artistes célébres de cette ville?	Welches sind die berühmten Künstler in dieser Stadt?
Fait-on ici tous les ans une exposition publique de tableaux?	Macht-man hier alle Jahre eine öffentliche Gemählde-Ausstellung?
Dans quel temps, dans quel mois fait-on cette exposition?	Zu welcher Zeit, in welchem Monate macht-man diese Ausstellung?
Cette exposition aura-t-elle lieu cette année?	Wird diese Ausstellung dieses Jahr Statt[5] haben?
Existe-t-il un livre des curiosités de cette ville?	Giebt-es ein Buch, welches von den Merkwürdigkeiten dieser Stadt handelt?[6]
Quel est le titre de ce livre? où se vend-il?	Welches ist der Titel dieses Buchs? wo verkauft-man es?
Trouve-t-on ici de beau parchemin, du vélin, du papier vélin?	Findet-man hier schönes Pergament, Velin, Velin-Papier?
Dans quelle boutique dois-je aller pour trouver de bons crayons, noirs ou rouges, de la mine de plomb, des couleurs à la gouache, des couleurs à l'huile, des pastels, des toiles pour peindre à l'huile, de bons pinceaux, des palettes?	In welchen Laden muß-ich gehen, um gute Crayons[7] zu bekommen, schwarze, rothe Bleystifte, Gouache-Farben, Oel-Farben, Pastell-Farben, Leinewand, um in Oel zu mahlen, gute Pinsel, Farben-Bretter?[8]
Voulez-vous bien me mon-	Wollten-Sie mir wohl Crayons

[1] Piqueur en cuivre. [2] tailleur d'images. [3] maître de bâtimens. [4] collections. [5] place; pour Stätte. [6] qui traite. [7] Bley-Stifte, pointes de plomb. [8] planches pour les couleurs.

trer des crayons? Je voudrois des capucines angloises (*a*).	zeigen? Ich möchte gern englische Capuciner haben.
Ces capucines ne sont pas d'Angleterre; elles ne valent rien.	Diese Capuciner sind nicht englisch; sie taugen nichts.
Combien les vendez-vous?	Wie theuer verkaufen-Sie sie?
Cela est trop cher.	Das ist zu theuer.
Je voudrois des crayons de mine de plomb sans bois.	Ich wollte gern Bleystifte ohne Holz (haben).
Je voudrois acheter un porte-crayon.	Ich wollte gern ein Bleystift-Rohr [9] kaufen.
Comment le voulez-vous?	Wie wollen-Sie es haben?
De cuivre, d'acier, d'argent?	Von Kupfer, Stahl oder Silber?
Ce porte-crayon est trop grand, trop petit.	Dieses Bleystift-Rohr ist zu groß, zu klein.
Je voudrois des pinceaux, pour la miniature, pour peindre à l'huile. Ceux-ci sont trop fins, ceux-là sont trop gros.	Ich möchte Pinsel zu Miniatüren, zum Oelmahlen haben. Diese sind zu fein, jene sind zu grob.
Montrez-m'en de toutes grandeurs, des gros, des moyens et des fins.	Zeigen-Sie mir welche von allen Größen, grobe, mittlere und feine
Je voudrois une palette d'ivoire, et une palette de bois d'acajou pour peindre à l'huile. Avez-vous des palettes de buis?	Ich wollte gern ein elfenbeinenes Farben-Brett und ein anderes [10] von Mahagony zum Oelmahlen. Haben-Sie buchsbaumene Farben-Bretter?
Avez-vous des pastels de Lausanne? J'en voudrois de petits et de gros.	Haben-Sie Pastells aus Lausanne? Ich wünschte davon kleine und dicke.
L'assortiment est-il bien complet?	Ist das Assortiment [11] auch recht vollständig?
Avez-vous du papier de couleur pour dessiner?	Haben-Sie couleurtes [12] Papier zum Zeichnen?
Je voudrois acheter des estampes.	Ich wollte gern Kupferstiche [13] kaufen.
Dans quel genre?	In welcher Art?
Des figures, des têtes, des sujets historiques, des gravures angloises coloriées, ou à la ma-	Figuren, Köpfe, historische Gegenstände, englische illuminirte Kupfer, [14] oder in schwarzer Kunst, [15]

(*a*) Des crayons de mine de plomb dans du bois.

[9] Canne à crayon. [10] une autre. [11] die Sammlung, la collection. [12] gefärbtes, teint. [13] piqûres dans le cuivre. [14] on dit Kupfer pour Kupferstiche, pour abréger. [15] Art; on dit aussi Manier.

nière noire, ou des estampes gravées au burin. Je voudrois des paysages, des fleurs, des fruits, des arabesques, des oiseaux, des papillons, des insectes, des monumens d'architecture.

oder in punctirter Manier.[16] Ich wollte gern Landschaften, Blumen, Früchte, Arabesken, Vögel, Schmetterlinge, Insekten, Denkmähler der Baukunst haben.

Je voudrois acheter un canif, un grattoir, une règle, un compas, une loupe.

Ich wollte gern ein Feder-Messer,[17] ein Radier-Messer,[18] ein Linial, einen Cirkel, ein Vergrößerungs-Glas[19] kaufen.

Cette loupe ne grossit pas assez, elle grossit trop; elle est trop grande, elle est trop petite.

Dieses (Vergrößerungs-) Glas vergrößert nicht genug, vergrößert zu sehr; es ist zu groß, zu klein.

Je voudrois acheter du carton. Celui-ci est trop mince ou trop épais. Il n'est pas assez blanc, assez uni.

Ich möchte gern Pappe haben. Diese ist zu dünn, zu dick. Sie ist nicht weiß, nicht glatt genug.

Avez-vous du papier Joseph?

Haben-Sie Josephs-Papier?

Avez-vous des boîtes de couleurs d'Antheaume? ce sont les meilleurs couleurs pour peindre à la gouache.

Haben-Sie Schachteln mit Antheaumer-Farben? es sind die besten Wasser-Farben[20] zum Mahlen.

Avez-vous du carmin, du bleu de Prusse, du vert de vessie et de l'outremer en coquille, du blanc de plomb, du massicot, du bleu de montagne, de l'ocre, du bistre, de l'orpin, de la laque, du vermillon, de l'encre de la chine, du noir d'ivoire?

Haben-Sie Carmin, Berliner-Blau, Blasen-Grün, Ultramarin in Muscheln, Bleyweiß, Massicot, Berg-Blau, Oker, Ruß-Schwarz, Aurum-pigmentum, Lack, Zinnober, Tusch, Elfenbein-Schwärze?

Je voudrois aussi de la gomme. Je la voudrois blanche et pulvérisée.

Ich wollte auch gern Gummi haben. Ich wünschte es weiß und zu Pulver gerieben.[21]

Vendez-vous de petits mortiers pour pulvériser les couleurs?

Verkaufen-Sie kleine Mörser, um die Farben zu reiben?

Vendez-vous des boîtes de couleurs angloises, en petits pains secs?

Verkaufen-Sie Schachteln mit englischen Farben, in kleinen trockenen Bröten?

Je voudrois une petite lime pour tailler des crayons.

Ich möchte gern eine kleine Feile haben, um die Bleystifte zu spitzen.[22]

Je voudrois de la craie,

Ich wünschte auch Kreide und

[16] En manière poinçonnée. [17] couteau à (tailler des) plumes. [18] couteau à effacer. [19] verre à grandir (grossir). [20] couleurs à l'eau. [21] broyé en poudre. [22] pointer.

et une pierre d'ardoise pour dessiner.	eine Schiefer-Tafel, [23] um zu zeichnen.
Je voudrois des couteaux d'ivoire.	Ich wünschte elfenbeinene Messer zu kaufen.
Je voudrois de la baudruche.	Ich wollte gern Goldschläger-Blättchen [24] (haben).
La baudruche se vend chez les batteurs d'or.	Dergleichen Blättchen [25] findet man [26] bey den Goldschlägern.
Je voudrois de la pierre ponce, et des ivoires bien minces, pour peindre en miniature.	Ich wollte gern Bimstein und sehr dünnes Elfenbein haben, um Miniatüren zu mahlen.
Je voudrois des cristaux pour recouvrir des miniatures.	Ich möchte gern Crystall-Gläser (haben), um über die Miniatüren zu thun.
Un cristal pour un dessus de boîte, pour un médaillon, pour un bracelet, pour une bague.	Ein Crystall-Glas zu einem Dosen-Deckel, zu einem Medaillon, zu einem Armbande, [27] zu einem Ringe.
Je le veux rond, ou carré, ou ovale. Voici la forme et la grandeur.	Ich will es rund, viereckig, oval. [28] Hier ist die Form [29] und die Größe.
Montrez-moi des verres de Bohême, bien unis et bien blancs.	Zeigen-Sie mir böhmische Gläser, aber recht glatte und recht weiße.
Je voudrois un cadre de cette grandeur.	Ich wollte gern einen Rahmen von dieser Größe.
Je veux un beau cadre, bien doré, de cette largeur.	Einen schönen vergoldeten Rahmen von dieser Breite.
Je veux un cadre bien simple, tout noir, ou noir et or, ou noir avec des perles d'or.	Ich will einen ganz einfachen, ganz schwarzen Rahmen; einen Rahmen schwarz und Gold, einen schwarzen Rahmen mit Gold-Perlen.
Montrez-moi les modèles. Je choisis celui-ci.	Zeigen-Sie mir die Modelle. Ich suche-mir diesen-aus. [30]
Quand pourrai-je avoir ce cadre, et combien me coûtera-t-il?	Wann kann-ich diesen Rahmen bekommen, und wie viel wird-er mir kosten?
Soyez bien exact, je vous prie, ne manquez pas de parole.	Seyn-Sie ja pünktlich, ich bitte Sie; halten-Sie ja Wort. [31]
Je voudrois acheter un étui	Ich möchte gern ein mathema-

[23] Table d'ardoise. [24] de petites feuilles pour les batteurs d'or. [25] de telles feuilles. [26] on trouve. [27] rubans de bras. [28] ey-rund, rond comme un oeuf. [29] Gestalt. [30] je cherche dehors. [31] tenez parole.

de mathématiques, simple mais bien complet.	tisches Besteck kaufen, einfach aber ganz vollständig.
Vendez-vous de la peau d'âne? J'en voudrois quelques feuilles.	Verkaufen-Sie Esels-Haut? Ich möchte gern einige Blätter davon haben.
Je voudrois acheter un chevalet.	Ich möchte gern eine Staffeley kaufen.
Je peins en pastel, en miniature, à l'huile.	Ich mahle in Pastell, in Miniatür, in Oel.
Je fais des portraits, — des camés.	Ich mahle Portraits, ich mache Camés.
Combien prenez-vous pour une tête, pour une figure avec des mains, et pour une figure entière?	Wie viel nehmen-Sie für einen Kopf, für eine halbe Figur mit Händen, für eine ganze Figur?
Je ne donne les séances que chez moi.	Ich lasse nur bey mir sitzen.[22]
J'irai (donner les séances) chez les personnes, qui se feront peindre.	Ich gehe zu den Personen, welche sich mahlen lassen (wollen).
Voulez-vous me donner une séance?	Wollen-Sie mir sitzen?
Volontiers.	Gern.
Comment me conseillez-vous de me faire peindre?	Wie rathen-Sie mir, mich mahlen zu lassen?
Suivant votre goût.	Nach Ihrem Geschmack.
Voulez-vous que ce soit en profil, en trois quarts, en face?	Wollen-Sie in Profil, drey Viertel oder en face (ganz) gemahlt seyn?
Vous n'êtes pas bien assise ou assis.	Sie sitzen nicht gut.
Permettez-moi de vous poser; là, comme cela, la tête un peu penchée, à droite, à gauche.	Erlauben-Sie mir, Ihnen eine Stellung zu geben.[23] So, so, den Kopf ein wenig gebogen, rechts, links.
Vous vous dérangez.	Sie verrücken sich.
Reposez-vous.	Ruhen-Sie sich-aus.
Vous avez l'air un peu trop sérieux.	Sie haben eine etwas zu ernsthafte Miene.
Voulez-vous bien me regarder? je travaille maintenant aux yeux, à la bouche, au nez.	Wollen-Sie mich wohl ansehen? ich arbeite eben an Ihren Augen, Ihrem Munde, Ihrer Nase.
Êtes-vous fatigué ou fatiguée?	Sind-Sie müde?

[22] Je ne fais asseoir que chez moi. [23] de vous donner une attitude.

C'en est assez pour aujourd'hui.	Es ist genug für heute.
Je crois avoir déjà saisi la ressemblance.	Ich glaube schon die Aehnlichkeit getroffen zu haben.
Ce n'est encore qu'une ébauche grossière.	Es ist nur noch ein grober Umriß.
Quand reviendrez-vous? ou quand reviendrai-je?	Wann kommen-Sie-wieder? Wann soll-ich wiederkommen?
A quelle heure?	Um welch' Uhr?
Je suis bien fâché; mais j'ai un engagement pour ce jour, pour cette heure.	Es thut mir sehr leid; aber ich bin auf diesen Tag, auf diese Stunde versagt. [34]
Je serai libre la semaine prochaine ou lundi prochain.	Ich werde die kommende Woche oder kommenden Montag frey seyn.
Oserai-je vous prier d'être exact à vous rendre à l'heure convenue?	Dürfte-ich Sie bitten, pünktlich zu seyn, und sich zur bestimmten Stunde einzufinden?
Je me rendrai à vos ordres.	Ich werde mich auf Ihren Befehl einstellen.
Je vous prie de m'envoyer votre robe ou votre habit, je la peindrai sur mon mannequin.	Ich bitte Sie, mir Ihr Kleid, Ihren Rock zu schicken; ich will ihn auf meinem Gliedermanne [35] nachmahlen.

Dialogue XLVIII. — Acht und vierzigstes Gespräch.

D'un prisonnier en pays étranger. — Eines Gefangenen in einem fremden Lande.

Pourquoi suis-je arrêté?	Warum bin-ich arretirt? [1]
Je l'ignore.	Ich weiß es nicht. [2]
De quoi m'accuse-t-on? Qu'ai-je fait?	Wessen beschuldigt-man mich? Was habe-ich gethan?
On vous accuse.....	Man beschuldigt Sie .....
Cela est faux. Ce sont des calomnies. Je suis innocent.	Das ist falsch. Das sind Verläumdungen. Ich bin unschuldig.
Je le prouverai, si l'on veut m'entendre.	Ich will es beweisen, wenn man mich anhören will.
Voici le geolier, parlez-lui.	Hier ist der Kerker-Meister, [3] reden-Sie mit ihm.

[34] On dit aussi versprochen, promis ailleurs; versagen signie refuser, et sich versagen dire qu'on se rendra quelque part. [35] homme à membres.
[1] Verhafteter; die Haft, la prison. [2] je ne le sais pas. [3] maitre de la prison.

Quels sont les ordres que vous avez reçus relativement à moi?

Mes amis auront-ils la permission de venir me voir? — Non.

Cela est bien rigoureux.

Je me flatte du moins que l'on me donnera tous les moyens nécessaires pour remplir les devoirs que m'impose ma religion.

Pourrai-je entendre la messe?

Pourrai-je assister à l'office divin?

Pourrai-je avoir un confesseur?

Pourrai-je m'entretenir avec un ministre ou luthérien ou calviniste?

Pourrai-je recevoir des lettres et en écrire?

Je montrerai tout ce que j'écrirai. On lira toutes les lettres qui me seront adressées.

De grâce, procurez-moi de quoi écrire, une plume, un peu d'encre et du papier.

Cela m'est défendu.

Votre devoir est d'obéir, et le mien est de ne plus insister et de me soumettre.

Pourrai-je me promener sur l'esplanade, sur le rempart, sur les terrasses, dans les cours, dans les jardins, ou dans la campagne?

Je voudrois bien avoir quel-

Welches sind die Befehle, die Sie in Absicht meiner [4] bekommen haben?

Werden meine Freunde die Erlaubniß erhalten, mich zu sehen? — Nein.

Das ist sehr strenge. [5]

Ich schmeichle mir zum wenigsten, daß man mir alle nöthigen Mittel an die Hand [6] geben wird, um die Pflichten, die mir meine Religion auferlegt, zu erfüllen.

Werde-ich die Messe hören können?

Werde-ich dem Gottes-Dienste beywohnen [7] können?

Werde-ich einen Beicht-Vater haben können?

Werde-ich mich mit einem lutherischen oder calvinischen Prediger unterhalten können?

Werde-ich Briefe erhalten, oder schreiben können?

Ich will alles zeigen, was ich schreibe. Man soll alle Briefe lesen, die an mich adressirt [8] sind.

Ich bitte, verschaffen-Sie mir was zum Schreiben (nöthig ist), eine Feder, ein wenig Dinte und Papier.

Das ist mir verboten.

Ihre Pflicht ist, zu gehorchen, und die meinige, nicht weiter in Sie zu dringen, [9] und mich zu unterwerfen.

Werde-ich auf der Esplanade, auf dem Walle, auf den Terrassen, auf den Höfen, in dem Garten, auf dem Felde spazieren gehen dürfen?

Ich wünschte sehr, einige fran-

[4] En vue de moi. [5] hart, dur. [6] à la main. [7] cohabiter. [8] gerichtet, dirigées. [9] de ne pas pénétrer plus loin en vous.

ques livres ou françois, ou anglois, ou italiens.

De grâce, tâchez de me procurer quelques livres.

Je voudrois bien avoir des fleurs, cela égayeroit un peu ma prison.

Mon ami, vous pourriez me faire un grand plaisir sans manquer à votre devoir.

Comment?

Ce seroit de me donner un crayon et un peu de papier pour dessiner.

Mais vous écririez peut-être avec cela?

Point du tout, je vous assure; je ne veux que dessiner. Vous pouvez en avoir la certitude en mesurant le papier que vous me donnerez, et je vous montrerai à mesure tout ce que je ferai.

Eh bien, au lieu de crayon et de papier donnez-moi un morceau de craie et une grande ardoise polie, je m'amuserai toujours à tracer quelques figures.

Puisque vous ne voulez me donner ni canif ni couteau, faites-moi donc le plaisir de tailler cette craie de manière, qu'elle puisse me servir pour dessiner.

Pourrois-je avoir quelques couleurs?

Mais en payant?

Oh, je vous en prie, accordez-moi cette grâce! j'en serai si reconnoissant!

Je voudrois bien avoir un

zösische, englische oder italienische Bücher zu haben.

Ich bitte Sie, versuchen-Sie,[10] mir einige Bücher zu verschaffen.

Ich möchte gern Blumen haben; dieses würde mein Gefängniß ein wenig aufheitern.

Mein Freund, Sie könnten mir einen großen Gefallen erweisen, ohne gegen Ihre Pflicht zu fehlen.

Wie so?

Es wäre, wenn Sie mir ein Bleystift und ein wenig Papier zum Zeichnen gäben.

Aber Sie würden vielleicht damit schreiben?

Ganz und gar nicht, ich versichere Sie; ich will (weiter nichts) als zeichnen. Sie können dessen gewiß seyn, wenn Sie das Papier messen, das Sie mir geben; ich will Ihnen alles zeigen, so wie ich es werde gemacht haben.

Nun wohl, anstatt eines Bleystiftes und Papiers geben-Sie mir ein Stück Kreide und eine große Schiefer-Tafel; ich will mir immer die Zeit damit vertreiben,[11] daß ich einige Figuren zeichne.

Da Sie mir weder Feder-Messer noch Messer geben wollen, so thun-Sie mir doch den Gefallen, mir diese Kreide dergestalt zu schneiden,[12] daß sie mir zum Zeichnen diene.

Könnte-ich einige Farben bekommen?

Aber für mein Geld?[13]

O, ich bitte-Sie, erzeigen-Sie mir diese Gefälligkeit![14] ich werde so erkenntlich dafür seyn!

Ich wünschte einen kleinen Be-

[10] Essayez. [11] me passer (chasser) le temps. [12] spitzen, pointer. [13] pour de l'argent. [14] complaisance.

petit balai à moi, afin de nettoyer ma chambre.	sen für mich zu haben, um meine Kammer reinigen zu können.
Je voudrois une couverture de plus.	Ich möchte gern eine Bett-Decke mehr.
J'ai bien froid dans cette chambre, vous me rendriez un grand service en garnissant de peaux de moutons ou de lisières de drap les portes et les fenêtres.	Mich friert sehr in diesem Zimmer; Sie würden mir einen großen Dienst leisten, wenn Sie die Thüre und die Fenster mit Hammel-Fellen und Saum-Leisten von Tuch einfaßten. [15]
Les souris m'empêchent de dormir, je vous prie de me faire donner une souricière.	Die Mäuse verhindern mich zu schlafen; ich bitte Sie, mir eine Mäuse-Falle [16] geben zu lassen.
Cette souricière ne vaut rien.	Diese Mäuse-Falle taugt nichts.
Je vous prie de la faire raccommoder.	Ich bitte Sie, sie wieder zurecht machen zu lassen.
Quand l'aurai-je?	Wann werde-ich sie bekommen?
Il faut y mettre du lard ou des noix grillées.	Man muß Speck und geröstete Nüsse hineinlegen.
Cette chambre est remplie de puces et de punaises.	Dieses Zimmer ist voller Flöhe und Wanzen.
Vous me donnez si rarement des draps blancs.	Sie geben mir so selten reine [17] Bett-Laken.
Je voudrois bien que cette fenêtre pût s'ouvrir.	Ich wünschte sehr, daß man dieses Fenster öffnen könnte.
Mais du moins pour renouveler l'air de la chambre, faites arranger un seul carreau de manière qu'on le puisse ouvrir.	Zum wenigsten lassen-Sie doch, damit ich frische Luft in dem Zimmer bekomme, [18] eine einzige Scheibe so einrichten, daß man sie öffnen könne.
Je vous prie de me faire acheter une once, une demi-once ou une livre de tabac en poudre.	Ich bitte-Sie, mir eine Unze, ein Loth, oder ein Pfund Schnupf-Tabak kaufen zu lassen.
Faites-moi acheter une carotte de tabac, je m'amuserai à le raper moi-même.	Lassen-Sie mir eine Carotte Tabak holen, [19] ich will mir die Zeit damit vertreiben, ihn selbst zu reiben.
Il me faut pour cela une rape et un grand morceau de parchemin.	Ich brauche dazu ein Reib-Eisen und ein großes Stück Pergament.

[15] Enchâsser, border. [16] trappe pour les souris. [17] nets. [18] pour que j'aye de l'air frais dans la chambre. [19] chercher.

Je voudrois du tabac à fumer et une pipe.

Pourrois-je avoir un chien? Ce seroit une société pour moi.

Un épagneul, un lévrier, un barbet, un loup, un chien danois, un doguin, etc.

Le desirez-vous beau?

Non, je ne veux qu'un ami.

Pourrois-je avoir un oiseau? Un rossignol, un geai, un perroquet, un moineau, un chardonneret, un bouvreuil, un pinçon, un ménage de serins, etc.?

Il me faut une cage, et puis du mouron, un os de sèche, du millet, du chenevis.

Mes serins vont faire leur nid, je vous prie de m'apporter quelques petits brins de mousse, de coton, de laine, de filasse, de plumes, etc.

Ma nourriture devient tous les jours plus mauvaise.

Cette viande est trop avancée.

Cette eau n'est pas bonne; ces fruits ne sont pas mûrs.

Du moins donnez-moi des choses saines.

Ce beurre est horriblement fort. J'aimerois cent fois mieux des légumes à l'eau.

Je voudrois bien avoir à demeure dans ma chambre une grande cruche, remplie de bonne eau.

Je suis accoutumé à prendre du café, du thé, le matin

Ich wollte gern Rauch-Tabak und eine Pfeife haben.

Könnte-ich einen Hund bekommen? es wäre für mich eine Gesellschaft.

Einen Bologneser, einen Wind-Hand, einen Pudel, einen dänischen Hund, eine Dogge, u. s. w.

Wollen-Sie ihn schön?

Nein, ich will nur einen Freund.

Könnte-ich einen Vogel haben? Eine Nachtigall, eine Dohle, einen Papagoy, einen Sperling, einen Stieglitz, [20] einen Blut-Finken, [21] einen Finken, eine Canarienvögel-Hecke, u. s. w.?

Ich muß einen Vogelbauer haben, und dann noch Vogel-Kraut, einen Dinten Fisch-Knochen, Hirse und Hanf-Saamen.

Meine Kanarien-Vögel wollen bauen; ich bitte-Sie, mir einige Päckchen Moos, Baum-Wolle, Wolle, Heyde, Federn, u. s. w. zu bringen.

Mein Essen wird von Tage zu Tage [22] schlechter.

Dieses Fleisch ist zu alt. [23]

Das Wasser ist nicht gut; das Obst ist nicht reif.

Geben-Sie mir wenigstens gesunde Sachen.

Diese Butter hat einen abscheulich starken Geschmack. [24] Ich möchte hundertmal lieber das Gemüse in Wasser gekocht.

Ich wünschte wohl für-beständig [25] in meinem Zimmer einen großen Krug, mit gutem Wasser angefüllt, zu haben.

Ich bin gewohnt, des Morgens und des Nachmittags Kaffee,

[20] Distel-Finken. [21] on l'appelle aussi Dom-Pfaffen, chanoine. [22] de jour en jour. [23] vieille. [24] goût. [25] pour toujours.

et l'après-midi, je ne puis m'en passer.

Il y a de l'eau dans ce lait,

Ce lait est aigre.

Mon habit, mes souliers sont usés, il m'en faut absolument d'autres.

J'aurois bien besoin d'une redingote bien chaude.

Je vous prie de faire toutes ces demandes de ma part à monsieur ***.

Avez-vous parlé à monsieur ***?

Au nom du ciel ne l'oubliez donc plus.

Dites-lui en même temps que je le conjure de venir me voir un moment.

Promettez-moi de me rendre ce service. Je vous le demande en grâce.

Eh bien, mon cher ami, avez-vous fait mes commissions?

Aurai-je enfin ce que je desire?

Viendra-t-il me voir?

L'a-t-il bien promis?

Quand viendra-t-il?

Je vous ai-là une grande obligation, je ne l'oublierai jamais.

Pourrois-je avoir de belle paille et de l'osier?

Pourquoi faire?

J'essaierois pour me désennuyer de faire des paniers de paille et d'osier.

Savez-vous tourner?

Oui, et je serois bienheureux si je pouvois avoir un tour.

Thee zu trinken; ich kann ihn nicht entbehren.[26]

Es ist Wasser in dieser Milch.

Die Milch ist sauer.

Mein Kleid, meine Schuhe sind abgenutzt; ich muß absolut[27] andere haben.

Ich hätte wohl einen recht warmen Ueber-Rock[28] nöthig.

Ich bitte Sie, den Herrn *** um alles dieses zu fragen.

Haben-Sie mit Herrn *** gesprochen?

Um des Himmels Willen,[29] vergessen-Sie es nicht wieder.

Sagen-Sie ihm zu gleicher Zeit, daß ich ihn beschwöre, mich einen Augenblick besuchen zu kommen.

Versprechen-Sie mir, mir diesen Dienst zu erweisen. Ich bitte-Sie inständigst[30] darum.

Nun, lieber Freund, haben-Sie meine Commission gemacht?

Werde-ich endlich bekommen, was ich wünsche?

Wird-er mich besuchen kommen?

Hat-er es versprochen?

Wann wird-er kommen?

Ich bin Ihnen viel Verbindlichkeit schuldig, ich werde es nie vergessen.

Könnte-ich wohl schönes Stroh und Weyde-Rohr bekommen?

Wozu?

Ich wollte versuchen, um mir die Langeweile zu vertreiben,[31] Stroh- und Weyde-Körbe zu machen.

Können-Sie drechseln?

Ja, und ich würde mich sehr glücklich schätzen,[32] wenn ich eine Drechsel-Bank[33] bekommen könnte.

---

[26] M'en priver. [27] durchaus. [28] habit de dessus. [29] volonté. [30] instamment. [31] pour me chasser l'ennui. [32] je m'estimerois. [33] banc à tourner.

Je voudrois avoir du fil et des aiguilles et des ciseaux, je tâcherois de raccommoder moi-même mes chemises.

Ich wünschte Zwirn, Näh-Nadeln [14] und eine Scheere zu haben; ich würde versuchen, mir meine Hemden selbst auszubessern.

Un homme n'est pas fait pour coudre.

Ein Mann ist nicht geschickt [15] zu nähen.

Un homme n'est pas fait non plus pour rester enfermé dans une prison.

Ein Mann ist auch nicht gemacht, um in einem Gefängnisse eingeschlossen zu bleiben.

Y a-t-il long-temps que vous êtes le geolier dans ce lieu?

Ist es lange her, daß Sie in diesem Gefängnisse der Kerker-Meister sind?

Il y a dix ans.

Es sind zehn Jahre her.

Je vous plains, car vous avez vu bien des malheureux.

Ich bedaure Sie; denn Sie haben viel Unglückliche gesehen.

Y a-t-il beaucoup de prisonniers dans ce moment?

Sind in diesem Augenblicke viel Gefangene (hier)?

Avez-vous les gazettes?

Haben-Sie die Zeitungen?

Pourriez-vous me les prêter?

Könnten-Sie sie mir wohl leyhen?

Du moins contez-moi donc quelques nouvelles.

Zum wenigsten erzählen-Sie mir einige Neuigkeiten.

Que dit-on de nouveau?

Was sagt-man neues?

Que dit-on de la France, de l'Angleterre, de l'Irlande, de l'Allemagne, de la Suisse, de l'Italie, etc.?

Was sagt-man von Frankreich, England, Irland, Deutschland, der Schweiz, Italien, u. s. w.?

Cette nouvelle est-elle bien sûre?

Ist diese Nachricht ganz sicher?

De qui la tenez-vous?

Von wem haben-Sie sie?

Pourrois-je avoir un almanach?

Kann-ich einen Kalender bekommen?

Quel est le quantième du mois?

Den wie vielsten des Monats haben-wir? [16]

Le bois que vous me donnes pour me chauffer est trop vert; il fume, et ne brûle pas.

Das Holz, daß Sie mir zum Einheizen geben, ist zu grün; es raucht, es brennt nicht.

La tourbe et mauvaise. Son odeur est insupportable.

Der Torf ist schlecht. Der Gestank davon ist unausstehlich.

Il y a trop de cendres dans ce poêle, dans cette cheminée; il faudroit les ôter.

Es ist zu viel Asche in dem Ofen, in dem Kamin; man müßte sie wegnehmen.

Il faut ramoner la cheminée, elle est remplie de suie.

Man muß den Kamin fegen; er ist voller Ruß.

---

[14] Épingles à coudre. [15] habile; gemacht. [16] avons-nous?

Je voudrois avoir un peu d'eau-de-vie, de lavande, ou de l'eau de la reine d'Hongrie, ou des grains de genièvre. Je voudrois parfumer ma chambre.	Ich wünschte ein wenig Brannt-wein, Lavendel- oder ungarisches Wasser, oder Wacholder-Beeren zu haben. Ich wollte gern mein Zimmer räuchern.
J'ai cassé ma tabatière, j'en voudrois une autre.	Ich habe meine Dose zerbrochen; ich möchte gern eine andere haben.
J'en veux une d'écaille, d'ivoire, de cuir, de carton, etc.	Ich will eine von Schildkröte, von Elfenbein, von Leder, von Pappe, ꝛc. (haben).
J'en veux une très-commune, de corne par exemple.	Ich will eine ganz gemeine, zum Beyspiel von Horn.
Cette tabatière neuve de carton a une mauvaise odeur de vernis, je vous prie de la remplir de son, ce qui au bout de quelques jours dissipera cette odeur.	Diese neue pappene Dose hat einen häßlichen [17] Firniß-Geruch; ich bitte-Sie, sie mit Kleyen auszufüllen, welches in einigen Tagen diesen Geruch vertreiben wird.
Pourrois-je avoir un jeu de cartes?	Könnte-ich ein Carten-Spiel bekommen?
Un jeu d'échecs? J'y jouerois tout seul.	Ein Schach-Spiel? Ich würde ganz allein spielen.
Je suis malade. J'ai absolument besoin d'un chirurgien ou d'un médecin. Je vous prie de m'en procurer un.	Ich bin krank. Ich brauche nothwendig [18] einen Wund-Arzt, oder einen Arzt. Ich bitte-Sie, mir einen zu verschaffen.
Pourrois-je avoir un pianò, un violon, une flûte, un pupitre?	Könnte-ich ein Pianò-Forte, ein Violon, eine Flöte, ein (Noten-) Pult bekommen?
Des tablettes, pour mettre quelques livres?	Ein Fach, oder ein Bücher-Brett zu einigen Büchern?
Une petite table de plus?	Noch einen kleinen Tisch?
Une chancelière, pour mettre mes pieds?	Einen Fuß-Korb, um meine Füße hinein-zu-thun?
Une commode, un bureau, une armoire?	Eine Commode, einen Schreib-Tisch, [19] einen Schrank?
Une peau d'ours?	Eine Bären-Haut?
A quelle heure viendrez-vous demain ou ce soir?	Um welche Zeit werden-Sie morgen oder diesen Abend kommen?
A quelle heure aurai-je mon déjeûner, mon dîner, mon souper?	Um welche Zeit werde-ich mein Frühstück, mein Mittagbrot, mein Abendbrot bekommen?

Ich

[17] Laid, odieux. [18] nécessairement. [19] table à écrire.

Je vous prie de remettre cette lettre à son adresse.

Ich bitte Sie, diesen Brief an seine Adresse abzugeben.

Lettre du même prisonnier au gouverneur du château ou au concierge de la prison.

Brief desselben Gefangenen an den Commandanten des Schlosses, oder an den Aufseher [1] des Gefängnisses.

Monsieur,

Je demande en vain pourquoi je suis privé de ma liberté; je ne puis le savoir que confusément. Je n'ai rien à me reprocher, je suis la victime d'une délation calomnieuse. Je demande à être entendu, parce que mon innocence me donne la certitude de me justifier alors entièrement. La grâce que je sollicite ne pourroit être équitablement refusée à un coupable, ainsi je me flatte qu'on n'hésitera point à me l'accorder. Je vous supplie au nom sacré de l'humanité de me répondre, et de faire parvenir promptement mes réclamations et le mémoire ci-joint à ***.

J'ai l'honneur d'être etc.

Mein Herr,

Ich frage vergebens, warum ich meiner Freyheit beraubt bin; ich kann es nur undeutlich erfahren. [2] Ich habe mir nichts vorzuwerfen; ich bin das Opfer einer verläumderischen Denunciation. [3] Ich verlange gehört zu werden, weil mir meine Unschuld die Gewißheit giebt, mich alsdann völlig rechtfertigen zu können. Die Gnade, um welche ich bitte, könnte billiger Weise keinem Schuldigen versagt werden; ich schmeichle mir also, daß man nicht anstehen [4] wird, sie mir zu gewähren. Ich ersuche Sie im Namen der heiligen Menschheit, mir zu antworten, und meine Forderung und das beyliegende Memoire [5] an *** gelangen zu lassen.

Ich habe die Ehre, ꝛc.

Seconde lettre du même au même.

Zweytes Schreiben an denselben.

Monsieur,

Je vous supplie de donner des ordres qui puissent adoucir la rigueur de ma captivité. Je demande premièrement la permission d'écrire à ma famille, secondement des livres, troisièmement une chambre plus propre,

Mein Herr,

Ich ersuche Sie, (die gehörigen [1]) Befehle zu ertheilen, damit [2] die Strenge meiner Gefangenschaft vermindert [3] werde. Ich bitte erstlich um die Erlaubniß, an meine Familie schreiben zu dürfen, zweytens um Bücher, drittens um

[1] Inspecteur; Castellan concierge. [2] expérimenter, apprendre. [3] dénonciation, Angebung. [4] s'arrêtera. [5] Aufsatz, (papier) dressé. — [1] Convenables. [2] afin que… [3] être diminué.

ou plus claire, ou moins malsaine, quatrièmement une nourriture moins mauvaise. Je vous conjure de m'accorder un moment d'audience, vous verrez mes besoins, et votre humanité sans doute alors y pourvoira.

J'ai l'honneur d'être etc.

Troisième lettre du même au même.

Monsieur,

Je suis très-malade, et j'ai besoin d'un médecin et d'une garde. Le défaut d'air est en partie cause de ma maladie; je demande donc la permission de me promener dans les cours ou dans la campagne.

J'ai l'honneur d'être etc.

ein reinlicheres, oder helleres, oder weniger ungesundes Zimmer, viertens um weniger schlechte Kost. Ich beschwöre Sie, mir einen Augenblick Audienz zu ertheilen; Sie werden meine Bedürfnisse einsehen, und Ihre Menschenliebe wird ohne Zweifel dafür sorgen.

Ich habe die Ehre, x.

Drittes Schreiben an denselben.

Mein Herr,

Ich bin sehr krank, und habe einen Arzt und eine Warts-Frau nöthig. Der Mangel an (frischer [1]) Luft ist zum Theil Schuld an meiner Krankheit; ich bitte also um die Erlaubniß, auf den Höfen oder im (freyen [2]) Felde spazieren gehen zu dürfen.

Ich habe die Ehre, x.

Dialogue XLIX.

Du même, malade.

Je souffre beaucoup, il m'est survenu un clou.

Où est-il placé?

Est-il ouvert? A-t-il percé?

Non, pas encore.

Que faut-il faire à cela?

Il faut d'abord y mettre un cataplasme, composé de lait, de mie de pain de froment non salé, de miel et de safran. On fait bouillir tout cela dans un

Neun und vierzigstes Gespräch.

Von demselben Kranken.

Ich stehe-viel-aus; [1] ich habe ein Blut-Geschwür [2] bekommen.

Wo sitzt-es? [3]

Ist-es offen? Ist-es aufgegangen?

Nein, noch nicht.

Was ist dabey zu thun?

Man muß erstlich einen Umschlag, aus Milch, ungesäuerte Rocken-Brot-Krume, Honig und Safran bestehend, darauf legen. Man läßt dieses alles vorher [4]

[1] Frais. [2] libre. — — [1] Ich leide viel. [2] abcès de sang. [3] où est-il assis (sis)? [4] auparavant.

petit pot. Ensuite on étend sur une compresse qu'on applique sur le mal en l'assujettissant avec une bande. Il faut l'appliquer chaud et le renouveler toutes les deux ou trois heures, dans le jour, car la nuit cela n'est pas nécessaire, la chaleur du lit suffit pour le conserver tiède.

Quand le clou sera ramolli et percé, il faudra y mettre un emplâtre et un peu d'onguent suppuratif.

Je vous prie d'aller chez l'apothicaire me chercher de l'onguent. Voilà du linge fin, que vous le prierez d'enduire de l'emplâtre ordonné par le médecin. Voilà l'ordonnance du médecin, voilà l'argent. Je ne sais combien il faut donner, vous me rapporterez mon reste si je donne trop; si ce n'est pas assez, vous avancerez ce qu'il faut, je vous le rendrai tout de suite quand vous reviendrez.

Comment va votre clou?

Il me fait mal de temps en temps, il m'élance, il me cuit, il rend beaucoup de sang et de matière.

Suppure-t-il bien?

Combien cela durera-t-il?

Quinze jours ou trois semaines.

Après ceci je voudrois bien

in einem kleinen Topfe zusammenkochen. Hernach streicht man es auf eine Compresse, die man auf den Schaden legt, und mit einer Binde fest macht. Man muß es warm auflegen, und damit alle zwey bis drey Stunden bey Tage fortfahren;[5] denn des Nachts ist es nicht nöthig, da die Hitze des Bettes hinreichend ist, es lau zu erhalten.

Wann das Blut-Geschwür erweicht seyn wird, so muß man ein Pflaster und ein wenig eitertreibende Salbe darauf legen.

Ich bitte Sie, zum Apotheker zu gehen, und mir (dergleichen[6]) Salbe zu holen. Hier ist ein feiner Lappen. Bitten Sie ihn, daß er die Salbe, die der Arzt vorgeschrieben hat, darauf streiche. Hier ist (auch) das Recept des Arztes, und hier ist Geld. Ich weiß nicht, wie viel man geben muß; Sie werden mir das Uebrige zurückbringen, wenn ich zu viel gebe, und wenn es nicht genug ist, so werden Sie das Uebrige auslegen, ich will es Ihnen, sobald Sie zurückkommen, wiedergeben.

Wie geht es Ihnen mit Ihrem Geschwür?

Es thut mir von Zeit zu Zeit weh; es reißt mir darin; es brennt mir; es wirft viel Blut und Materie aus.[7]

Eitert es gut?

Wie lange wird es noch dauern?

Vierzehn Tage oder drey Wochen.

Nachdem möchte ich gern eine

---

[5] Continuer; es wiederholen, le réitérer; es erneuern, le renouveler. [6] tel. [7] auswerfen, jeter dehors.

pouvoir aller prendre des eaux minérales.

mineralische Brunnen-Cour gebrauchen.[8]

Quelles eaux me conseilleriez-vous?

Welchen Brunnen rathen-Sie mir?

Tâchez de m'obtenir cette permission, je vous en conjure.

Versuchen-Sie, mir diese Erlaubniß zu verschaffen, ich beschwöre Sie darum.

Je voudrois pendant ma maladie avoir une cuisine particulière; le concierge ou le geolier pourroit-il s'en charger?

Ich wünschte während meiner Krankheit eine besondere Küche zu haben; kann der Castellan oder der Kerker-Meister diese (Sorge[9]) übernehmen?

Pourrois-je faire venir à manger de chez un traiteur?

Könnte-ich mir von einem Traiteur[10] das Essen holen lassen?

Je voudrois pour le dîner une soupe à la viande, mais sans beurre et bien dégraissée, et un petit rôti, sans aucun beurre, c'est-à-dire un rôti à la françoise, et enfin un plat de légumes au bouillon, et quelquefois à l'eau, avec un peu de beurre, mais très-peu, et du beurre qui ne soit pas rance.

Ich wünschte zu Mittag eine Fleisch-Suppe, aber ohne Butter, und das Fett vorher abgefüllt,[11] einen kleinen Braten ohne alle Butter, das heißt: einen Braten auf die französische Art, und endlich eine Schüssel Gemüse, aus Bouillon und bisweilen aus Wasser (gekocht), oder mit wenig Butter, aber sehr wenig, und nicht stinkender[12] Butter.

Combien donnerai-je pour un tel dîner?

Wie viel soll-ich für ein solches Mittagbrot geben?

Je voudrois n'être pas obligé d'envoyer chercher mon dîner, je voudrois qu'on me l'envoyât.

Ich möchte nicht gern genöthigt seyn, mein Mittags-Essen holen zu lassen; ich wollte gern, daß man es mir schickte.

Eh bien, je l'enverrai chercher.

Nun wohl, ich will es holen lassen.

Je le voudrois tous les jours à midi, à une heure, etc.

Ich wollte es gern alle Tage um zwölf Uhr, um ein Uhr, u. s. w. (haben).

Allez chercher mon dîner.

Gehen-Sie mein Mittag-Brot holen.

Allez m'acheter de la chandelle, de l'huile, etc.

Gehen-Sie mir Licht, Oel, u. s. w. kaufen.

Dites au traiteur que la soupe est toujours trop grasse

Sagen-Sie dem Traiteur,[13] daß die Suppe immer zu fett und

---

[8] Employer la cure des puits minéraux. [9] soin. [10] Gar-Koch, cuisinier (où l'on trouve tout) cuit. [11] la graisse auparavant enlevée. [12] puant. [13] Speise-Wirth, hôte (qui donne à) manger.

et trop salée, et que malgré toutes mes recommandations il met toujours du beurre dans le rôti. Je n'en veux absolument point.

Dites au traiteur qu'il met trop de beurre dans les légumes, je n'en veux qu'imperceptiblement.

Un estomac françois ne s'accoutumera jamais à cette cuisine-là, et pour tous les estomacs du monde rien n'est plus mal-sain que toutes ces viandes fumées et salées, et cette horrible quantité de vieux beurre rance fondu mêlé dans tous les alimens; c'est pourquoi le scorbut et tant d'autres maladies sont si communes en Allemagne, et qu'on y trouve si rarement de belles ou de bonnes dents.

zu gesalzen ist, und daß er, aller meiner Vorstellungen [14] ohngeachtet, immer Butter an den Braten thut. Ich will absolut keine.

Sagen-Sie dem Traiteur, daß er zu viel Butter an das Gemüse thut; ich will nur ein unmerkliches Bischen. [15]

Ein französischer Magen wird sich nie an eine solche Küche gewöhnen, und für alle Magen der Welt ist nichts ungesunder, als alles dieses geräucherte und gesalzene Fleisch, und diese ungeheuere Menge alter stinkender geschmolzener Butter, welche an alle Speisen gethan wird; deswegen ist der Scharbock und so viel andere Krankheiten in Deutschland so gewöhnlich; deswegen findet-man auch so selten (in diesem Lande) schöne und gute Zähne.

Dialogue L.

Du même malade à l'extrémité et s'entretenant avec son médecin.

Je voudrois avoir un ecclésiastique ou un ministre, etc.

Desirez-vous recevoir vos sacremens? — Oui.

Je ne puis vous procurer un prêtre françois, et vous ne savez que des phrases apprises par coeur.

N'importe, je saurai dire ce qui est nécessaire.

Je voudrois aussi faire un testament.

Funfzigstes Gespräch.

Von demselben Kranken, der sich auf dem Todt-Bette [1] mit seinem Arzte unterhält.

Ich wünschte einen Geistlichen oder einen Prediger 2c. zu sehen. [2]

Begehren-Sie das heilige Abendmahl? [3] — Ja.

Ich kann Ihnen keinen französischen Geistlichen verschaffen, und Sie wissen nichts als auswendig gelernte Formeln.

Das schadet nichts; ich werde schon zu sagen wissen, was nöthig ist.

Ich möchte auch gern mein Testament machen.

---

[14] Représentations. [15] un peu, (*a bit*, anglois).
[1] Sur le lit de mort. [2] voir. [3] la ste cène; das heilige Sacrament.

Il faut des témoins pour cela. Et saurez-vous dicter cet écrit en allemand?

Oui, ayez-moi promptement deux témoins.

Dictez, me voilà prêt.

Je lègue à monsieur ou madame N**, ou à mon frère, à ma soeur, à mon beau-frère, à ma belle-soeur la somme de.... prise sur mes biens.

Je lègue ma tabatière, ou ma bague, ou ma montre, ou mon cachet à monsieur N***.

Je lègue la somme de .... et tous mes vêtemens au domestique qui me sert, ou aux pauvres. On prendra sur mon argent comptant la somme nécessaire pour payer ma garde, et ceux qui m'ont soigné dans ma maladie; on donnera le reste aux pauvres.

Je meurs avec résignation dans la religion de mes pères; je pardonne du fond de l'ame à tous mes ennemis, et je desire que ce testament soit envoyé à ma famille, ou à monsieur ou madame N**. Je n'ai pu le tracer de ma main parce que l'épuisement de mes forces ne me permit pas d'écrire.

Voici l'ecclésiastique ou le ministre que vous avez demandé.

Qu'il approche.

Voulez-vous bien m'entendre?

Man muß Zeugen dazu haben. Werden-Sie diese Schrift auf deutsch dictiren können?

Ja, verschaffen-Sie mir [4] geschwind zwey Zeugen.

Dictiren-Sie, ich bin fertig.

Ich vermache dem Herrn oder der Frau N**, oder meinem Bruder, meiner Schwester, meinem Schwager, meiner Schwägerinn, [5] die Summe von ..... von meinem Vermögen.

Ich vermache meine Tabaks-Dose, meinen Ring, meine Uhr, mein Pettschaft Herrn N***.

Ich vermache die Summe von .... und alle meine Kleidungsstücke dem Bedienten, der bey mir ist, oder den Armen. Man soll von meinem baaren Gelde die nothwendige Summe nehmen, um meine Warts-Frau und alle diejenigen zu bezahlen, die während meiner Krankheit Sorge für mich getragen haben; das übrige soll man an die Armen geben.

Ich sterbe mit Gelassenheit in der Religion meiner Väter; ich verzeyhe von Grund meiner Seele allen meinen Feinden, und ich wünsche, daß dieses Testament meiner Familie oder dem Herrn, der Frau N** zugeschickt werde. Ich habe es nicht eigenhändig schreiben [6] können, weil mir die Erschöpfung meiner Kräfte nicht erlaubt, die Feder zu halten. [7]

Hier ist der Geistliche oder der Prediger, nach dem Sie verlangt haben.

Lassen-Sie ihn hereinkommen.

Wollen-Sie mich wohl anhören?

---

[4] Procurez-moi. [5] ou Stief-Bruder, Stief-Schwester; voyez la remarque 25, page 117. [6] écrire; tracer zeichnen. [7] de tenir la plume.

Ne perdons pas de temps. —	Wir wollen keine Zeit verlieren. — —
(Au médecin.)	(An den Arzt.)
Je crois que mon mal est mortel; mais si j'en reviens, j'espère, monsieur, que vous tirerez parti de ceci pour me procurer quelques adoucissemens. Promettez-le moi.	Ich glaube, daß meine Krankheit zum Tode ist; aber wenn ich wieder davon kommen sollte, so hoffe-ich, mein Herr, daß Sie hieraus Vortheil ziehen werden, um mir einige Erleichterung [8] zu verschaffen. Versprechen-Sie es mir.
Je vous le promets.	Ich verspreche es Ihnen.
Vous pourrez m'obtenir une meilleure nourriture, une chambre plus saine, et la possibilité de faire plus d'exercice, et d'aller de temps en temps respirer un air pur.	Sie könnten mir eine bessere Kost verschaffen, ein gesunderes Zimmer, und die Möglichkeit, [9] mir mehr Bewegung zu machen, und von Zeit zu Zeit frische [10] Luft zu schöpfen.
Donnez-moi votre parole de parler là dessus à monsieur ***.	Geben-Sie mir Ihr Wort, daß Sie deswegen mit Herrn N*** sprechen wollen.
Je vous la donne.	Ich gebe es Ihnen.
Songez que le moment où je la reçois la rend sacrée.	Bedenken-Sie, daß der Augenblick, wo ich es empfange, es zu einer heiligen Zusage [11] macht.

Dialogue LI. / Ein und funfzigstes Gespräch.

Pour mettre à la loterie.	Um in die Lotterie zu setzen.
La loterie est-elle tirée?	Ist die Lotterie gezogen?
Quel jour la tire-t-on?	Welchen Tag zieht-man sie?
Je voudrois mettre à la loterie.	Ich wollte gern in die Lotterie setzen.
J'y voudrois mettre en société avec quelqu'un.	Ich wollte mit jemanden in Gesellschaft setzen.
Combien y voulez-vous mettre?	Wie viel wollen-Sie setzen?
De manière à gagner un ambe, un terne, un quaterne.	So daß ich [1] eine Ambe, Terne, Quaterne gewinnen kann.

---

[8] Allégement. [9] la permission, die Erlaubniß. [10] reine. [11] assurance.
[1] Tellement — que je puisse....

Quels numéros prendrez-vous?	Welche Nummern wollen-Sie wählen?
Trois numéros, quatre, cinq, etc.	Drey Nummern, vier, fünf, u. s. w.
Conse[illegible] -moi là dessus.	Rathen-Sie mir dabey.
Ch[illegible] vous de prendre le billet ou [illegible] billets.	Uebernehmen-Sie die Sorge,* den Zettel, die Zettel zu nehmen.
Vous en chargez-vous?	Wollen-Sie es über sich nehmen?
Oui, je m'en charge.	Ja, ich nehme es über mich.
Où est le bureau de loterie?	Wo ist das Lotterie-Comptoir?
Eh bien, ai-je gagné ou perdu?	Nun, habe-ich gewonnen oder verloren?
Avons-nous gagné?	Haben-wir gewonnen?
Avez-vous gagné?	Haben-Sie gewonnen?
Combien avons-nous gagné?	Wie viel haben-wir gewonnen?
Quels sont les numéros qui sont sortis?	Welche Nummern sind herausgekommen?

Titres de dignités et de professions.	Benennungen von Würden, (Ämtern) und Gewerben.
Le pape.	Der Pabst.
Un cardinal.	Ein Cardinal.
Un évêque.	Ein Bischof.
Un archevêque.	Ein Erz-Bischof.
Un prêtre.	Ein Priester.
Un ministre.	Ein Prediger.
Un pasteur.	Ein Pastor.
Un religieux, un moine, un curé, un vicaire.	Ein Geistlicher, ein Mönch, ein Pfarrer, ein Vicar.
Un empereur .. impératrice.	Ein Kaiser .... Kaiserinn.
Un roi ... reine.	Ein König .... Königinn.
Régent ..... régente.	Regent ...... Regentinn.
Prince ..... princesse.	Prinz, Fürst, ... Prinzessinn, Fürstinn.
Electeur .... électrice.	Churfürst .... Churfürstinn.
Duc ...... duchesse.	Herzog .... Herzoginn.
Comte .... comtesse.	Graf .... Gräfinn.
Vicomte .... vicomtesse.	Vicomte .... Vicomtesse.
Marquis .... marquise.	Marquis .... Marquisinn.

* Le soin.

Chevalier.	Ritter.
Baron ..... baronne.	Baron [1] .... Baroninn.
Chancelier.	Canzler.
Président ... présidente.	Präsident ...... Präsidentinn.
Conseiller.	Rath.
Avocat.	Advocat. [2]
Procureur.	Anwald.
Greffier, (huissier).	Schreiber, (Gerichtsdiener).
Notaire.	Notarius.
Juge.	Richter.
Magistrat.	Obrigkeit.
Gouverneur.	Gouverneur.
Officier.	Officier.
Militaire.	Militair. [3]
Soldat.	Soldat.
Chef.	Chef. [4]
Général d'armée.	General-en-Chef.
Ambassadeur, ambassadrice.	Gesandter ... Gesandtinn.
Secrétaire.	Secretair.
Tailleur.	Schneider.
Couturière.	Nätherinn.
Marchande de mode.	Mode-Händlerinn.
Cordonnier.	Schuster.
Savetier.	Schuh-Flicker. [5]
Ravaudeuse.	Flickerinn.
Chapelier.	Hutmacher.
Bijoutier.	Juwelen-Händler [6]
Joaillier. Lapidaire.	Juwelirer. Edelstein-Händler.
Orfèvre.	Goldschmidt.
Épicier.	Gewürz-Krämer.
Confiseur.	Conditor.
Cuisinier.	Koch.
Pâtissier.	Pasteten-Bäcker.
Boulanger.	Bäcker.
Boucher.	Schlächter, (Fleischer).
Cafetier ou limonadier.	Caffetier, Caffé-, Limonaden-Schenker.
Tapissier.	Tapezierer.
Menuisier.	Tischler, (Schreiner).
Charpentier.	Zimmermann.
Ébéniste.	Kunst-Tischler.

[1] On dit aussi Freyherr, Freyfrau, seigneur libre, dame libre. [2] Sachwalter, meneur de causes. [3] Krieger. [4] Oberhaupt. [5] raccommodeur de souliers. [6] Galanterie-Händler.

Tourneur.	Drechsler.
Charron.	Stellmacher.
Carrossier.	Kutschenmacher.
Sellier.	Sattler.
Maçon.	Maurer.
Doreur.	Vergolder.
Potier.	Töpfer.
Faïencier.	Fayence-Macher.
Vitrier.	Glaser.
Mercier.	Krämer.
Chaudronnier.	Kupferschmidt.
Charbonnier.	Kohlenbrenner.
Ramoneur. Il faut ramoner la cheminée; la cheminée a-t-elle été ramonée? ou est-elle bien ramonée?	Schornsteinfeger. Man muß den Camin (Schornstein) fegen; ist der Schornstein gefegt worden? oder, ist-er gut gefegt?
Fumiste.	Camin-Bauer.
Bûcheron.	Holz-Hauer.
Vigneron.	Winzer.
Papetier.	Papiermacher.
Relieur.	Buchbinder.
Fourbisseur.	Schwertfeger.
Arquebusier.	Büchsenmacher.
Tisserand.	Leinweber.
Serrurier.	Schlösser.
Cardeur.	Wollkämmer.
Pompier.	Brunnenmacher.
Fondeur.	Gießer, (Rothgießer).
Oiseleur.	Vogelfänger (-händler).
Coutelier. — Il faut repasser mon couteau; faites repasser ce couteau.	Messerschmidt, (Scheerenschleifer). — Man muß mein Messer schleifen lassen; lassen-Sie dieses Messer schleifen.
Gainier.	Futteral-Macher.
Luthier.	Lauten-Macher.
Commissionnaire.	Commissionair, (Ausgänger).
Tonnelier.	Faßbinder.
Artificier. Bombes, fusées, pétards, feu d'artifice, etc.	Feuerwerker. Bomben, Raketen, Schwärmer, Feuerwerk, u. s. w.
Droguiste.	Materialist, (Kaufmann).
Herboriste.	Kräuter-Mann (-Frau).
Batelier, — matelot.	Schiffer, — Matrose.
Chandelier.	Lichtzieher.
Frotteur.	Bohner.
Paveur.	Steinsetzer, (Pflasterer).
Vernisseur.	Lackirer.

Phrases de conversation générale.	Redensarten bey einer allgemeinen Unterredung.
Vous plaisez-vous dans ce pays?	Gefällt-es Ihnen in diesem Lande?
Infiniment, en j'en trouve la société très-agréable.	Außerordentlich, und ich finde die Gesellschaft sehr angenehm.
Y resterez-vous long-temps?	Werden-Sie lange (Zeit) hier bleiben?
Je compte y passer l'été, l'automne, l'hiver, le printemps.	Ich denke [1] hier den Sommer, den Herbst, den Winter, den Frühling zuzubringen.
Je compte y passer trois mois, un an, dix-huit mois.	Ich denke drey Monate, ein Jahr, anderthalb Jahr [2] hier zu bleiben. [3]
Ne trouvez-vous pas nos hivers bien rigoureux?	Finden-Sie nicht den Winter bey uns [4] sehr strenge?
Pas autant que je l'imaginois.	Nicht so (strenge), als ich es mir einbildete.
Avez-vous beaucoup voyagé?	Sind-Sie weit gereiset?
J'ai été en Suisse, en Hollande, en Angleterre, en Italie, en Allemagne.	Ich bin in der Schweiz, in Holland, in England, in Italien, in Deutschland gewesen.
Ce climat n'est-il pas contraire à votre santé?	Ist dieser Himmels-Strich [5] Ihrer Gesundheit nicht zuwider?
Un pays plus tempéré me conviendroit mieux.	Ein gemäßigteres Land (Clima) würde mir besser bekommen.
Aimez-vous les voyages sur mer?	Lieben Sie die Reisen zur See?
Non, j'y suis toujours malade.	Nein, ich bin immer (see-)krank.
Vous revenez d'Angleterre? Votre passage a-t-il été heureux?	Sie kommen-aus England-zurück? Ist Ihre Ueberfahrt glücklich gewesen?
Oui, très-heureux, assez heureux.	Ja, sehr glücklich, ziemlich glücklich.
Nous avons eu un très-mauvais temps.	Wir haben recht schlechtes Wetter gehabt.
Comptez-vous visiter le Nord?	Denken-Sie den Norden zu bereisen? [6]
Oui, j'irai à Coppenhague et à Stockholm, en Norvège et en Russie.	Ja, ich will nach Coppenhagen, Stockholm, Norwegen und Rußland gehen.

[1] Je pense. [2] un an et demi. [3] rester. [4] chez nous. [5] plage du ciel. [6] voyager dans...

Avez-vous des lettres de recommandation?

Oui, mais j'en desirerois encore quelques-unes.

Pour quel lieu?

Pour Pétersbourg.

Je vous en procurerai.

Vous m'obligeriez extrêmement.

Haben-Sie Empfehlungsschreiben?

Ja, aber ich wünschte noch welche.

Wohin?

Nach Petersburg.

Ich will Ihnen welche verschaffen.

Sie werden mich ausnehmend verbinden.

VI.

MODÈLES DE BILLETS, DE LETTRES, ETC.

VI.

Muster zu Billets,[1] Briefen, u. s. w.

1. *Billet à un banquier.*

Monsieur, j'ai l'honneur de vous envoyer la lettre de recommandation qui m'adresse à vous. Je vous supplie de vouloir bien me faire dire le jour où je pourrai avoir le plaisir de vous voir; l'heure que vous indiquerez sera celle qui me conviendra.

J'ai l'honneur d'être,

Monsieur,

votre très-humble et très-obéissant serviteur etc.

... 1799. Voici mon adresse.

1. Billet an einen Banquier.

Mein Herr, ich habe die Ehre, Ihnen das Empfehlungsschreiben, welches mich an Sie weiset, zuzuschicken. Ich ersuche Sie, mir den Tag sagen zu lassen, wo ich das Vergnügen, Sie zu sehen, werde haben können; die Stunde, welche Sie anzeigen[2] werden, wird mir recht seyn.[3]

Ich habe die Ehre zu seyn,

mein Herr,

Ihr (unterthäniger) gehorsamster Diener ꝛc.

... 1799. Hier ist meine Adresse.

2. *Billet d'invitation.*

Madame de .... prie madame de ... de lui faire l'honneur de dîner (souper) chez elle lundi prochain, et de lui faire dire si elle veut bien prendre cet engagement. Le porteur de ce billet attendra sa réponse.

2. Einladungs-Billet.

Frau von .... bittet Frau von ... ihr die Ehre zu erzeigen, kommenden Montag bey ihr zu Mittag (zu Abend) zu essen, und ihr sagen zu lassen, ob sie die Güte hat, es anzunehmen.[4] Der Ueberbringer dieses Zettels wird auf die Antwort warten.

---

[1] Hand-Briefchen, petites lettres à la main. [2] bestimmen werden, déterminerez. [3] me sera juste. [4] si elle a la bonté d'accepter.

3. *Billet d'acceptation.*

Madame de ···· a reçu le billet de madame de ···; elle aura l'honneur de se rendre à son obligeante invitation avec autant d'empressement que de plaisir.

3. Annehmungs-Billet.

Frau von ···· hat das Billet der Frau von ··· erhalten, und wird die Ehre haben, sich auf ihre gütige Einladung mit eben so viel Vergnügen als Pünktlichkeit einzustellen.

4. *Billet d'excuses.*

Madame de ···· est bien fâchée de ne pouvoir profiter de l'invitation de madame de ···. Elle la prie de recevoir l'assurance de ses regrets et ses excuses, qu'elle ira lui renouveler incessamment elle-même.

4. Entschuldigungs-Billet.

Frau v.... bedauert sehr,[5] von der Einladung der Frau v..... keinen Gebrauch machen zu können. Sie ersucht sie, die Versicherung ihres Bedauerns und ihre Entschuldigungen anzunehmen, welche sie ihr unverzüglich in Person[6] wiederholen wird.

5. *Billet pour demander un rendez-vous.*

Monsieur de .... auroit quelque chose d'important à communiquer à monsieur ....; il le supplie de vouloir bien lui accorder un moment d'audience (ou de lui accorder un entretien particulier) aujourd'hui ou demain dans la matinée, dans le lieu qu'il indiquera, et à l'heure qui lui conviendra. L'affaire est pressée, et on sollicite instamment une prompte réponse.

5. Billet, um eine Zusammenkunft abzureden.[7]

Herr von .... hat dem Herrn von.... etwas Wichtiges mitzutheilen; er ersucht ihn, ihm einen Augenblick Audienz auf heute oder morgen früh[8] an dem Orte, den er ihm anzeigen, und in der Stunde, die ihm bequem[9] seyn wird, zu ertheilen, (oder ihm eine besondere Unterredung zu verstatten). Die Sache ist eilig, und man bittet um eine baldige Antwort.

6. *Réponse au précédent.*

Monsieur de .... attendra ce soir ou demain matin à l'heure convenue, ou à midi monsieur ····, ou il aura l'honneur de se rendre chez lui dans la matinée ou dans la soirée, etc.

6. Antwort auf voriges Billet.

Herr von ···· wird heute oder morgen zur bestimmten Stunde oder um zwölf Uhr[10] Hrn. von ···· erwarten, oder er wird die Ehre haben, sich diesen Morgen oder diesen Abend zu ihm zu begeben, u. s. w.

[5] Regrette beaucoup. [6] en personne. [7] concerter. [8] de bonne heure. [9] commode. [10] à douze heures.

1. *Lettre de recommandation.*

J'ai l'honneur, monsieur, de vous adresser monsieur ou madame N***, qui compte séjourner quelque temps dans les lieux que vous habitez. Je ne peux rien lui procurer de plus agréable que l'avantage de vous connoître, et personne ne peut mieux que vous apprécier tout le mérite de monsieur (madame) N***. Je vous aurai une véritable obligation, si vous voulez bien, comme je l'espère, lui rendre tous les services qui pourront dépendre de vous, et je saisirai avec empressement toutes les occasions de vous en témoigner ma reconnoissance.

J'ai l'honneur d'être etc.

1. Empfehlungs-Schreiben.

Mein Herr, ich habe die Ehre, Ihnen den Herrn oder die Frau N*** zu empfehlen, [11] welcher (welche) einige Zeit an dem Orte, den Sie bewohnen, sich aufzuhalten [12] gedenkt. Ich kann ihm (ihr) nichts angenehmeres verschaffen, als den Vorzug, [13] Sie zu kennen; und niemand ist mehr als Sie im Stande, [14] den ganzen Verdienst des Herrn (der Frau) N*** zu schätzen. Ich werde Ihnen eine wahre Verbindlichkeit haben, wenn Sie, wie ich hoffe, ihm (ihr) alle Dienstleistungen, welche von Ihnen abhängen, erweisen, und ich werde mit Eifer [15] alle Gelegenheiten ergreifen, Ihnen meine Dankbarkeit dafür zu erkennen zu geben. [16]

Ich habe die Ehre zu seyn, ꝛc.

2. *Lettre de recommandation pour un artiste.*

Votre goût pour les arts doit me faire espérer que vous accueillerez favorablement monsieur N***. C'est un artiste très-distingué, et digne à tous égards de votre protection. Il peint à l'huile (ou en miniature). Je me flatte que voudrez bien le recommander, et lui procurer les moyens de se faire connoître et d'exercer ses talens. Pardonnez-moi, monsieur, cette importunité en faveur du motif qui doit lui servir d'excuse auprès de vous.

J'ai l'honneur d'être etc.

2. Empfehlungs-Schreiben für einen Künstler.

Ihr Geschmack für die Künste läßt mich [17] hoffen, daß Sie Hrn. N*** gütig aufnehmen werden. Er ist ein vorzüglicher Künstler, und in jeder Hinsicht Ihrer Gewogenheit [18] würdig. Er mahlt in Oelfarben (in Miniatur). Ich schmeichle mir, daß Sie ihn empfehlen und ihm die Mittel verschaffen werden, sich bekannt zu machen und seine Talente zu zeigen. [19] Verzeyhen Sie, mein Herr, diese Zudringlichkeit dem Bewegungsgrunde, der sie bey Ihnen entschuldigen soll.

Ich habe die Ehre zu seyn, ꝛc.

3.

---

[11] Recommander. [12] [illegible] retenir. [13] la préférence; das Glück, le bonheur. [14] n'est en état. [15] zèle. [16] donner à connoître. [17] me fait. [18] bienveillance, (protection Schutz, seroit trop ici). [19] montrer, exercer üben, ausüben.

3. *Lettre de recommandation en faveur d'une famille fugitive.*

Je prends la liberté, Monsieur, de vous recommander une famille infortunée digne de vous intéresser sous tous les rapports. Le malheur et la vertu doivent être auprès de vous les meilleures recommandations, mais j'ose vous assurer que lorsque vous connoîtrez monsieur et madame de ··· vous joindrez à cet intérêt général, tout l'intérêt d'une amitié sincère. Je vous conjure donc d'employer votre crédit et vos soins à adoucir le sort de cette famille aussi respectable que malheureuse; je partagerai toute sa reconnoissance, et je me trouverai bien heureux, si je puis par la suite vous en donner des preuves.

J'ai l'honneur d'être etc.

3. Empfehlungsschreiben für eine flüchtige Familie.

Mein Herr, ich nehme mir die Freiheit, Ihnen eine unglückliche Familie zu empfehlen, die es in jeder Hinsicht verdient, [20] daß Sie sich für sie interessiren. [21] Unglück und Tugend müssen die beste Empfehlung bey Ihnen seyn; inzwischen darf ich Sie versichern, daß wenn Sie Herrn und Frau von ··· werden kennen gelernt haben, Sie dieser allgemeinen Theilnahme [22] für sie das besondere Interesse einer aufrichtigen Freundschaft hinzufügen werden. Ich beschwöre Sie daher, Ihren Credit [23] und Ihre Bemühungen dahin zu verwenden, daß das Schicksal dieser eben so achtungswürdigen als unglücklichen Familie versüßt werde; ich werde alle ihre Dankbarkeit mit ihr theilen, und werde mich glücklich schätzen, [24] wenn ich in der Folge Gelegenheit finde, [25] Ihnen Beweise davon zu geben.

Ich habe die Ehre zu seyn ꝛc.

4. *Lettre de recommandation pour un domestique.*

Monsieur,

J'ai l'honneur de vous envoyer le nommé N* ou la nommée N*. C'est un excellent sujet à tous égards, qui joint beaucoup d'intelligence à une parfaite probité. Vous m'obligerez extrêmement, si vous pouvez lui procurer une place telle qu'il la desire. Je le connois depuis

4. Empfehlungs-Schreiben für einen Bedienten.

Mein Herr,

Ich habe die Ehre, Ihnen den N* oder die N* zuzuschicken. Er (sie) ist ein vortreffliches Subjekt in jeder Hinsicht, welcher (welche) viel Verstand [26] mit einer vollkommnen Rechtschaffenheit verbindet. Sie werden mich ausnehmend verpflichten, wenn Sie ihm eine Stelle, wie er sie wünscht, verschaffen können. Ich

---

[20] Mérite. [21] verwenden. [22] participation. [23] Ansehen, autorité. [24] m'estimerai. [25] trouve l'occasion. [26] esprit; Fassungskraft.

long-temps, et je réponds de ses moeurs et de sa fidélité.

J'ai l'honneur d'être etc.

kenne ihn seit langer Zeit, und ich stehe [27] für seine Sitten und für seine Treue.

Ich habe ꝛc.

Certificat pour un domestique.

Je certifie que le nommé N* m'a servi pendant six mois ou un an, ou deux ou trois ans avec exactitude et fidélité, et qu'il n'a quitté mon service que pour des raisons particulières, dans lesquelles il n'entroit aucune espèce de mécontentement de ma part.

Attestat (Zeugniß) für einen Bedienten.

Ich bezeuge, daß der ꝛc. N* sechs Monate, (ein Jahr, zwey, drey Jahre) treu und redlich bey mir gedient hat, und daß er nur aus besondern Ursachen aus meinen Diensten gegangen ist, wobey keine Unzufriedenheit meinerseits zum Grunde lag. [28]

Autre certificat en faveur d'un domestique pris seulement pour un voyage.

Je certifie que le nommé N* m'a suivi et servi pendant tout le temps que j'ai voyagé en Italie, en Allemagne, en Angleterre etc. Il m'avoit été recommandé par des personnes respectables, et j'ai été parfaitement content de son exactitude, de sa probité et de son intelligence.

Anderes Zeugniß für einen Bedienten, den man nur zu einer Reise genommen hat.

Ich bezeuge, daß der ꝛc. N* die ganze Zeit, da ich in Italien, Deutschland, England ꝛc. auf Reisen gewesen bin, mit mir gewesen ist, und mich bedient hat. Er war mir von achtungswürdigen Personen empfohlen worden; und ich bin mit seiner Genauigkeit, seiner Rechtschaffenheit und seiner Geschicklichkeit [29] vollkommen zufrieden gewesen.

5. *Lettre d'un fugitif qui voudroit s'établir dans un autre pays.*

Monsieur,

L'intérêt que vous avez bien voulu me témoigner, m'engage à m'adresser à vous pour vous demander un service auquel j'attache le plus grand prix. Diverses raisons me font desirer de quitter les lieux que j'ha-

Schreiben eines Flüchtlings, der sich in einem fremden [30] Lande niederlassen will.

Mein Herr,

Die Theilnahme an meinem Schicksal [31] die Sie so gütig gewesen sind, mir zu äußern, [32] macht, daß ich mich an Sie wende, um Sie um einen Dienst zu ersuchen, der in meinen Augen [33] von der größten Wichtigkeit [34] ist. Verschiedne Ur-

---

[27] Sage gut. [28] étoit posé en fondement. [29] habileté, aptitude. [30] étranger. [31] la participation à mon sort. [32] manifeste. [33] à mes yeux. [34] importance; mot-à mot, mit dem ich den größten Werth verbinde.

bite; et je voudrois savoir s'il me seroit possible d'aller m'établir à . . . Daignez donc me répondre avec un peu de détail aux questions suivantes.

1. Si la vie y est à bon marché. 2. Si les logemens y sont chers. 3. S'il y a beaucoup d'émigrés dans la ville et aux environs. 4. Si l'air de la ville et des environs est pur et sain, si l'eau en est salubre. 5. Si l'on peut à bon marché s'y mettre en pension, et combien cette pension coûteroit pour une ou deux ou trois personnes, soit à la ville, soit à la campagne. 6. Si le laitage est bon dans ce pays, et s'il est abondant en fruits et en légumes. Enfin si les fugitifs sédentaires et paisibles, qui ne se mêlent de rien, peuvent se flatter d'y vivre en paix? Pardonnez-moi, Monsieur, cette importunité, et ne l'attribuez qu'à la confiance que doit inspirer votre bonté naturelle et les preuves que j'en ai reçues tant de fois etc.

J'ai l'honneur d'être etc.

Ayez la bonté de m'adresser votre réponse sous le couvert de Monsieur D*.

sachen machen, daß ich wünsche, den Ort, wo ich jetzt [35] wohne, zu verlassen; und ich möchte wissen, ob es mir möglich wäre, mich in . . . niederzulassen. Haben-Sie also die Güte, mir auf folgende Fragen etwas weitläufig [36] zu antworten.

1. Ob man in . . . . wohlfeil lebt. 2. Ob die Miethen theuer sind. 3. Ob in der Stadt und in der Gegend viel Emigranten sind. 4. Ob die Luft in der Stadt und in der umliegenden Gegend rein und gesund ist, ob das Wasser heilsam ist. 5. Ob man um einen wohlfeilen Preis sich in die Kost geben kann, und wie viel Pension [37] man für zwey oder drey Personen geben müßte, entweder in der Stadt oder auf dem Lande. 6. Ob es gute Milch in diesem Lande giebt, ob das Obst und das Gemüse häufig ist. 7. Endlich, ob ruhige, eingezogene [38] Flüchtlinge, die sich um nichts bekümmern, sich schmeicheln können, friedlich bey Ihnen zu leben. Verzeihen-Sie mir, mein Herr, diese Zudringlichkeit, und schreiben-Sie sie bloß [39] dem Zutrauen zu, welches Ihre natürliche [40] Güte (mir) einflößen muß, und den Beweisen, die ich so oft davon erhalten habe. ꝛc.

Ich habe die Ehre ꝛc.

Haben-Sie die Güte, mir Ihre Antwort unter der Adresse des Herrn D* zu schicken.

---

[35] Présentement. [36] longuement, largement. [37] Kost-Geld. [38] retirés. [39] nuement, einzig uniquement, nur seulement. [40] angebohrne, innée.

6. *Lettre d'une fugitive qui voudroit s'établir dans un convent catholique.*

Monsieur,

J'ai un véritable service à vous demander, Monsieur, et j'ose l'attendre de l'obligeance et de la bonté qui vous caractérisent. J'ai depuis bien longtemps le desir de m'établir dans un monastère, et sachant qu'il y a plusieurs convents de religieuses dans le pays que vous habitez, je vous supplie de vouloir bien me donner à cet égard tous les renseignemens dont j'ai besoin. 1. Quels sont les couvens où l'on reçoit des pensionnaires et le prix des pensions pour logement et nourriture. 2. A qui il faut s'adresser pour obtenir la permission de s'établir dans un des cloîtres de ce pays. 3. S'il y a dans l'un de ces couvens des logemens extérieurs, c'est-à-dire qui ne soient pas sous la clôture. Je desirerois le couvent qui se trouve dans la meilleure situation, en bon air, ayant un grand jardin. Je me contenterai d'un petit appartement pourvu qu'il soit clair et propre; deux ou trois pièces me suffiront. Je desirerois aussi qu'il fût au premier étage ou au second, et s'il est au rez-de-chaussée, qu'il fût situé sur des caves afin d'être à l'abri de l'humidité. Il faut que je sache encore si cet appartement sera meublé ou non. Enfin, j'aime-

6. Schreiben einer geflüchteten Dame, die sich in einem katholischen Kloster niederlassen möchte.

Mein Herr,

Ich habe Sie um einen wahren [1] Dienst zu ersuchen, und ich darf ihn von der Gefälligkeit und der Güte, die Ihren Karakter ausmachen, [2] erwarten. Ich habe seit langer Zeit den Wunsch, mich in einem Kloster niederzulassen, und da ich weiß, daß in dem Lande, welches Sie bewohnen, viel Nonnen-Klöster sind, so ersuche ich Sie, mir in dieser Hinsicht alle Anweisungen zu geben, die ich nöthig habe. 1. Welches sind die Klöster wo man Kostgänger aufnimmt, und (welches ist) der Preis des Kostgeldes für Wohnung und Nahrung. 2. An wen muß man sich wenden, um die Erlaubniß zu erhalten, sich in einem der Klöster des Landes niederlassen zu dürfen? 3. Giebt es in einem dieser Klöster Außen-Gebäude, d. i. [3], die nicht in dem Kloster-Bezirk sind. Ich wünschte das Kloster, welches die beste Lage gesunde Luft und einen großen Garten hat. Ich werde mich mit einer kleinen Wohnung begnügen, wenn sie nur hell und reinlich ist; zwey oder drey Zimmer [4] werden für mich hinreichen. Ich wünschte auch, daß sie in der zweyten oder dritten Etage lägen; und wenn sie unten im ersten Stock sind, daß sie über einem Keller lägen, damit ich vor der Feuchtigkeit geschützt sey. [5] Ich muß auch noch wissen, ob diese Zimmer meublirt seyn werden oder nicht. Endlich,

[1] wichtig, important. [2] composent votre caractère. [3] das ist, c'est (à dire). [4] On dit aussi, Piecen. [5] afin que je sois protégée.

rois mieux me retirer dans un couvent de campagne, mais je voudrois cependant qu'il ne fût pas éloigné d'une grande ville.

Je vous aurai, Monsieur, la plus grande obligation si vous voulez bien le plutôt possible me donner toutes ces informations, et j'attends avec impatience votre réponse.

J'ai l'honneur d'être etc.

7. *Lettre de la même personne à l'abbesse ou la prieure d'un couvent où l'on consent à la recevoir.*

Madame,

D'après tous les détails que j'ai reçus, je sens tous les avantages que l'on peut trouver en se fixant dans une maison telle que la vôtre, et j'ai le plus grand desir d'y être admise. Je vous supplie, Madame, de me faire répondre aux questions suivantes.

Si l'appartement que vous me destinez est meublé, et en quoi consiste son ameublement. Si n'étant pas meublé il est boisé en tout ou en partie. S'il y a des armoires. S'il y a des poêles ou des cheminées; si les fenêtres donnent sur les cours ou sur le jardin. Si l'appartement est loin de l'église; si l'on peut se rendre à l'église sans traverser un jardin ou des cours. Si dans le cas où l'appartement n'auroit au lieu de cheminées que des poêles, il sera possible de faire une ou

möchte ich lieber mich in ein Kloster auf dem Lande begeben; [46] doch wünschte ich, daß es nicht weit von einer großen Stadt wäre.

Ich würde Ihnen, mein Herr, die größte Verbindlichkeit schuldig seyn, wenn Sie mir, so bald als möglich, alle diese Nachweisungen geben könnten, und ich erwarte Ihre Antwort mit Ungeduld.

Ich habe die Ehre ꝛc.

Schreiben derselben Person an die Äbtissinn oder Priorinn eines Klosters, wo man sie aufnehmen will.

Madame,

Nach allen Berichten, [47] die ich erhalten habe, sehe ich alle Vorzüge ein, welche man dabei findet, wenn man sich in einem Hause, wie das Ihrige, niederläßt, und ich fühle in mir [48] den größten Wunsch, darin aufgenommen zu werden. Ich ersuche Sie, Madam, mir folgende Fragen beantworten zu lassen:

Ob die Zimmer, die Sie mir bestimmen, meublirt sind, und worin das Ameublement [49] besteht. Ob in dem Fall, [1] wo sie nicht meublirt wären, sie ganz oder theilweise getäfelt sind. Ob Schränke [2] darin sind; ob Oefen oder Kamine da sind; ob die die Fenster auf den Hof oder auf die Gasse gehen. Ob diese Wohnung weit von der Kirche liegt, ob man sich in die Kirche begeben kann, ohne durch den Garten oder über den Hof zu gehen. Ob in dem Falle, wo die Zimmer anstatt Kamine, nur Oefen hätten, es möglich wäre, einen oder zwey Kamine anzubringen,

---

[46] Me donner, me rendre. [47] rapports. [48] je sens en moi. [49] Haus-Geräth. [1] dans le cas où... [2] Spinden.

deux cheminées, que je ferai faire à mes frais. Si je peux me faire servir par l'une des servantes du couvent pour un service qui n'exigeroit qu'une heure et demie ou deux heures par jour de son temps. Je voudrois savoir positivement combien me coûtera ma pension pour une femme-de-chambre un enfant et moi, en y comprenant la nourriture et le logement, et en nous fournissant de draps et de serviettes. Il faudroit un dîner de quatre ou cinq plats, un souper de deux ou trois; d'ailleurs je me chargerai des déjeûners, du chauffage, de la lumière, et je me fournirai de vin. Je voudrois savoir aussi quel seroit le prix de la pension dans le cas où je me chargerois entièrement de la nourriture. Mais dans cette dernière supposition il faudroit me fournir quelques ustensiles de cuisines et me permettre de la faire faire, soit dans les cuisines du couvent, soit dans une cuisine particulière qu'on me donneroit à cet effet. Il faut que je sache aussi si l'on me fournira des couverts, des assiettes, de la poterie, des chandeliers etc. et c'est ce que je desirerois dans tous les cas. Souhaitant me fixer dans votre maison, Madame, et forcée d'y faire beaucoup de dépense pour m'y établir, surtout si je

welche ich auf meine Kosten würde machen lassen. Ob ich mich von einer der Kloster-Mägde kann aufwarten lassen; mein Dienst würde ihr nur anderthalb bis zwey Stunden von ihrer Zeit kosten. [3] Ich möchte gern bestimmt [4] wissen, wie viel die Pension für meine Kammer-Frau, ein Kind und mich ausmachen würde, mit Inbegriff der Kost und der Wohnung, und wenn man uns (Bett-) Laken und Servietten lieferte. Das Mittagsessen müßte von vier bis fünf Schüsseln, [5] und das Abendbrot von zwey bis drey seyn; übrigens würde ich das Frühstück, die Heizung und das Licht über mich nehmen [6] und ich würde mir meinen Wein halten. [7] Ich wünschte auch zu wissen, welches die Pension in dem Fall seyn würde, wo ich meine Beköstigung ganz über mich nähme. Aber in dieser letzten Voraussetzung müßte man mir einiges Küchen-Geräth schaffen [8] und mir die Erlaubniß geben, mein Essen entweder in der Kloster-Küche, oder in einer besondern Küche, die man mir zu diesem Behuf einräumen [9] würde, zuzubereiten. [10] Ich muß auch wissen, ob man mir Messer, Gabel und Löffel, Teller, Töpfe, Leuchter u.s.w. halten wird; [11] und dieses wünschte ich auf alle Fälle. Da ich sehr wünsche, mich in Ihrem Hause niederzulassen, Madame, und gezwungen bin, mich in große Unkosten zu setzen, [12] um mich darin einzurichten, [13] zumal wenn ich mich meubliren muß, so möchte ich gern

[3] Coûteroit; exiger. erfordern. [4] d'une façon déterminée. [5] Gängen, allée. [6] je prendrois sur moi; besorgen, soigner. [7] je me tiendrois. [8] créer, produire. [9] vider, céder. [10] de préparer. [11] tiendre. [12] de me mettre en grandes. [13] arranger.

suis obligée de me meubler, je voudrois passer un bail de loyer au moins pour neuf ans.

Je vous supplie, Madame, de vouloir bien me faire l'honneur de me répondre avec détail, et s'il est possible sans délai. J'attends votre réponse pour terminer mes affaires et prendre mes derniers arangemens.

Je suis avec respect, Madame etc.

8. *Lettre d'une personne qui veut se faire religieuse.*

Monsieur,

Comme vous êtes dans un pays catholique, je me flatte que vous voudrez bien vous charger d'une commission à laquelle je mets le plus grand intérêt. Une personne de ma connoissance voudroit se consacrer pour jamais à la retraite et à la piété, et se faire religieuse. Cette personne n'a jamais été mariée, est jeune encore (ou elle est veuve, elle n'est plus de la première jeunesse) (ou est d'un certain âge) elle est d'une santé foible et délicate (ou elle jouit d'une bonne santé). Elle a de l'éducation, une piété véritable et un caractère doux et paisible. Elle voudroit trouver un couvent dont la règle ne fût pas très-austère; elle préféreroit celui dans lequel il y auroit des

einen Miethe-Kontrakt von wenigstens neun Jahre machen.

Ich ersuche Sie, Madame, mir die Ehre zu erzeigen, mir weitläuftig, und wenn es möglich ist, unverzüglich zu antworten. Ich warte (nur) auf Ihre Antwort, um meine Sachen in Ordnung zu bringen [14] und meine letzten Maaßregeln zu ergreifen. [15]

Ich bin ehrfurchtsvoll ꝛc.

Schreiben eines Frauenzimmers, welches in den geistlichen Stand treten will. [16]

Mein Herr,

Da Sie in einem katholischen Lande wohnen, [17] so schmeichle ich mir, daß sie einen Auftrag über sich nehmen werden, [18] worin ich die größte Wichtigkeit [19] setze. Eine Person von meiner Bekanntschaft will sich auf immer der Eingezogenheit und Frömmigkeit widmen, und eine Nonne werden. Dieses Frauenzimmer ist nie verheurathet gewesen; sie ist noch jung (oder sie ist Wittwe und ist nicht mehr in ihrer ersten Jugend) (oder ist in einem gewissen Alter). Ihre Gesundheit ist schwach und leicht zu erschüttern [20] (oder, sie hat eine gute, dauerhafte [21] Gesundheit). Sie hat Erziehung, wahre Frömmigkeit und ein stilles friedsames Gemüth. Sie wünschte ein Kloster zu finden, dessen Regel nicht zu strenge wäre; sie wünscht sich vorzugsweise [22] eines, worin sich Klassen von jungen

[14] Mettre en ordre. [15] prendre, saisir mes dernières mesures. [16] qui veut entrer dans l'état religieux. [17] habitez. [18] prendrez sur vous. [19] importance. [20] facile à ébranler. [21] durable. [22] elle souhaiteroit de préférence.

classes de jeunes pensionnaires dont les religieuses seroient les institutrices. Quand vous aurez choisi le couvent, mandez-moi, je vous prie, quelle est la dot qu'on exige, et même si en faveur de quelques talens utiles on pourroit être reçue sans dot. La personne en question est musicienne, elle a une belle voix, elle joue de l'orgue, brode parfaitement etc.

J'ai l'honneur d'être etc.

Kostgängerinnen befänden, deren Lehrmeisterinnen die Nonnen wären. Wenn Sie ein Kloster für sie werden ausgesucht haben, so bitte ich Sie, mir zu melden, welche Summe [23] man für sie verlangt, und ob sie nicht, wenn sie einiges Talent besitzt, ohne Brautschatz aufgenommen werden könnte. Das Frauenzimmer, von dem die Frage ist, ist musikalisch; sie hat eine schöne Stimme, sie spielt auf der Orgel, stickt vollkommen (gut) u. s. w.

Ich habe die Ehre rc.

9. *Lettre adressée à un imprimeur par un homme de lettres qui veut faire imprimer un ouvrage.*

Monsieur,

Je desirerois faire imprimer un manuscrit dont je suis l'auteur, et votre réputation m'engage à m'adresser à vous. Mon ouvrage a pour titre . . . . ce ne sera qu'une brochure de cent cinquante pages. — —

Ce manuscrit formera un ou deux volumes in 12mo, ou in 8vo ou en in 4to, de 4 ou 500 pages à-peu-près. — — Je voudrois pour cet ouvrage la somme de . . . . ou je voudrois vendre ce manuscrit, et je prendrai à cet égard les arrangemens qui vous conviendront, certain d'avance que vous n'en proposerez que de raisonnables. Je ne vous demanderai d'ailleurs pour moi que quinze ou vingt ou vingt-cinq exemplaires.

Schreiben an einen Buchdrucker, von einem Gelehrten, [24] der ein Werk drucken lassen will.

Mein Herr,

Ich wünschte ein Manuscript [25] dessen Verfasser ich bin, drucken zu lassen, und der Ruf, worin Sie stehen, [26] bewegt mich, mich an Sie zu wenden. Mein Werk führt [27] den Titel . . . . Es wird nur ein Bändchen [28] von hundert und funfzig Seiten seyn. — —

Dies Manuscript wird einen oder zwey Bände in Duodez, oder Octav, oder Quart von 4 bis 500 Seiten ungefähr ausmachen. Ich verlange für dieses Werk die Summe von . . . . oder, ich will dieses Manuscript verkaufen, und werde dieserwegen mit Ihnen die Einrichtungen treffen, die Ihnen recht seyn werden, [29] da ich im voraus gewiß bin, daß Sie nur billige Vorschläge [30] machen werden. Ich werde Ihnen übrigens für mich nur funf-

[23] Quelle somme; la dot, der (geistliche) Brautschatz. [24] savant. [25] Eine Handschrift. [26] dans laquelle vous vous tenez debout; germanisme. [27] même. [28] petit volume; brochure, Heft. [29] qui vous seront justes. [30] des propositions équitables.

Je voudrois faire imprimer à mes frais cet ouvrage, j'en voudrois deux éditions, l'une in 8vo sur beau papier avec de beaux caractères, l'autre in 12mo papier commun. Je desirerois que l'on tirât 4000 exemplaires de la belle édition, et 2000 de la seconde. Ayez donc la bonté, Monsieur, de me mander avec détail et précision ce que cette entreprise me coûtera. J'attends votre réponse, et je vous prie de vouloir bien la faire le plutôt possible.

zehn, zwanzig, fünf und zwanzig Exemplare fodern. Ich wollte gern dieses Werk auf meine Kosten drucken lassen, ich wollte zwey Ausgaben davon, die eine in Octav, auf schön Papier, mit schönen Lettern; die andre in Duodez, auf Druck-[11] Papier. Ich wünschte, daß man 4000 Exemplare von der schönen Ausgabe, und 2000 von der andern abzöge. Haben Sie also die Güte, mein Herr, mir mit Weitläuftigkeit und Genauigkeit zu melden, was mir dieses Unternehmen kosten wird. Ich erwarte Ihre Antwort und bitte Sie, sie mir sobald als möglich zukommen zu lassen.[12]

J'ai l'honneur d'être etc.

Ich habe die Ehre :c.

P. S. Je desirerois qu'il y eût des estampes à mon ouvrage: auriez vous la bonté de m'indiquer un bon graveur?

N.S.[13] Ich wünschte, daß mein Werk Kupferstiche hätte: wollten Sie wohl die Güte haben, mir einen guten Kupferstecher nachzuweisen?

10. *Lettre du même au même après la conclusion du marché.*

Schreiben desselben an denselben nach Abschluß des Handels.

Monsieur,

Je vous envoie le manuscrit; je vous prie de m'en accuser la réception. Je desire corriger moi-même les épreuves; mais ne me chargeant point de corriger les fautes typographiques, je vous prie de ne m'envoyer les feuilles qu'après les avoir fait corriger par un prote.

Je ne corrigerai point les épreuves, un de mes amis veut bien se charger de ce soin; il

Mein Herr,

Ich schicke Ihnen das Manuscript; und ich ersuche Sie, mir den Empfang desselben anzuzeigen.[14] Ich möchte gern selbst die Correcturen besorgen;[15] da ich mich aber nicht damit abgebe,[16] die Druckfehler zu corrigiren,[17] so bitte ich Sie, mir die Bogen nur dann zu schicken, wenn Sie sie von einem Corrector haben durchsehen[18] lassen.

Ich werde die Correcturen nicht machen; einer meiner Freunde will diese Mühe[19] über sich nehmen;

---

[11] A imprimer. [12] faire parvenir. [13] Nach-Schrift: écriture postérieure. [14] indiquer; accuser, anklagen. [15] soigner les corrections. [16] ne me mêlant pas. [17] zu verbessern, rendre meilleur. [18] examiner. [19] peine.

faudra les lui envoyer régulièrement; voici son adresse....

J'ai l'honneur d'être etc.

11. Lettre pour réclamer une dette.

Monsieur,

Je suis bien fâché de me trouver dans la nécessité de vous rappeler que je n'ai point touché au terme convenu la somme de... que vous me devez. Si je n'avois pas en ce moment un pressant besoin d'argent, je ne pourrois me résoudre à vous causer cette importunité. Je vous supplie donc, Monsieur, de vouloir bien terminer cette petite affaire, et croyez que c'est à regret que je vous en sollicite.

J'ai l'honneur d'être etc.

Modèle de quittance.

Je reconnois avoir reçu de Monsieur N° ou Madame N° la somme de ... en à compte de ... qui m'étoit dû, *ou*, pour solde de tout compte de ... etc.

man wird sie ihm regelmäßig zuschicken müssen; hier ist seine Adresse....

Ich habe die Ehre ꝛc.

Schreiben, um eine Schuld einzufodern.

Mein Herr,

Es thut mir sehr leid, mich in der Nothwendigkeit zu befinden, Sie daran zu erinnern, daß ich nicht an dem bestimmten [40] Termin die Summe von ... die Sie mir schuldig sind, erhalten habe. Wenn ich in diesem Augenblick mich nicht in einem drückenden Geld-Mangel [41] befände, [42] so könnte ich mich nicht entschließen, Ihnen diese Ungelegenheit zu verursachen. Ich ersuche Sie daher, mein Herr, diese kleine Angelegenheit beendigen zu wollen; und glauben-Sie, daß ich Sie ungern daran erinnere. [43]

Ich habe die Ehre ꝛc.

Muster, (oder Formular) zu einer Quittung.

Ich Endes-Unterschriebener [44] bescheinige, [45] von Herrn (Madame) N° die Summe von ... auf Abrechnung von ... die er (sie) mir schuldig ist, oder, als Soldo für die ganze Schuld [46] von ... erhalten zu haben. u. s. w.

---

[40] Déterminé; convenu, verabredet. [41] disette d'argent. [42] me trouvois. [43] je vous en fais ressouvenir. [44] sous-signé. [45] certifie. [46] dette.

Billet d'obligation.

Je m'engage à payer à Monsieur N° la somme de . . . le premier ou le quinze du mois . . . de l'année . . . etc.

Schuld-Schein.

Ich Endes-Unterschriebener verbinde mich Herrn N° die Summe von . . . den ersten oder funfzehnten des Monats . . . (dieses) oder des . . . Jahres zurückzuzahlen. u. s. w.

VII.

Itinéraires raisonnés de quelques voyages. *)

Hollande.

De Paris à Mons. On passe par Valenciennes. Superbe route. Mons est à cinquante-cinq lieues de Paris. Belles églises à voir à Mons, entr'autres celle de sainte Vautrude et de saint Germain. Il faut voir à Bruxelles le palais, les églises, les promenades, les environs qui sont charmans. *L'impératrice*, très-bonne auberge. De Bruxelles à Anvers dix lieues. Cette route est ravissante: on côtoie toujours un canal magnifique dont les rives sont délicieuses. On passe par Malines dont la cathédrale mérite d'être vue. Les tableaux si renommés d'Anvers ont été transportés à Paris. D'Anvers au Moordyk treize lieues: route désagréable, des

VII.

Räsonnirendes Tagebuch auf einigen Reisen. *)

Holland.

Von Paris nach Mons reiset man über Valenciennes. Prächtige Heer-Straße. Mons liegt fünf und funfzig Meilen von Paris. Schöne Kirchen in Mons zu sehen, besonders der heil. Valtraut, und des heil. Germanus. Man sehe in Brüssel das Schloß, die Kirchen, die Spatziergänge, die Gegenden, welche sehr reizend sind. Sehr guter Gasthof zur Kaiserin. Von Brüssel nach Antwerpen, zehn Meilen. Der Weg zum Entzücken. Man fährt immer längs [1] eines prächtigen Kanals, dessen Ufer unvergleichlich [2] sind. Man kommt durch Mecheln, dessen Haupt-Kirche gesehn zu werden verdient. Die so berühmten Gemälde von Antwerpen sind nach Paris gebracht worden. Von Antwerpen zum Moordyk, dreyzehn Meilen (Lieues)

---

*) Trois milles d'Angleterre font une lieue de France, et il faut deux lieues de France pour faire un mille d'Allemagne. Le mot de lieue se rend en allemand par Meile, mille, mais il faut sous-entendre französische, mille de France.

*) Drey englische Meilen gehen auf eine französische, und zwey französische auf eine teutsche Meile. Wenn hier in der Folge von Meilen oder Lieues die Rede ist, so verstehe man immer französische darunter.

[1] On va le long. [2] incomparables.

sables et des bruyères. A sept lieues d'Anvers on entre en Hollande. Deux lieues avant le Moordyk il faut passer un bac. On ne trouve au Moordyk que de misérables masures d'une affreuse humidité; il faut éviter d'y coucher, il vaudroit mieux coucher dans le yacht. Un bon yacht public contenant deux chambres commodes et propres, coûte pour aller à Rotterdam environ deux louis. La longueur de ce trajet varie suivant la saison et le temps; communément on est cinq ou six heures sur le Moordyk, quelquefois moins, et souvent beaucoup plus. On passe devant la ville de Dordrecht, qui est à quatre lieues de Rotterdam. Le *Maréchal de Turenne* bonne auberge à Rotterdam. On doit voir à Rotterdam, la place d'Erasme, la bourse, les promenades, le palais destiné à loger les rois d'Angleterre. L'eau est très-mauvaise à Rotterdam, ainsi que dans presque toute la Hollande.

De Rotterdam à Delft. Il faut voir l'église neuve où l'on trouve le tombeau de Guillaume I qui a été assassiné à Delft. Cette église est la sépulture des stadhouders. Dans la même ville l'église vieille où l'on trouve le tombeau de l'amiral Tromp, qui mourut en 1655: dans le même temple le mausolée du fameux Pierre

Unangenehmer Weg; Sand und Heyde. Sieben Meilen von Antwerpen kommt man in das Holländische. Zwey Meilen vor dem Moordyk, muß man sich in einer Fähre übersetzen lassen. Man findet im Moordyk nichts als erbärmliche Hütten, von einer abscheulichen Feuchtigkeit. Man muß es vermeiden, da zu schlafen; es ist besser, man besteigt [3] gleich die Yacht. Die Yacht, wo man sich einschifft, ist ein öffentliches Fahrzeug, welches zwey bequeme und reinliche Zimmer enthält. Sie kostet bis Rotterdam ohngefähr zwey Louisd'or. Die Länge der Ueberfahrt ist verschieden, und richtet sich [4] nach der Jahreszeit und dem Wetter; gewöhnlich ist man fünf bis sechs Stunden auf dem Moordyk, bisweilen weniger, und oft viel mehr. Man fährt an der Stadt Dordrecht vorbey, welche vier Lieues von Rotterdam liegt. Der Marschall von Türenne ist ein guter Gasthof in Rotterdam. Man sehe in Rotterdam den Platz des Erasmus, die Börse, die Spaziergänge, den Pallast, der für die Wohnung der Könige von England bestimmt ist. Das Wasser ist in Rotterdam sehr schlecht, wie fast in ganz Holland.

Von Rotterdam nach Delft. Man sehe die neue Kirche, wo das Grabmahl Wilhelms I, der zu Delft ermordet worden ist. In dieser Kirche werden die Statthalter begraben. [5] In derselben Kirche ist das Grabmahl des Admirals Tromp, welcher 1655 starb, in dieser Kirche ist auch das

[3] On monte. [4] et se règle. [5] sont enterrés.

Hein, fils d'un pêcheur, qui fut d'abord mousse, et parvint par degrés à la place d'amiral. Dans le même temple un marbre en relief représentant la tête de Leuvenhoek, si célèbre par ses expériences physiques et par ses découvertes. On voit encore dans cette église le tombeau de Marnix Aldegonde dont l'histoire est singulière. On peut aller de Delft à Leyde en moins de trois heures. Leyde est une grande et belle ville, très-peuplée. Les égouts souterrains de Leyde sont une très-belle chose dans leur genre. L'un de ces égouts, long d'un quart de lieue, reçoit des bateaux pour le nettoyer. L'université de Leyde a la plus grande réputation, on voit à cette univerzité des cabinets d'histoire naturelle, d'anatomie, d'antiquités, un jardin des plantes, un observatoire etc.

De Leyde à la Haie. *Le maréchal de Turenne* bonne auberge. On va d'une manière fort agréable de Rotterdam à la Haie par les canaux. Il faut voir à la Haie la maison du stadhouder, les salles des Etats, la grande église hollandoise où se trouve un monument de reconnoissance patriotique, c'est le tombeau de l'amiral Wassenaer, baron d'Opdam, qui périt dans un combat naval con-

Mausoläum des berühmten Peter Hein, eines Fischer Sohns, welcher anfangs Schiffsjunge war, und hernach stufenweise bis zur Admiral-Stelle gestiegen ist. Eben daselbst ein marmornes Bas-Relief mit Leuwenhoek's Kopf, der sich durch seine physikalischen Experimente und durch seine Entdeckungen so berühmt gemacht hat. Endlich findet man noch in dieser Kirche das Grab von Marnix St. Aldegonde, dessen Geschichte merkwürdig ist. Man kann in weniger als drey Stunden von Delft nach Leyden reisen. Leyden ist eine große, schöne, sehr bewohnte Stadt. Die unterirdischen Straßen-Rinnen in Leyden sind, in ihrer Art, eine schöne Sache. Einer dieser Abflüsse ist eine viertel-Meile (franz.) lang und man kann mit Kähnen hineinfahren, [6] um ihn zu reinigen. Die Universität zu Leyden steht in dem größten Ruf; sie besitzt Sammlungen [7] in der Naturgeschichte, in der Anatomie, in den Alterthümern, einen botanischen Garten, ein Observatorium, [8] u. s. w.

Von Leyden nach dem Haag. Der Marschall von Türenne, guter Gasthof. Man reiset auf eine sehr angenehme Art von Rotterdam nach dem Haag auf Canälen. Man sehe im Haag den Pallast des Stathalters, die Staaten-Säle, die große holländische Kirche, wo man ein Denkmahl patriotischer Dankbarkeit antrifft, nämlich das Grabmahl des Admirals Wassenarr, Barons von Opdam, welcher

---

[6] On peut y entrer avec... [7] des collections. [8] eine Sternwarte, un lieu d'où l'on observe les étoiles.

tre les Anglois. Son vaisseau sauta en l'air. Parmi plusieurs places remarquables à la Haie on distingue le Pleyn. C'est un vaste carré orné de belles maisons, c'est là où se fait la parade. Il faut aller voir la maison du bois, maison de campagne du stadhouder, tout près de la Haie. Il faut voir aussi le bois et le village de Schevening (qui se prononce Keveling) c'est une jolie promenade au bout de laquelle on trouve la mer.

De la Haie à Amsterdam, route délicieuse sur les canaux; on fait ce trajet en dix ou treize heures. Amsterdam est la plus belle ville de la Hollande et la mieux bâtie. *Les armes d'Amsterdam*, très-belle et très-bonne auberge. L'hôtel de ville, le plus beau bâtiment d'Amsterdam, mérite d'être vu avec détail. L'église neuve, on y voit les tombeaux de Ruyter et de l'amiral Gallen, celui de Ruyter est assez beau. Il faut voir la bourse, la compagnie des Indes, etc. Le plantage, jolie promenade hors de la ville. Broek (qu'on prononce Brouk) village ravissant à deux lieues d'Amsterdam. Sardam autre village superbe; pour aller d'Amsterdam à Sardam par un bon vent, il faut une heure. Harlem assez belle ville à trois lieues d'Amsterdam. C'est dans cette ville que l'on voit les

länder blieb. [9] Sein Schiff flog in einer Seeschlacht gegen die Engländer in die Luft. Unter verschiedenen merkwürdigen Plätzen in dem Haag unterscheidet man den Pleyn. Es ist ein geräumiges Viereck mit schönen Häusern geziert, woselbst die Parade gehalten wird. Man sehe das Haus im Busch, so nennt man das Lust-Schloß des Statthalters, ganz nahe beym Haag. Man sehe auch den Wald und das Dorf Scheveningen (man spricht aus Keveling), ein hübscher Spaziergang, den das Meer begränzt. [10]

Vom Haag nach Amsterdam; herrliche Fahrt auf den Kanälen; man macht sie in zehn bis dreizehn Stunden. Amsterdam ist die schönste und wohlgebauteste Stadt in Holland. Das Wapen von Amsterdam ist ein schöner und guter Gasthof. Das Rathhaus, das schönste Gebäude von Amsterdam, verdient einzeln gesehen zu werden. Die neue Kirche; man sieht darin das Grabmahl Ruyter's und des Admirals Gallen; das erste ist ziemlich schön. Man sehe die Börse, das ostindische Compagnie-Haus u. s. w., die Plantage, ein hübscher Spaziergang vor der Stadt. Broek (sprich aus Brouk) ein entzückendes Dorf, zwey Meilen von Amsterdam. Sardam, ein prächtiges Dorf; um mit günstigem [11] Winde von Amsterdam nach Sardam zu fahren, braucht man eine Stunde. [12] Harlem, eine ziemlich schöne Stadt, drey Meilen von Amsterdam. In dieser Stadt

9 Resta; périt, umkam. 10 borne. 11 favorable. 12 on sousentend toujours französische.

plus belles fleurs de la Hollande. On y fait un commerce prodigieux de jacinthes, de tulipes, de renoncules, etc.; c'est vers le quinze d'avril qu'il faut voir ces jardins. D'Harlem au Beverwick trois lieues. Ce canton mérite d'être vu, les paysages y sont charmans, c'est là que l'on trouve le meilleur laitage de la Hollande.

D'Amsterdam à Utrecht huit lieues. On fait ce chemin par eau en six heures, on le fait en moins de temps par terre, mais la manière de voyager est beaucoup plus agréable sur les canaux. *Le château d'Anvers*, bonne auberge à Utrecht. Le mail d'Utrecht, promenade qui a beaucoup de réputation, et qui est en effet charmante. Zeist village à deux lieues d'Utrecht, c'est là que se trouve le bel établissement des frères moraves ou hernutes.

Tergau qui s'appelle aussi Gouda, ville à sept lieues d'Utrecht, on peut y aller par terre ou par eau. Le chemin par terre est une digue ou chaussée très-unie mais fort étroite, et qui ne seroit pas sans danger la nuit. On va voir à Tergau une église où l'on trouve des vitraux peints très-remarquables par la beauté des couleurs. Il faut voir aussi l'hôtel de ville et la manufacture de pipes.

findet man die schönsten Blumen von Holland. Man treibt daselbst einen ungeheuern Handel mit Hyacinthen, Tulpen, Ranunkeln u. s. w. Gegen den funfzehnten April muß man diese Gärten sehen. Von Harlem nach Beverwyk drey Meilen. Diese Gegend verdient besehen zu werden; man findet die beste Milch von ganz Holland daselbst.

Von Amsterdam nach Utrecht, acht Meilen. Man macht den Weg zu Wasser in sechs Stunden, und in noch kürzerer Zeit zu Lande; aber die Fahrt auf den Canälen ist weit angenehmer. Das Schloß von Antwerpen, ein guter Gasthof in Utrecht. Der Mail [13] von Utrecht ist ein Spaziergang, welcher in großem Ruf steht, und in der That allerliebst ist. Zeist ist ein Dorf zwey Meilen von Utrecht; da findet man eine schöne Niederlassung von Mährischen Brüdern oder Herrnhutern.

Tergau, das man auch Gouda nennt, ist eine Stadt, sieben Meilen von Utrecht, wo man zu Wasser und zu Lande hinreisen kann. Der Weg zu Lande ist ein sehr ebner aber sehr enger Damm oder Deich, der bey Nachtzeit nicht ohne Gefahr ist. Man sieht in Tergau eine Kirche, wo man sehr merkwürdige gemahlte Fenster-Scheiben [14] von den schönsten Farben findet. Man besehe auch das Rathhaus und die Pfeifen-Fabrik.

---

[13] Kegelbahn. [14] disques de fenêtres.

De Paris à Bruxelles, de Bruxelles à Louvain. Le portail de l'hôtel de ville est fameux. De Louvain à Liège. Il faut voir à Liège le palais de l'évêque, la cathédrale, qu'on appelle St. Lambert, l'église de St. Paul, l'église de St. Jaques. Cette dernière est fort jolie, on y voit d'assez bons tableaux, et un petit escalier tournant qui est curieux. Le quai St. Léonard, charmante promenade.

Spa. Il faut voir les redoutes et les fontaines. Il faut aller à Coo près de Spa voir une très-belle cascade; il faut voir encore aux environs la grotte de Rémouchant, et les bains de Chaud-fontaine.

De Spa à Aix-la-Chapelle neuf lieues. Il faut voir à Aix-la-Chapelle, les bains, les redoutes, l'église où reposent les cendres de Charlemagne, l'hôtel-de-ville et la manufacture d'aiguilles.

De Spa en Suisse.

De Spa à la Barraque, mauvais chemin et mauvais gîte; on passe par Stavelot. De la Barraque seconde couchée à Edelburg, mauvais gîte. D'Edelburg à Luxembourg huit lieues. Rien de remarquable à Luxembourg que ses fortifications. De Luxembourg on passe à Thionville et on va

Von Paris nach Brüssel, von Brüssel nach Löven. Hier ist das Portal des Rathhauses berühmt. Von Löven nach Lüttich. In Lüttich sehe man den bischöflichen Pallast, die Haupt-Kirche, die St. Jacobs-Kirche. Letztere ist sehr artig, man sieht ziemlich gute Gemählde darin, und eine kleine besondere Windel-Treppe. Die St. Leonhards Kaie ist ein allerliebster Spatziergang.

Spa. Man sehe die Redouten und Spring-Brunnen. Zu Coo bey Spa sieht man eine sehr schöne Cascade. [15] Man sehe noch in der Gegend die Grotte von Remouchant und die Bäder von Chaud-Fontaine.

Von Spa nach Aachen, neun Meilen. In Aachen sehe man die Bäder, die Redouten, die Kirche, wo die Asche Karls des Großen aufbewahrt wird, [16] das Rathhaus und die Näh-Nadeln-Fabrik.

Reise von Spa nach der Schweiz.

Von Spa nach der Barrake, schlechter Weg, und schlechtes Nacht-Lager; [17] man kommt durch Stablo. Von der Barrake, zweytes Nachtlager in Edelburg, schlechtes Nachtquartier. Von Edelburg nach Luxemburg, acht Meilen. Nichts merkwürdiges in Luxemburg, als die Festungs-Werke. Von Luxemburg nach Thionville, [18] von da nach

[15] Wasserfall, chute d'eau. [16] est conservée. [17] couche de nuit. [18] Diedenhofen.

coucher à Metz. Il faut voir à Metz la cathédrale, l'hôtel-de ville, la salle de comédie, et près de Metz les beaux jardins de Frascati.

De Metz à Nancy. Il faut voir à Nancy la place des carrières, la place royale, l'hôtel du gouvernement, dans lequel on trouve un salon superbe, la sépulture des princes de la maison de Lorraine, dans la chapelle ronde. Il faut aller voir Lunéville près de Nancy.

De Nancy à Strasbourg. Le palais de l'archevêque, la cathédrale, où l'on voit le fameux clocher, le fameux horloge, la manufacture de porcelaine, les atteliers d'artillerie, les promenades, le Contade et le Broglio, qui sont très-médiocres.

De Strasbourg à Colmar, de Colmar à Basle. *Les trois rois* superbe auberge sur le Rhin. La bibliothèque de Basle mérite d'être vue, la cathédrale, la fameuse *danse des morts*, grande galerie peinte à fresque par Holbein. Ces peintures sont à tous égards fort au dessous de leur réputation. De Basle couchée à Vallenbourg, de Vallenbourg à Schaffouse. Belle chute du Rhin à Lauffen à une lieue et demie de Schaffouse. Cette cascade n'est très-belle qu'au mois de juillet après la fonte des neiges. Le pont de bois à Schaffouse est très-célèbre par sa hardiesse, il n'a qu'une seule arche. La meil-

nach Metz zur Nacht. In Metz besuche man die Haupt-Kirche, das Rathhaus, das Schauspiel-Haus, und bey Metz die schönen Gärten von Frascati.

Von Metz nach Nancy. In Nancy sehe man den Platz der Carrieres, den Königs-Platz, das Gouvernements-Haus, wo man einen prächtigen Saal findet, das Begräbniß der Lothringischen Prinzen in der runden Capelle. Man muß Lüneville bey Nancy sehen.

Von Nancy nach Strasburg. Der erzbischöfliche Pallast, die Haupt-Kirche, wo man den berühmten Thurm, [19] das berühmte Uhrwerk sieht; die Porcelän-Manufaktur, die Artillerie-Gebäude, die Spatziergänge, der Contade und der Broglio, sehr mittelmäßig.

Von Strasburg nach Colmar, von Colmar nach Basel. Zu den drey Königen, ein prächtiger Gasthof auf dem Rheine. Die Bibliothek zu Basel verdient gesehen zu werden, die Haupt-Kirche, der berühmte Todten-Tanz, von Holbein al fresco auf einer großen Wand gemahlt. Diese Mahlerey steht in aller Hinsicht, weit unter ihrem Rufe. Von Basel nach Wallenburg, Nachtlager; von Wallenburg nach Schafhausen. Schöner Rhein-Fall bey Laufen, anderthalb Meilen von Schafhausen. Dieser Rheinfall ist im Monat Julius, nachdem der Schnee geschmolzen ist, vorzüglich [20] schön. Die hölzerne Brücke von Schafhausen ist durch ihren dreisten Bau [21] sehr berühmt, sie hat nur

[19] Münster. [20] principalement. [21] sa construction hardie.

leure auberge de Schaffouse est la couronne.

De Schaffouse à Zurich, petite journée, route charmante. L'auberge de *l'épée* est excellente et la meilleure de Zurich. Les environs de Zurich sont délicieux, les promenades charmantes, surtout celle où se trouve le tombeau de Gessner.

De Zurich à Berne. Le *faucon* excellente auberge. Il faut voir à Berne, l'arsenal très-curieux où l'on voit les dépouilles, armes, bagages etc. des troupes vaincues, commandées par Charles le téméraire, duc de Bourgogne, qui perdit contre le Suisses la bataille de Morat l'an 1476; la bibliothèque, les promenades, surtout la terrasse sur la rivière de l'Aar, dont la vue est admirable. On trouve à Zürich et à Berne de jolis bains publics.

Hindelbank, village à trois petites lieues de Berne. On y trouve une église qui contient de beaux mausolées, surtout celui de madame Langhans.

De Berne à Lausanne, de Lausanne à Genève [a]). On peut retourner en France, de Genève à Lyon par le fort de l'Ecluse; cette route est intéressante par la beauté pittoresque du pays que l'on parcourt. On

einen einzigen Bogen. Der beste Gasthof in Schafhausen ist die Krone.

Von Schafhausen nach Zürich, eine kleine Tagereise, ein anmuthiger Weg. Der Gasthof zum Schwert ist vortreflich, und der beste in Zürich. Die Gegenden um Zürich sind unvergleichlich, [22] die Spatziergänge charmant, zumal derjenige wo man Geßners Grabmahl findet.

Von Zürich nach Bern. Zum Falken, ein vortreflicher Gasthof. Man sehe in Bern das sehenswürdige [23] Zeughaus, wo man die abgenommenen [24] Waffen, Geräthe u. s. w. der überwundenen Truppen findet, welche Karl der Kühne, Herzog von Burgund, kommandirte, der im Jahr 1476 bey Murten eine Schlacht gegen die Schweizer verlor; die Bibliothek, die Spatziergänge, zumal die Terrasse längs der Aar, von wo die Aussicht herrlich ist. Man findet in Zürich und in Bern sehr hübsche öffentliche Bäder.

Hindelbank, ein Dorf drei kleine Meilen von Bern; daselbst ist eine Kirche, welche schöne Grabmähler enthält, unter andern das der Madam Langhans.

Von Bern nach Lausanne. Von Lausanne nach Genf *). Man kann über Genf nach Lyon wieder in Frankreich kommen; der Weg geht über das Fort Lecluse, und ist wegen der mahlerischen Schönheit der Gegend durch die

---

a) Auprès de Genève se trouve Ferney, célèbre maison de Voltaire, ornée sans goût, mais dans une situation admirable.

*) Bey Genf liegt Ferney, Voltaire's berühmtes Haus, ohne Geschmack verziert, aber in einer herrlichen Gegend.

[22] Incomparables. [23] digne d'être vu. [24] enlevée.

trouve sur cette route une espèce de gouffre que les gens du pays appellent la *perdition du Rhône*, chose très-belle et très-curieuse à voir.

Voyage de Zurich à Zug par Einsideln.

De Zurich à Richterswill, cinq lieues, route ravissante, paysage délicieux, culture admirable, extrême population, riches paysans etc. En sortant de Richterswill, montagne terrible par sa roideur et sa longueur, ensuite on monte toujours, le paysage s'attriste, on s'approche de montagnes couvertes de neiges éternelles. Dans l'espace de trois lieues on change de climat et de saison; les chemins sont affreux, pleins de pierres et de roches et bordés de précipices, mais toujours larges ou garantis par des barrières. Enfin on descend à Einsideln, lieu triste et sauvage, situé dans un fond tout entouré de montagnes couvertes de neige. C'est là que se trouve ce fameux monastère, le plus beau monument de la Suisse. C'est un énorme bâtiment très-majestueux. L'église est très-riche mais sans goût; le trésor mérite d'être vu. D'Einsideln à Schwitz six lieues, chemin détestable, paysages pittoresques, mais d'un genre triste et sévère. On passe

man kommt, interessant. Man findet auf diesem Wege eine Art von Schlund, welchen die Einwohner des Landes das Verschwinden der Rhone nennen, und der sehr schön und sehenswerth ist.

Reise von Zürich nach Zug über Einsideln.

Von Zürich nach Richterswyl, fünf Meilen, ein entzückender Weg, göttliche [25] Landschaft, außerordentliche Bevölkerung, reiche Bauern u. s. w. Wenn man aus Richterswyl kommt, ein fürchterlicher Berg, steil und lang; alsdann geht es immer bergan, die Landschaft wird traurig, man nähert sich den Bergen, die mit ewigem Schnee bedeckt sind. In einem Raum von drey Meilen verändert sich Clima und Jahreszeit; die Wege werden abscheulich, voller Steine und Felsstücken, mit Abgründen besetzt, aber immer breit genug, oder mit Seitenlehnen versehen. [26] Endlich geht es nach Einsideln herunter, ein trauriger, wilder Ort, in einer Tiefe die ganz von Bergen, worauf ewiger Schnee liegt, umgeben ist. Daselbst findet man das berühmte Kloster (dieses Namens), Helvetiens schönstes Denkmahl. Es ist ein ungeheures und sehr majestätisches Gebäude. Die Kirche ist sehr reich, aber ohne Geschmack verzieret, der Schatz ist sehenswerth. Von Einsideln nach Schwiz, sechs Meilen, abscheulicher Weg, mahlerische Landschaft, aber im traurigen,

[25] Divia. [26] munis.

dans un village nommé Schindelegen qui présente un des plus beaux points de vue de la Suisse, par la réunion de tout ce qui peut rendre un lieu pittoresque, la beauté de la verdure, les torrens, les rochers, les montagnes. De Schwiz à Arth trois lieues, toujours chemins détestables pour les voitures; on côtoie le lac, la Verzer, points de vue admirables, surtout celui de l'île de Schwanau, où l'on voit une ruine intéressante. Le canton et cette côte, sont respectables par les monumens historiques qu'on y trouve, et qui rappellent à chaque pas les efforts généreux que firent jadis les Suisses pour acquérir la liberté. On s'embarque à Arth pour aller à Zug sur le lac de Zug; cette navigation dure deux heures et demie; on débarque à une demi-lieue de la ville, on peut s'y rendre à pied, le chemin est charmant. L'auberge *le boeuf*, très-bonne. Zug, vilaine petite ville, mais dans la plus belle situation. Cimetière de Zug très-remarquable. Fête-dieu, procession sur le lac, cérémonie religieuse qui mérite particulièrement d'être vue à Zug; il faut voir les environs de Zug, le mont Pilate, le mont Rigii etc.

ernsthaften Geschmack.[27] Man kommt durch ein Dorf, das Schindelegen heißt, und welches einen der schönsten Anblicke in der Schweiz, durch die Vereinigung alles dessen, was einen Ort mahlerisch machen kann, gewährt,[28] schönes Grün, Waldströhme, Felsen, Berge. Von Schwiz nach Arth drey Meilen, die Wege immer abscheulich für das Fuhrwerk. Es geht längs des Sees, der Werzer; vortrefliche Ansichten, zumal die Insel Schwanau, wo man eine sehenswürdige Ruine bemerkt. Diese Gegend und diese Küste sind ehrwürdig, weil man dort so viel historische Denkmähler antrift, die bei jedem Schritte an die edeln Bemühungen erinnern, welche die Schweizer machten, um ihre Freiheit zu erhalten. Man schifft sich in Arth ein, um nach Zug auf dem Zuger See zu reisen; diese Schiffahrt dauert drittehalb Stunden; man steigt[29] eine halbe Meile von der Stadt ans Land, und kann sich zu Fuße dahin begeben, der Weg ist herrlich. Der Gasthof zum Ochsen ist sehr gut. Zug ist eine kleine häßliche Stadt, aber in einer vortreflichen Gegend. Der Gottesacker[30] von Zug ist sehr merkwürdig. Das Frohnleichnams-Fest[31] ist eine Procession[32] auf dem See, und eine geistliche Zeremonie in Zug, welche gesehen zu werden verdient; man muß die Gegenden um Zug besehn, den Pilatus-Berg, den Rigii-Berg u. s. w.

---

[27] D'un goût sérieux. [28] accorde. [29] descend à terre. [30] champ de Dieu; on dit aussi Kirch-Hof cour d'église. [31] fête du corps gai. [32] öffentlicher Umgang.

On doit voir encore en Suisse les glaciers de Grindelwald, les glaciers de Chamouni, les villes de Fribourg et de Soleure etc.

Man muß ferner in der Schweiz die Glätscher vom Grindelwald und von Chamouni, die Städte Freyburg und Solothurn u. s. w. besehen.

Voyage de Zurich à Hambourg par la Hollande.

Reise von Zürich nach Hamburg über Holland.

De Zurich à Schaffouse. Dans cette ville on peut prendre une très-bonne diligence qui conduit à Stutgard. La ville de Stutgard très-jolie, le *cor de chasse* fort bonne auberge. A deux lieues de Stutgard, Hochheim, palais magnifique et jardins à l'angloise, ingénieux et superbes. Il faut voir aussi la Solitude, autre maison de plaisance du duc de Würtemberg. Le palais du prince à Stutgard mérite aussi d'être vu. De Stutgard à Darmstadt, il faut y voir le palais du prince. De Darmstadt à Francfort sur le Main. Francfort belle ville. Le *Cygne* superbe auberge. Il faut voir à Francfort le *Roemer* ou hôtel-de-ville. De Francfort à Cologne, on doit aller par eau en suivant le cours du Rhin. Maïence à huit lieues de Francfort, il faut en voir les églises. et le palais de l'archevêque. A Maïence on peut louer un joli yacht assez bon marché pour continuer la route. Cette navigation est charmante par la beauté des points de vue enrichis d'une infinité de belles ruines gothiques. De Maïence

Von Zürich nach Schafhausen. In dieser Stadt kann man eine sehr gute Diligence [33] miethen, [34] die bis Stuttgard geht. Stuttgard ist eine sehr hübsche Stadt; das Jagd-Horn ein sehr guter Gasthof. Zwey Meilen von Stuttgard liegt Hochheim, ein prächtiges Lustschloß, mit künstlichen prächtigen englischen Gärten. Man sehe auch die Solitüde, ein anderes Lustschloß des Herzogs von Würtemberg. Das fürstliche Schloß zu Stuttgard ist auch sehenswerth. Von Stuttgard nach Darmstadt; man sehe daselbst das fürstliche Schloß. Von Darmstadt nach Frankfurt am Mayn. Frankfurt ist eine schöne Stadt. Der Schwan ist ein prächtiger Gasthof. Man sehe in Frankfurt den Römer oder das Rathhaus. Von Frankfurt nach Cölln muß man zu Wasser gehen; und dem Laufe des Rheins folgen. Maynz acht (franz.) Meilen von Frankfurt; man sehe daselbst die Kirche und das erzbischöfliche Schloß. Zu Maynz kann man ein kleines Yachtschiff ziemlich wohlfeil miethen, um den Rhein weiter herunter zu fahren; diese Fahrt ist wegen der Mannigfaltigkeit der Ansichten, welche durch eine Menge

[33] Land-Kutsche voiture de pays. [34] louer.

à Coblence. La navigation a plusieurs endroits périlleux, entre autres le passage de *Bingen* est très-dangereux. Il est plus prudent de quitter le yacht avant Bingen, et de faire ce passage à pied. Cologne belle ville, il faut y voir l'église de Saint Pierre dans laquelle on trouve un superbe tableau de Rubens. — Le cabinet d'histoire naturelle de monsieur le baron de Hupsch. — A Cologne on reprend les voitures, on va coucher à Neuss, jolie ville tout près de Düsseldorf. On voyoit il y a quelques années une superbe collection de tableaux dans cette dernière ville. A Neuss *le Raisin* bonne auberge. De Neuss à Vesel onze lieues. Pour arriver à Vesel on passe le Rhin dans un bac remarquable par sa grandeur. On parcourt un pays plat, sauvage et mal cultivé. *Le duc de Brunswick* très-bonne auberge de Vesel. En partant de Vesel pour aller à Nimègue on repasse le Rhin en bac. Il faut voir à Nimègue la maison de ville. Après avoir repassé le Rhin on retrouve un joli pays, riche et cultivé; on passe devant un beau couvent de femmes, nommé Maria im Baum, (Marie dans les bois), De ce lieu jusqu'à Clèves pays délicieux, on parcourt des allées en berceau qui sont charmantes. L'avenue de Clèves est admirable par ses prairies, ses ombrages, ses bois sur des terrains inégaux; on croit être

schöner gothischen Ruinen bereichert werden, sehr reizend. Von Mayng nach Coblenz. Die Schiffahrt hat mehrere gefährliche Stellen, unter andern ist das Binger-Loch [11] sehr gefährlich. Es ist am sichersten [12] die Yacht zu verlassen ehe man nach Bingen kömmt, und den Weg zu Fuß zu machen. Cölln ist eine schöne Stadt, man sehe daselbst die Sanct Peterskirche, wo man ein vortrefliches Gemählde von Rubens findet. — Des Herrn Baron von Hübsch Cabinet der Natur-Geschichte. In Cölln miethet man wieder eine Land-Kutsche, und hält Nachtlager in Neuß, einer hübschen Stadt nahe bey Düsseldorf. Man sah vor einigen Jahren in dieser letzten Stadt eine prächtige Gemählde-Sammlung. Zu Neuß ist die Weintraube ein guter Gasthof. Von Neuß nach Wesel eilf Meilen. Um nach Wesel zu kommen, setzt man in einer Fähre, die ihrer Größe wegen merkwürdig ist, über den Rhein. Man kommt durch ein ebenes, wildes und schlecht bebautes Land. Der Herzog von Braunschweig ist ein sehr guter Gasthof in Wesel. Wenn man von Wesel nach Nimwegen reiset, so setzt man wieder über den Rhein in einer Fähre. Man sehe in Nimwegen das Rathhaus. Nachdem man über den Rhein gekommen, findet man wieder ein reiches (wohl-) bebautes Land, man kömmt vor einem schönen Nonnen-Kloster vorbey, Maria im Baum genannt. Von diesem Orte bis nach Cleve ist ein herrliches Land, man reiset durch Al-

[11] Trou. [12] le plus sûr.

dans un immense et superbe jardin anglois. Il y a de Vesel à Clèves huit lieues. La ville de Cleves est jolie. Il faut voir l'ancien château qui est sur une hauteur; de la terrasse qui l'entoure on découvre de tous côtés une vue incomparable. On a fabriqué des bosquets, des terrasses et des allées sur la pente du précipice, ce qui forme un jardin anglois aussi singulier que charmant. En sortant de Clèves, on parcourt toutes les promenades publiques, qui sont d'une beauté ravissante. De Clèves à Nimègue beaux chemins en été, mais comme ils ne sont ni ferrés ni pavés, ils doivent être affreux en hiver. *Le cygne* bonne auberge à Nimègue.

leen in Bogengängen, welche allerliebst sind. Der Zugang von Cleve ist vortreflich wegen seiner Wiesen, seiner Schatten, seiner Gehölze auf ungleichem Boden; man glaubt in einem unermeßlichen prächtigen englischen Garten zu seyn. Von Wesel nach Cleve sind acht Lieues. Die Stadt Cleve ist hübsch. Man sehe das alte Schloß, welches auf einer Anhöhe liegt; von der Terrasse, die es umgiebt, entdeckt man von allen Seiten eine unvergleichliche Ansicht. Man hat Bosquets, [17] Terrassen und Alleen am Abhange des Abgrunds angebracht, welches einen eben so seltsamen als reizenden englischen Garten bildet. Wenn man Cleve verläßt, [18] so kommt man durch alle öffentliche Spatziergänge, die von einer reizenden Schönheit sind. Von Cleve nach Nymwegen, schöne Wege im Sommer, da sie aber weder gestampft [19] noch gepflastert sind, so müssen sie im Winter abscheulich seyn. Der Schwan ist ein guter Gasthaf in Nymwegen.

De Nimègue à Utrecht douze lieues, beaux chemins, route très-agreable. A Utrecht on s'embarque dans un yacht pour aller à Oudenarden; ce trajet est charmant. On passe par Naerden, jolie ville dont les fortifications sont belles. Oudenarden est un lieu rempli de jolies maisons de campagne, à quatre lieues d'Amsterdam. L'île de Marck à deux heures et demie de navigation d'Oudenarden. Cette île est singulière par sa situation sauvage,

Von Nymwegen nach Utrecht zwölf Meilen; schöne Wege, eine sehr angenehme Straße. In Utrecht besteigt man eine Yacht, um nach Oudenarden zu fahren; diese Fahrt ist allerliebst. Man kommt durch Naerden, eine hübsche Stadt, deren Festungswerke schön sind. Oudenarden ist ein Ort voll hübscher Land-Häuser, vier Meilen von Amsterdam. Die Insel Mark liegt eine drittehalb Stunden-Fahrt von Oudenarden. Diese Insel ist durch ihre wilde Lage und die Sitten ihrer Bewohner

[17] Lust-Wäldchen petites forêts de plaisir. [18] quand on quitte. [19] battus.

et les moeurs de ses habitans. Dans le même canton s'Gravelande charmant village rempli de jolies maisons, surtout celle qui appartenoit jadis à l'amiral Tromp; elle forme un coup d'oeil ravissant et singulier; elle est bâtie dans la forme d'un navire et placée au milieu des eaux. Dans ce même canton on va voir ce qu'on appelle les dessablemens, opération dont les détails sont extrêmement intéressans et curieux.

D'Oudenarden à Deventer, ville qui appartient aux Hollandois. Les promenades en sont superbes. De Deventer à Osnabruck. L'auberge *l'empereur* très-bonne. D'Osnabrück à Harbourg. Là on s'embarque sur l'Elbe pour arriver à Altona. Cette dernière ville est charmante. Altona est tout près d'Hambourg. Il faut voir à Hambourg la bibliothèque, l'église de St. Michel, moderne et riche, mais d'une mauvaise architecture, les remparts, belle promenade, le Jungferstieg autre promenade fort jolie. Les environs d'Hambourg sont très-agréables. Les lieux les plus remarquables sont: Vandsbeck, Nydstat, jolis villages; les maisons de campagne les plus belles sont Dunkenhuden, Flotbeck, Niendorf etc. Il faut voir aussi Langalese village singulier. Herbstwood est encore une fort jolie promenade hors de la ville près de Hambourg.

sonderbar. In derselben Gegend S'Gravelande, ein allerliebstes Dorf voll artiger Häuser, unter andern eines, welches sonst dem Admiral Tromp gehörte; es hat eine reizende und auffallende [40] Ansicht; es ist in der Gestalt eines Schiffes gebaut, und steht mitten im Wasser. Man siehet noch in derselben Gegend, was man das Wegräumen des Sandes nennt, eine Verrichtung, deren Art und Weise [41] sehr besonders und interessant ist.

Von Oudenarden nach Deventer; diese Stadt gehört den Holländern; die Spaziergänge sind prächtig. Von Deventer nach Osnabrück. Der Gasthof zum Kaiser ist sehr gut. Von Osnabrück nach Harburg. Hier schifft man sich auf der Elbe ein, um nach Altona zu kommen. Altona ist eine reizende Stadt. Sie liegt ganz nahe bey Hamburg. Man sehe in Hamburg die Bibliothek, die St. Michelskirche, welche modern und reich, aber von schlechter Bauart ist; die Wälle, ein schöner Spatziergang; den Jungfern-Stieg, auch eine sehr hübsche Promenade. Die Gegenden um Hamburg sind sehr angenehm. Die merkwürdigsten umliegenden Örter sind Wandsbeck, Nydstadt, zwey hübsche Dörfer; die schönsten Landhäuser sind Dunkenhuden, Flotbeck, Niendorf, u. s. w. Man sehe auch Langalese, ein sonderbares Dorf. Herbstwood ist auch noch eine sehr hübsche Promenade vor der Stadt, nahe bey Hamburg.

---

[40] Tombant dans (la vue). [41] mode et manière.

Voyage d'Hambourg à Schleswick par Kiel.

D'Hambourg à Kiel, jolie route et beaux chemins. Kiel jolie ville dans une situation charmante. Il faut y voir l'université, et le beau canal formé par la mer Baltique. De Kiel à Schleswick, cette dernière ville est à trente-six lieues d'Hambourg. Il faut voir à Schleswick le château, le jardin royal, et l'église qui contient les tombeaux des anciens ducs du Holstein. On voit encore à Schleswick au bord de la Schley une petite église, remarquable en ce qu'elle fut la première église chrétienne établie dans le nord. A quatre ou cinq lieues de Schleswick on trouve un canton charmant rempli de paysages délicieux; voici les principaux qui méritent d'être vus. Leutemark, terre appartenant à monsieur de Varnstedt, situation admirable, jardins charmans.

Pageroe, pays sauvage mais fertile et pittoresque, points de vue superbes.

Rarup, à un demi-quart de lieue de Brevel, lieu délicieux, des eaux, des bois, des prairies. Beuglen, très-près de là, fort joli pays.

Reufs, charmante maison de plaisance du prince de Hesse-Cassel.

La ville de Flensbourg dans une situation superbe n'est qu'à quelques lieues de Schleswick. On invite les artistes

Reise von Hamburg nach Schleswig über Kiel.

Von Hamburg nach Kiel, hübsche Gegenden und schöne Wege. Kiel, eine artige Stadt in einer reizenden Lage. Man sehe die Universität und den schönen Canal, der vom Baltischen Meere gebildet wird. Von Kiel nach Schleswig; letztere Stadt liegt sechs und dreißig Meilen von Hamburg. Man sehe in Schleswig das Schloß, den königlichen Garten und die Kirche, welche die Grabmähler der alten Herzoge von Holstein enthält. Man sieht noch in Schleswig am Ufer der Schley eine kleine Kirche, die deswegen merkwürdig ist, weil sie die erste christliche Kirche ist die in Norden errichtet ward. Vier bis fünf Meilen von Schleswig findet man eine reizende Gegend, voll herrlicher Landsitze; [*2] hier sind die vornehmsten und sehenswürdigsten: Leutemark, Landgut dem Herrn von Warnstedt gehörig, in einer unvergleichlichen Lage mit schönen Gärten.

Pageroe, wilde aber fruchtbare und pittoreske Landschaft, mit herrlichen Ansichten.

Rarüp, eine halbe viertel Meile von Brevel, ein herrlicher Ort, schön Gewässer, Holzung, Wiesen. Beugeln, nahe dabey; eine hübsche Landschaft.

Reuß, reizendes Lustschloß des Prinzen von Hessen-Kassel.

Die Stadt Flensburg in einer herrlichen Lage, liegt einige kleine Meilen von Schleswig. Man ladet hier alle reisende Künstler und

---

[*2] Siéges de campagne.

voyageurs qui peignent le paysage, à parcourir cette contrée dont les points de vue mériteroient bien l'honneur d'être gravés.

Landschafts-Mahler - ein,[43] diese Gegend zu bereisen, deren Ansichten gewiß die Ehre verdienen, in Kupfer gestochen zu werden.[44]

Lubeck n'est qu'à quatorze lieues d'Hambourg, mais les chemins en sont mauvais. Il faut voir à Lubeck l'hôtel de ville, la cathédrale qui est très-vaste et très-belle, et les promenades.

Lübeck ist nur vierzehn Meilen von Hamburg entfernt, aber die Wege sind schlecht. Man sehe in Lübeck das Rathhaus, die Haupt-Kirche, welche sehr groß und sehr schön ist, und die Spatziergänge.

Voyage d'Hambourg à Berlin.

Reise von Hamburg nach Berlin.

D'Hambourg à *Ludevigslust*, lieu de résidence d'été du duc de Meclembourg, beau palais, bonne auberge; de là on n'est qu'à quelques lieues de Schwerin, capitale des états du duc de Meclembourg. Les amateurs de tableaux doivent y aller, pour y voir dans le palais du duc une collection de peintures qui a de la réputation. Le reste de la route de Ludevigslust à Berlin n'offre rien d'intéressant. On met quatre ou cinq jours à faire cette route; les chemins sont bons mais très-sablonneux, le pays que l'on parcourt est stérile et vilain, il y a soixante-six lieues d'Hambourg à Berlin.

Von Hamburg nach Ludwigslust, dem Sommer-Aufenthalt des Herzogs von Mecklenburg, schönes Schloß, guter Gasthof; von da ist man nur einige Meilen von Schwerin, der Hauptstadt des Herzogs von Meklenburg, entfernt. Die Liebhaber von Gemählden müssen dahin reisen, um auf dem herzoglichen Schlosse eine Sammlung von Schildereyen, die in großem Rufe steht, zu sehen. Der übrige Weg von Ludwigslust bis Berlin hat nichts interessantes. Man bringt - vier bis fünf Tage auf diesem Wege - zu, die Wege sind gut, aber sehr sandig, das Land wodurch man kommt, ist unfruchtbar und häßlich, es sind sechs und sechzig (franz.) Meilen von Hamburg bis Berlin.

Voici les principales choses qu'on doit voir dans cette grande et belle ville: la porte de Brandebourg, très-belle, l'idée en est prise du Propylée, porte d'Athènes qui conduisoit au Pirée; à droite est la recette de l'accise et à gauche le corps

Folgendes sind die merkwürdigsten Sachen, die man in dieser schönen, großen Stadt sehen muß: Das Brandenburger Thor; es ist sehr schön, die Idee ist von den Propyläen entlehnt,[45] einem Thore von Athen, welches nach

[43] Einladen, inviter. [44] d'être piqués en cuivre; germanisme. [45] empruntée.

le garde. Ces deux bâtimens ont trop petits en comparaison de la porte. Au dessus de la porte est un quadrige représentant le triomphe de la paix; cet ornement est mesquin et fait un mauvais effet.

dem Piräus führte; rechts ist die Accise-Einnahme, links die Haupt-Wache; diese beiden Gebäude sind in Vergleichung mit dem Thore, zu klein. Über dem Thore ist ein vierspänniger Wagen, [46] welcher den Triumph des Friedens vorstellt; dieser Zierrath ist kleinlich, und macht eine üble Wirkung.

La place Guillaume qui contient des statues estimées.

Der Wilhelms-Platz, welcher geschätzte Statüen enthält.

L'arsenal dont l'architecture est très-belle.

Das Zeughaus, dessen Bauart sehr schön ist.

La bibliothèque royale, mauvaise architecture, l'intérieur mérite d'être vu avec détail.

Die königliche Bibliothek, von schlechter Bauart, das Innre verdient sorgfältig [47] besehen zu werden.

Le château ou palais du roi. On y trouve une belle collection de tableaux. Il seroit à desirer qu'on en ôtât une trop grande quantité de tableaux médiocres et même décidément mauvais.

Das Königliche Schloß. Man findet daselbst eine schöne Gemählde-Sammlung. Es wäre zu wünschen, daß man eine große Menge mittelmäßiger, und zum Theil ausgemacht schlechter Gemählde dasvonnähme.

Monbijou, palais de la reine douairière.

Monbijou, Lustschloß der verwittweten Königin.

Les palais des princes Henri, Ferdinand, Louis etc.

Die Palläste der Prinzen Heinrich, Ferdinand, Ludwig u. s. w.

Quelques églises, entr'autres celle de la ville-neuve dans laquelle se trouve un fort beau monument, le tombeau du comte de la Marck par monsieur Schadow, sculpteur moderne justement célèbre.

Einige Kirchen, unter andern die Neustädtsche, worin sich ein sehr schönes Monument befindet, das Grabmahl des Grafen von der Mark, von Herrn Schadow, einem neuern mit Recht berühmten Bildhauer.

L'église de la garnison remplie de tableaux de Rode. Ces tableaux sont fort au dessous de leur réputation. Les salles de spectacle. Le jardin royal. La promenade des tilleuls. Ces deux promenades viennent d'être extrêmement embellies par les soins du roi régnant.

Die Garnison-Kirche, voller Gemählde von Rode. Diese Stücke sind sehr unter ihrem Ruf. Das Opern- und Komödien-Haus. Die Spatziergänge; der Lust-Garten, [48] die Promenade unter den Linden; diese beiden Spatziergänge sind auf Befehl [49] des regierenden Königs sehr verschönert worden.

[46] Char attelé de quatre (chevaux). [47] avec soin. [48] jardin de plaisance. [49] par l'ordre.

Le parc, l'une des plus belles promenades publiques de l'Europe.

L'école vétérinaire, le plus bel établissement de ce genre qui existe; il mérite d'être vu avec le plus grand détail. Le jardin en est fort agréable.

Des cabinets particuliers et très-intéressants, entre autres le cabinet anatomique, (unique dans son genre) de monsieur Walter. Une collection de poissons de monsieur Block. Une collection d'insectes de monsieur Herbst, et plusieurs collections particulières de tableaux, entre autres celle de monsieur Itzig etc.

Maisons royales hors de Berlin.

Charlottenbourg, les jardins de la plus grande beauté. Il faut voir dans ce lieu la maison qui appartenoit à madame de Lichtenau. Jolie maison, jardin à l'angloise trop surchargé, mais agréable.

Schönhausen.

Bellevue, le jardin à l'angloise est charmant et du meilleur goût. Ces palais sont très-près de Berlin.

Potsdam à huit lieues de Berlin. Il faut y voir le château de marbre dont les nouveaux jardins sont très-agréables.

Sans-Souci si digne d'intéresser par le souvenir qu'il rappelle et sa propre beauté. Les bâtimens des palais irréguliers mais très-frappans par leur

Der Thiergarten, [10] eine der schönsten Promenaden in Europa.

Die Vieh-Arzney-Schule ist die schönste Einrichtung in dieser Art, die man hat, und verdient mit der größten Sorgfalt besehen zu werden; der Garten dabey ist sehr anmuthig.

Cabinette von Privat-Personen, sehr interessant, unter andern das anatomische Cabinet des Herrn Walter, welches in seiner Art einzig ist. Eine Sammlung von Fischen des Herrn Block. Eine Insektensammlung des Herrn Herbst u. s. w. Mehrere Gemälde-Sammlungen, unter andern, die Sammlung des Herrn Itzig u. s. w.

Königl. Lustschlösser außerhalb Berlin.

Charlottenburg, die Gärten sind außerordentlich schön. Man sehe in dem Orte selbst das Haus, welches der Gräfin Lichtenau gehört hat. Das Haus ist hübsch; der Garten englisch, zu überladen, aber anmuthig.

Schönhausen.

Bellevüe, der englische Garten dabey ist reizend, und im besten Geschmack. Diese Lustschlösser sind ganz nahe bey Berlin.

Potsdam, acht (französische) Meilen von Berlin. Man besehe daselbst den Marmor-Pallast, dessen neue Gärten sehr reizend sind.

Sans-Souci, welches durch die Erinnerung die es erweckt, und durch seine eigene Schönheit so sehr interessirt. Die Gebäude der Palläste sind unregelmäßig, aber

---

[10] Jardin de bêtes.

grandeur et leur magnificence. On y trouve une belle collection de tableaux, plusieurs beaux morceaux de sculpture, entre autres la belle Vénus de Coustou, chef-d'oeuvre auquel il ne manque que l'antiquité, pour avoir la célébrité de la Vénus de Médicis. Les jardins de Sans-Souci sont vastes et beaux.

Rheinsberg, à dix-huit lieues de Berlin.

Environs de Berlin.

Pichelsberg, île charmante.

Pankow, village dans une situation agréable, et rempli de jolies maisons.

Buchholz.

Buch. Il faut y voir la belle maison de monsieur de Voss. Les jardins en sont charmans.

Treptow.

Stralau.

Friedrichsfelde, village dans lequel il y a un château de plaisance avec un grand jardin, etc.

On peut de Berlin aller en deux ou trois jours à Halle, célèbre par son université, à Leipzig, à Dresde. Cette dernière ville contient l'une des plus belles collections de tableaux de l'Europe.

durch ihre Größe und ihre Pracht sehr in die Augen fallend.[1] Man findet daselbst eine schöne Sammlung von Gemählden, viel schöne Meisterstücke[2] der Bildhauerkunst, unter andern die schöne Venus von Coustou, ein Meisterstück, dem nichts wie das Alterthum fehlt, um so berühmt zu seyn, als die Mediceische Venus. Die Gärten von Sans-Souci sind weitläuftig und schön.

Rheinsberg, achtzehn (französische) Meilen von Berlin.

Gegenden um Berlin.

Pichelsberg, eine allerliebste Insel.

Pankow, ein Dorf in einer angenehmen Lage, mit hübschen Häusern angefüllt.

Buchholz.

Buch. Man sehe daselbst das schöne (Land-) Haus des Herrn v. Voß. Die Gärten sind reizend.

Treptow.

Stralau.

Friedrichsfelde, ein Dorf mit einem Lust-Schlosse und einem großen Garten, u. s. w.

Man kann von Berlin in zwey bis drey Tagen nach Halle reisen, welches wegen seiner Universität berühmt ist; nach Leipzig, nach Dresden. Diese letztere Stadt enthält eine der schönsten Gemählde-Sammlungen in Europa.

[1] Tombant dans les yeux. [2] chef-d'oeuvres.

De Paris à Calais soixante et dix lieues. On passe par Amiens, Beauvais, Abbeville. Il faut voir les cathédrales de ces trois villes, elles ont une grande réputation et la méritent. Il faut voir aussi les promenades d'Amiens qui sont charmantes.

De Douvres à Londres. On passe par plusieurs villes: Cantorbéry, dont il faut voir la cathédrale, Rochester, Chatham, et en s'arrêtant pour dîner il faut treize heures pour se rendre de Douvres à Londres.

Voici les principales choses à voir à Londres:

La belle et vaste église de St Paul, la charmante église de St Estienne, l'abbaye de Westmunster. Le tombeau le plus remarquable est celui de la comtesse Nightingale, par le fameux Roubillac, sculpteur françois.

Le palais St James. La maison de la reine, dans laquelle on trouve de superbes tableaux. Carletonhouse, mauvaise architecture, l'intérieur du palais est orné avec goût et magnificence. La maison du lord-maire. La tour de Londres. Le magnifique hôpital de Christchurch. Le Guildhall, ou maison de ville.

Bedlam. Il faut remarquer les statues de Cibber, représentant la folie mélancolique et la folie furieuse. Ces deux statues

Von Paris nach Calais, siebzig Meilen. Man kommt durch Amiens, Beauvais, Abbeville. Man besehe die Hauptkirchen dieser drey Städte; sie stehen in einem hohen Rufe, und verdienen ihn. Man sehe auch die Spaziergänge um Amiens, welche allerliebst sind.

Von Dover nach London. Man kommt durch verschiedene Städte: Canterbury, dessen Hauptkirche sehenswerth ist,[3] Rochester, Chatham; wenn man sich unterweges[4] eine Stunde beym Mittagessen aufhält, so braucht man von Dover bis London dreyzehn Stunden.

Folgendes[5] sind die sehenswürdigsten Sachen in London:

Die schöne, große Paulskirche, die niedliche St. Stephenskirche, die Westmünster-Abtey. Das merkwürdigste Grabmahl darin ist das der Gräfinn Nightingale, von dem berühmten französischen Bildhauer Roubillac.

Der Pallast zu St. James. Der Pallast der Königinn, worin man prächtige Gemählde findet. Carletonhouse; schlechte Baukunst, das Innere des Pallastes ist mit Geschmack und Pracht verziert. Das Haus des Lord Majors. Der Tower oder Thurm von London. Das prächtige Hospital von Christchurch. Guildhall, oder das Rath-Haus.

Bedlam. Man bemerkt daselbst Cibber's Statüen, deren eine den tiefsinnigen Wahnsinn, die andere den wüthenden Wahnsinn vorstellt.

---

[3] Est digne d'être vue. [4] en route. [5] ce qui suit.

sont cependant au dessous de leur grande réputation.

Le muséum. Les salles de spectacles.

Les deux plus jolies places de Londres sont Queen's square et Grosvenor's square. La dernière surtout est charmante.

Le pont de Westmunster est d'une grande beauté.

Le Monument, colonne du haut de laquelle on découvre une très-belle vue.

Un nombre infini de cabinets particuliers, contenant de superbes collections de tableaux.

Les promenades très-belles. Le parc St James, Kensington, etc.

Diese beiden Statüen sind jedoch unter ihrem großen Rufe.

Das Musäum. Die Schauspielhäuser.

Die beyden schönsten Plätze von London sind Queen's Square und Großvenor's Square; letzterer ist vorzüglich schön.

Die Westmünster-Brücke ist von großer Schönheit.

Das Monument, eine Säule, von wo man eine sehr schöne Aussicht hat.

Eine unendliche Anzahl von Privat-Cabinettern, welche prächtige Gemählde-Sammlungen enthalten.

Sehr schöne Spaziergänge. Der St. James's-Park, Kensington, u. s. w.

Environs de Londres.

Hamptoncourt. Maison royale.

Greenwich, hôpital des matelots, digne à tous égards d'intéresser les voyageurs.

Kew, maison royale, superbes jardins. Le jardin de plantes étrangères est le plus beau et le plus complet qui existe.

Richmond, autre maison royale, près de Kew. Il faut voir aussi la belle auberge de Richmondhill.

Sion-house au duc de Northumberland, maison de la plus grande magnificence et du meilleur goût.

Twickenham, maison charmante appartenant jadis au célèbre Pope. Il faut voir dans le voisinage la maison bâtie par

Gegenden um London.

Hamptoncourt, königliches Lustschloß.

Greenwich, Matrosen-Hospital, verdient in aller Hinsicht die Reisenden zu interessiren.

Kew, königliches Lustschloß; prächtige Gärten. Der Garten von ausländischen Pflanzen ist der schönste und vollständigste, den man hat.

Richmond, königliches Lustschloß bey Kew. Man sehe auch das schöne Gasthaus von Richmond-Hill.

Sion-House gehört dem Herzoge von Northumberland; ein Schloß von der größten Pracht und in dem besten Geschmacke.

Twickenham, ein allerliebstes (Land-) Haus, gehörte vormals dem berühmten Pope. Man sehe in der Nachbarschaft den Land-

monsieur Horace Walpole, et qui a l'apparence d'un vieux prieuré gothique.

Chiswick. On y voit le beau château du duc de Devonshire, on voit dans ce château une superbe collection de tableaux.

Windsor, jolie ville à sept lieues de Londres. Il faut y voir le château, Eton, etc.

Voyage de Londres à Oxford.

Il faut pour aller de Londres à Oxford, sans s'arrêter, environ six heures et trois quarts. Il faut s'arrêter à Bulstrode pour voir le superbe parc du duc de Portland. On y trouve une antiquité très-curieuse et très-remarquable, c'est l'enceinte d'une habitation des peuples du pays, avant la descente de Jules-César. On passe ensuite à Baconsfields. Il faut voir près de là la maison du poëte Waller, possédée par ses héritiers du même nom. Il y a dans le château d'assez beaux tableaux, les jardins sont d'une beauté supérieure. Près de là se trouve encore la belle maison et les vastes jardins de Lord Inchiquin.

A Oxford la meilleure auberge s'appelle *the Star*. Il faut voir à Oxford les différens colléges, toutes les salles, etc.

Blenheim est très-près d'Ox-

sitz, * welchen Herr Horaz Walpole erbaut hat, und der das Ansehen einer alten gothischen Priorey hat.

Chiswick. Man sieht daselbst das schöne Schloß des Herzogs von Devonshire, und in diesem Schlosse eine prächtige Gemählde-Sammlung.

Windsor, hübsche Stadt, sieben Meilen von London. Man sehe das Schloß, Eton, u. s. w.

Reise von London nach Oxford.

Um von London nach Oxford zu reisen, braucht man, wenn man sich nicht aufhalten will, sechs und drey Viertel-Stunden. Man muß aber in Bulstrode anhalten, um den prächtigen Park des Herzogs von Portland zu besehen. Man findet daselbst ein sehr interessantes und merkwürdiges Stück aus dem Alterthume, nämlich ein Gebäude der alten Landes-Bewohner vor der Landung des Julius Cäsar. Man kommt hernach nach Baconsfields. Man sehe, nahe dabey, das Haus des Dichters Waller, welches seine Erben, gleiches Namens, besitzen. In dem Schlosse sind ziemlich schöne Gemählde, die Gärten sind von großer Schönheit. Nahe dabey findet man das schöne Landhaus und die weitläufigen Gärten des Lords Inchiquin.

In Oxford heißt der beste Gasthof der Stern. Man sehe in Oxford die verschiedenen Collegien, alle Säle, u. s. w.

Blenheim ist ganz nahe bey Ox-

* Le siége de campagne.

ford, le château est d'une étendue immense. L'architecture en est lourde, mais imposante et magnifique, les appartemens vastes et excessivement ornés. Belle collection de tableaux. Le parc est immensément grand et superbe. — Près de Blenheim Ditchley, beau château et beau parc. — Stove, jardins célèbres, près de Buckingham.

Oxford; das Schloß hat einen ungeheuren Bezirk. Die Bau-Art ist schwerfällig, aber auffallend und prächtig, die Zimmer geräumig und mit Zierrathen überladen. [7] Schöne Gemählde-Sammlung. Der Park [8] ist unermeßlich groß und prächtig. — Bey Blenheim liegt Ditchley, ein schönes Schloß und ein schöner Park. — Stove, berühmter Garten bey Buckingham.

Voyage de Londres à Cambridge.

Reise von London nach Cambridge.

A Cambridge voir tous les colléges de l'université. On y trouve une admirable statue, représentant Newton, par Roubillac, sculpteur françois. On doit aussi remarquer particuliérement Kingschapel, c'est un monument gothique, mais un chef d'oeuvre dans son genre par la hardiesse de sa construction, sa légéreté et son élégance.

Près de Cambridge se trouvent les plaines de Newmarket. C'est au mois d'avril que s'y font des courses de chevaux très-célébres. Près de là se trouve encore la charmante ville de Bury, comté de Suffolk, à 27 ou 28 lieues de Londres.

In Cambridge muß man alle Universitäts-Collegia besehen. Man findet daselbst eine vortreffliche Statüe, welche den Newton vorstellt, und von dem französischen Bildhauer Roubillac ist. Man bemerke auch vorzüglich Kingschapel, ein gothisches Monument, aber in seiner Art ein Meister-Stück, wegen der Dreistigkeit der Bau-Art, der Leichtigkeit und Anmuth (der Ausführung. [9])

Bey Cambridge befindet sich die Ebene von Neumarket. Im Monat April werden daselbst die sehr berühmten Pferderennen gehalten. Nahe dabey befindet sich auch die artige Stadt Bury in der Grafschaft Suffolk, 27 bis 28 Meilen von London.

Voyage de Londres à Bath.

Reise von London nach Bath.

Bath est à quarante lieues de Londres. On peut voir dans la route plusieurs choses

Bath liegt vierzig Meilen von London. Man kann unterwegens viel interessante Sachen sehen. Bey

---

[7] Surchargés d'ornemens. [8] Thiergarten, jardin de bêtes. [9] de l'exécution.

très-intéressantes. Près de la belle auberge de *Marlborough*, la maison des veuves, établissement de bienfaisance véritablement admirable. On peut voir aussi sur cette route Stonehenge, monument antique très-singulier et très-intéressant.

On passe communément par Devizes, grande ville. Il faut y voir la colonne érigée au milieu du marché, en mémoire d'un fait très-extraordinaire dont l'inscription rend compte.

A Bath voir les bains, les salles d'assemblée, la grande église, les places qui sont superbes, l'hôtel de ville. Les environs de Bath sont charmans. Plusieurs maisons à voir, entre autres, Prior-parc, la maison de monsieur Smith, et plus loin le beau parc du chevalier Hoare.

La ville de Bristol à quatre lieues de Bath. Les bains et les fontaines dans une situation ravissante.

dem schönen Gasthofe Herzog von Marlborough ist das Wittwen-Haus, ein bewundernswürdiges Institut der Wohlthätigkeit. Man kann auch auf diesem Wege Stonehenge sehen, ein altes, sehr sonderbares und sehr interessantes Monument.

Man fährt gewöhnlich über Devizes, eine große Stadt. Man muß daselbst eine Säule sehen, welche mitten auf dem Markte zum Gedächtniß einer großen Begebenheit, die die Inschrift anzeigt,[10] errichtet worden ist.

In Bath sehe man die Bäder, die Versammlungs-Säle, die große Kirche, die prächtigen Plätze, das Rathhaus. Die Gegenden um Bath sind reizend. Verschiedene Häuser sind sehenswerth, unter andern Prior-Park, das Haus des Herrn Smith, und weiterhin der schöne Park des Esquire Hoare.

Die Stadt Bristol liegt vier Meilen von Bath. Die Bäder und Fontainen sind in einer entzückenden Lage.

Voyage dans le Derbyshire.

Voir dans ce comté les fameuses grottes, dignes de leur réputation, le beau château de Chatsworth au duc de Devonshire, très-belle collection de tableaux. Voir le délicieux village de Matlock. Keddlestone-hall, superbe château, près de Derby, au comte de Scarsdale.

Reise nach Derbyshire.

Man sehe in dieser Grafschaft die berühmten Höhlen, die ihren Ruf verdienen; das schöne Schloß Chatsworth, welches dem Herzoge von Devonshire gehört, und eine sehr schöne Gemählde-Sammlung (enthält). Man sehe auch das reizende Dorf Matlock. Keddlestonehall ist ein prächtiges Schloß bey Derby, dem Grafen Scarsdale zugehörig.

---

[10] Indique.

Voyage à l'île de Wight.

Elle est délicieuse. On va d'abord à Portsmouth, ensuite on s'embarque pour l'île de Wight. Ce trajet est de deux heures. Il faut passer au moins deux jours dans l'île pour la bien voir.

Voyage dans le Shropshire et dans la principauté de Galles.

Passer par la vallée de Coalbrook, belle et intéressante; voir le célébre et charmant pont de fer; aller à Shrewsbury, la promenade de cette ville très-belle. A un mille de Shrewsbury Boscabel-house, près de là *the royal oak*, le chêne royal, où Charles II, fugitif et proscrit, se tint caché pour éviter les poursuites de ses ennemis. Il faut voir encore dans le Shropshire Birmingham, si intéressant par ses manufactures. Il y a aux environs de Birmingham trois beaux châteaux très-célébres qui sont: Leasowes, Shenstone et Hagley.

De Shrewsbury à *Llangolen*, dans la principauté de Galles. Il faut surtout voir à Llangolen la ravissante maison de lady Buttler et de miss Ponsonby, solitude délicieuse et paisible, embellie par l'amitié, la vertu et les talens.

Voyage dans le comté de Durham.

Ce qu'il y a de plus curieux à voir dans ce comté, sont, près

Reise nach der Insel Wight.

Eine herrliche Insel. Man reiset erst nach Portsmouth, hernach schifft man sich ein nach der Insel Wight. Die Ueberfahrt dauert zwey Stunden. Man muß wenigstens zwey Tage auf der Insel zubringen, um sie recht zu sehen.

Reise nach Shropshire und in das Fürstenthum Wales.

Man kommt durch das Thal Coalbrook, ein schönes interessantes Thal. Man besicht die berühmte, schöne eiserne Brücke. Von da nach Shrewsbury; die Promenaden dieser Stadt sind sehr schön. Eine Meile von Shrewsbury liegt Boscabel-House, nahe dabey die königliche Eiche, wo Carl II, flüchtig und verbannt, sich verborgen hielt, um den Verfolgungen seiner Feinde zu entgehen. Man sehe noch in Shropshire Birmingham, welches durch seine Manufacturen so interessant ist. In der Gegend um Birmingham liegen drey sehr berühmte Schlösser, nämlich Leasowes, Shenstone und Hagley.

Von Shrewsbury nach Llangolen, wo der entzückende Landsitz der Lady Buttler und Miß Ponsonby ist, in einer köstlichen einsamen Gegend, dem Sitze [11] des Friedens, durch die Freundschaft, die Tugend und die Talente verschönert.

Reise in die Grafschaft Durham.

Das sehenswürdigste in dieser Grafschaft sind die prächtigen Gar-

[11] Le siége.

de la petite ville de Standrop, les superbes cascades, formées par la Tees et appelées The Caldron Snoot et Highforce.

Voyage dans le Yorkshire.

C'est le plus grand comté de l'Angleterre. Rotherham, ville. Roche-abbey, belles ruines. Il faut voir dans le voisinage la tour et le clocher de l'église de Laughton.

Près de la ville de Consborough est le superbe château de Wentworth.

Près de la ville de Wakefield est Waltonhall, beau château, situé sur un rocher, où l'on trouve un écho qui répète distinctement huit fois le son.

La ville de Pontefract. Il faut voir-là le vieux château. Près d'Halifax, Egleatonhall, château dans une situation ravissante.

York, ville capitale sur l'Ouse. La cathédrale vaste et superbe. C'est un des plus beaux monumens gothiques qui existent.

Il faut voir encore en Angleterre les eaux de Buxton, eaux minérales, superbes bâtimens.

Brighthelmstone, ville à vingt petites lieues de Londres. Route charmante. Ce lieu est célèbre par ses bains de mer, et mérite d'ailleurs d'être vu.

faden [12] bey der kleinen Stadt Standrop, welche die Tees bildet, und die man The Caldron Snoot und Highforce nennt.

Reise nach Yorkshire.

Yorkshire ist die größte Grafschaft von England. Rotherham, Stadt. Roche-Abbey, schöne Ruinen. Man muß in der Nachbarschaft den Stadt-Thurm und den Kirch-Thurm von Laughton sehen.

Bey der Stadt Consborough liegt das prächtige Schloß Wentworth.

Bey der Stadt Wakefield liegt Waltonhall, ein schönes Schloß, auf einem Felsen gelegen, wo man ein Echo [13] hört, welches den Schall achtmal deutlich wiederholt.

Die Stadt Pontefract. Man sehe daselbst das alte Schloß. Bey Halifax, Eglestonhall, ein Schloß in einer entzückenden Lage.

York, Hauptstadt an der Ouse. Die Hauptkirche, groß und prächtig, ist eins der schönsten gothischen Denkmähler, die wir haben.

Man muß noch in England die Bäder von Buxton, dessen mineralische Quellen [14] und prächtigen Gebäude sehen.

Brigthelmstone, eine Stadt, zwanzig kleine Meilen von London. Schöner Weg. Dieser Ort ist wegen seiner See-Bäder berühmt, und verdient außerdem, gesehen zu werden.

---

[12] Wasserfälle. [13] Wiederhall. [14] sources.

On quitte la France au pont de Beauvoisin, qui est à quinze lieues de Lyon. On va à Chambéry. A une lieue de Chambéry, belle cascade naturelle. Il faut voir-là le château et quelques églises.

De Chambéry à Montmélian; ensuite Aiguebelle; La Chambre, à cinq lieues d'Aiguebelle; Saint Jean de Maurienne. Il faut y voir l'évêché et la cathédrale. St Michel, à trois lieues de St Jean de Maurienne. Modane, à quatre lieues de St Michel. Lanebourg, à quatre lieues de Modane. Le village de Lanebourg est au pied du Mont-Cenis.

On passe en été le Mont-Cenis en chaise à porteurs, ou sur des mulets. Rien n'est comparable à la beauté ravissante d'une grande partie du Mont-Cenis, au mois de juillet, par la profusion des plus belles plantes en fleurs, la beauté de la verdure, des torrens et des cascades. L'on descend dans la plaine St Nicolas, où l'on trouve une belle cascade, ensuite on arrive au village de Ferrières, qui est extrêmement pittoresque; on ne finit de descendre que lorsqu'on est à Novalèse, village de Piémont, à deux lieues de Suze et à treize lieues de Turin. C'est là qu'on remonte les voitures

Man verläßt Frankreich bey der Brücke von Beauvoisin, welche funfzehn Meilen von Lyon liegt. Man reiset auf Chambery. Eine Meile von Chambery ist ein schöner natürlicher Wasserfall. Man muß daselbst das Schloß und einige Kirchen besehen.

Von Chambery nach Montmelian; hernach nach Aiguebelle; La Chambre, fünf Meilen von Aiguebelle; Saint-Jean de Maurienne. Man sehe daselbst das bischöfliche Schloß und die Hauptkirche. St. Michel, drey Meilen von Saint-Jean de Maurienne. Modane, vier Meilen von St. Michel. Laneburg, vier Meilen von Modane. Das Dorf Laneburg liegt an dem Fuße des Mont-Cenis.

Des Sommers geht man über den Mont-Cenis in einer Sänfte, oder auf Mauleseln. Nichts ist mit der Schönheit eines großen Theils des Mont-Cenis im Monat Julius zu vergleichen, weil alsdann die schönsten Pflanzen häufig in der Blüthe sind, weil das Gras so grün, die Bergströme und Cascaden in vollem Gange [15] sind. Man steigt-in die Ebene Saint Nicolas-herab, wo man eine schöne Cascade findet; hernach gelangt man in das Dorf Ferrieres, welches eine sehr mahlerische Lage hat; man steigt noch immer bergab, bis man nach Novalese kommt, einem piemontesischen Dorfe, zwey Meilen von Susa und dreyzehn Meilen von Turin. Da setzt-man

[15] Sont en plein train.

qu'on avoit démontées pour passer le Mont-Cenis. Il faut voir à Suze le bel arc de triomphe.

die Wagen wieder-zusammen, die man aus einander genommen hatte, um über den Mont-Cenis zu gehen. Man sehe in Susa den schönen Triumph-Bogen.

Turin; le palais du roi, les églises, etc.

Turin; das königliche Schloß, die Kirchen, u. s. w.

Le théâtre de Turin est très-beau; il faut y voir avec détail l'université; les environs de la ville charmans. Il faut voir entre autres choses la Superga, grande et belle église, la Vénerie royale, Moncalieri maison royale, Valentino château royal.

Das Schauspielhaus in Turin ist sehr schön; man sehe im Einzelnen die Universität; die Gegenden um die Stadt sind anmuthig. Man sehe unter andern die Superga, eine schöne große Kirche, die königliche Veneria, Moncallieri, königliches Lustschloß, Valentino, königliches Lustschloß.

Il faut aller voir à six lieues de Turin, les restes curieux d'Industria, ancienne ville. On peut aller de Turin à Gênes, qui en est à vingt-cinq lieues.

Man sehe sechs Meilen von Turin die merkwürdigen Ueberbleibsel von Industria, einer alten Stadt. Von Turin kann man nach Genua reisen, welches fünf und zwanzig Meilen davon entfernt ist.

On peut aller de Turin à Milan de diverses manières; par la route de Verceil on fait trente lieues. Il faut voir à Milan avec détail la fameuse cathédrale.

Man kann auf verschiedene Weise von Turin nach Mayland reisen; über Vercelli macht der Weg dreyßig Meilen aus. Man sehe in Mayland mit Aufmerksamkeit [16] die berühmte Hauptkirche.

La bibliothèque Ambroisienne est la chose la plus intéressante de Milan. En outre un grand nombre de belles églises et de monastères contenant de superbes tableaux. Les environs de Milan sont intéressans. Il faut voir entre autres choses l'abbaye Chiaravalle, et Castellazzo belle maison de campagne. De Milan on va voir les charmantes îles Borromées.

Die Ambrosianische Bibliothek ist die sehenswürdigste Sache in Mayland. Ueberdies eine große Menge schöner Kirchen und Klöster, welche prächtige Gemählde enthalten. [17] Die Gegenden um Mayland sind anmuthig. Man sehe unter andern die Abtey Chiaravalle, und Castellazzo, schönes Landhaus. Von Mayland aus geht man die reizenden Boromäus-Inseln besehen.

Pavie n'est qu'à sept lieues de Milan. La chartreuse de Pavie, que l'on trouve en ve-

Pavia liegt nur sieben Meilen von Mayland. Die Carthause von Pavia, welche zwischen Mayland

[16] Avec attention. [17] plutôt enthielten.

nant de Milan avant d'arriver à Pavie, est une des plus célébres de l'Italie. On remarque à Pavie les égouts ou aqueducs souterrains, qui sont anciens et très-beaux dans leur genre. Il faut voir à Pavie le château, l'université, le palais Bellisomi, plusieurs églises, etc.

Le chemin le plus ordinaire pour continuer le voyage d'Italie est celui de Milan à Plaisance et à Parme. Plaisance est entre Milan et Parme, à treize lieues de l'une et de l'autre. Il faut voir à Plaisance la cathédrale, beaucoup d'autres églises, le palais ducal, le théâtre, etc. (*a*).

Parme. On y trouve des chef d'oeuvres du Corrège; c'est à l'académie que se trouve cet admirable tableau, appelé la vierge de St Jérome.

Voir encore à Parme le palais de l'infant, plusieurs églises, le fameux théâtre, etc.

De Parme à Reggio dans la Lombardie, six lieues. Il faut y voir la cathédrale et le palais du duc de Modène.

De Reggio à Modène six lieues. Il faut y voir le palais ducal, la cathédrale où se trouve la Guirlandina, tour de marbre, l'une des plus élevées de l'Italie. Dans le bas de cette tour l'on fait voir aux curieux *la secchia rapita*, vieux

und Pavia liegt, ist eins der berühmtesten Klöster dieses Ordens. Man bemerkt in Pavia die Abflüsse oder unterirdischen Canäle, welche aus dem Alterthume und in ihrer Art schön sind. Man muß in Pavia das Schloß, die Universität, den Pallast Bellisomi, verschiedene Kirchen, u. s. w. sehen.

Der gewöhnliche Weg, den man nimmt, um die Reise durch Italien fortzusetzen, geht von Mayland nach Piazenza und Parma. Piazenza liegt zwischen Mayland und Parma, dreyzehn Meilen von beyden. Man besehe in Piazenza die Hauptkirche, viel andere Kirchen, das herzogliche Schloß, das Schauspielhaus, u. s. w., *).

Parma. Man findet daselbst die Meisterstücke des Correggio; in der Academie befindet sich das vortreffliche Gemählde, genannt die heilige Jungfrau und der heilige Hieronymus.

Man sehe noch in Parma den Pallast des Infanten, verschiedene Kirchen, das berühmte Schauspielhaus, u. s. w.

Von Parma nach Reggio in der Lombardey, sechs Meilen. Man sehe die Haupt-Kirche und das Schloß des Herzogs von Modena.

Von Reggio nach Modena, sechs Meilen. Man sehe das herzogliche Schloß, die Hauptkirche, wo sich die Guirlandina, ein marmorner Thurm, einer der höchsten in Italien, befindet; unten in diesem Thurme zeigt man den Liebhabern den geraubten Eimer, einen

(*a*) Il faut aller voir, à six lieues de Plaisance, les ruines de l'ancienne ville de Velega.

*) Man besehe, sechs Meilen von Piazenza, die Ruinen der alten Stadt Velega.

seau de bois cerclé de fer, monument historique devenu célèbre par le poëme du Tassoni. Beaucoup d'autres églises remarquables.

Sassuolo, petite ville à trois lieues de Modène. On y trouve une maison de plaisance du duc, qui mérite d'être vue avec détail.

Les carrières du beau marbre de Carrare sont dans l'état de Modène; mais à vingt-huit lieues.

De Modène à Bologne, huit lieues. Voici ce qu'on y trouve de plus remarquable: la cathédrale, plusieurs autres églises, le fameux *institut*, si digne à tous égards de sa célébrité, plusieurs beaux palais, entr'autres le palais Sampieri, où l'on trouve l'admirable tableau de St Pierre pleurant de son péché, le chef d'oeuvre du Guide; la chartreuse près de Bologne, etc.

De Bologne à Florence, dix-huit ou vingt lieues.

On doit préférer la route par Piétra-mala, afin de voir un phénomène très-curieux et très-beau, qui se trouve tout près du village de Piétra-mala; mais le chemin est difficile et fatigant, on le fait en une demi-heure. Voici en quoi consiste cette curiosité naturelle: un terrain de dix ou douze pieds en tous sens,[1] sur le penchant d'une montagne, d'où s'exhalent des flammes bleues et légères, d'envi-

alten hölzernen Eimer mit eisernen Reifen, ein altes historisches Denkmahl, welches durch das Gedicht Tassoni's berühmt geworden ist. Noch viel andere merkwürdige Kirchen.

Sassuolo, kleine Stadt, drey Meilen von Modena. Man findet daselbst ein Landhaus des Herzogs, welches genau besehen zu werden verdient.

Die schönen carrarischen Marmorbrüche gehören zum modenesischen Staate, sind aber acht und zwanzig Meilen davon (entfernt).

Von Modena nach Bologna, acht Meilen. Das merkwürdigste, was man daselbst findet, ist die Hauptkirche und verschiedene andere Kirchen. Das berühmte Institut, welches in aller Hinsicht seinen Ruf so sehr verdient, verschiedene schöne Palläste, unter andern der Pallast Sampieri, wo man das vortreffliche Gemählde des weinenden Petrus, das Meisterstück des Guido, findet; die Carthause bey Bologna, u. s. w.

Von Bologna nach Florenz, achtzehn bis zwanzig Meilen.

Man ziehe den Weg über Pietra-mala vor, um eine sehr merkwürdige und sehr schöne Erscheinung zu sehen, welche sich nahe bey dem Dorfe Pietra-mala befindet; aber der Weg ist beschwerlich und mühsam, man macht ihn in einer halben Stunde. Diese natürliche Merkwürdigkeit besteht in Folgendem: es ist ein Stück Landes von zehn bis zwölf Fuß ins Gevierte,[1] am Abhange eines Berges, von wo blaue leichte Flammen, ohngefähr einen Fuß

[1] En carré.

viron un pied de haut; il n'y a sur ce terrain ni fentes ni crevasses.

Florence, capitale de la Toscane, est à cinquante-deux lieues de Rome. Sa cathédrale est superbe.

Les palais, la fameuse galerie de Médicis, la célébre famille de Niobé, chef d'oeuvre de sculpture antique, la belle Vénus de Médicis. Le Rotateur, autre chef d'oeuvre de sculpture, qui représente un remouleur, interrompant son travail pour écouter la conjuration des fils de Brutus, pour rétablir les Tarquins. La Vénus du Titien, célébre tableau, etc. Beaucoup de beaux palais particuliers, etc.

Dans les environs de Florence il faut voir Foggio Impériale, maison de plaisance des grands-ducs; Pratolino, autre maison de plaisance du grand-duc.

De Florence à Pise, vingt lieues. Il faut voir à Pise la cathédrale, le cimetière de Pise, ou les charniers qu'on appelle Campo Santo, et qui est une des choses singulières de cette ville. Le clocher de Pise, ou clocher incliné, est encore une chose très-curieuse. — Un beau jardin de botanique en face de l'observatoire, un cabinet d'histoire naturelle attenant ce jardin.

Les bains de Pise à une lieue et demie de la ville sont très-célébres et très-fréquentés. Les eaux en sont chaudes.

hoch, in die Höhe steigen; auf diesem Stücke ist weder Ritz noch Riß zu sehen).

Florenz, die Hauptstadt von Toscana, liegt zwey und funfzig Meilen von Rom. Die Hauptkirche ist prächtig.

Die Palläste, die berühmte Mediceische Gallerie, die berühmte Familie der Niobe, ein Meisterstück der alten Bildhauerkunst, die schöne Mediceische Venus. Der Rotatore, ein anderes Meisterstück der Bildhauerkunst, welches einen Schleifer vorstellt, der seine Arbeit unterbricht, um der Verschwörung der Söhne des Brutus zuzuhören, welche die Tarquinier wieder auf den Thron setzen wollten. Die Venus von Titian, ein berühmtes Gemählde, ꝛc. Viel schöne Privat-Palläste, ꝛc.

In den Gegenden um Florenz muß man Foggio Imperiale, ein Landhaus der Großherzoge, sehen; Pratolino, ein anderes Lustschloß des Großherzogs.

Von Florenz nach Pisa, zwanzig Meilen. Man sehe in Pisa die Hauptkirche, den Kirchhof zu Pisa, oder das Knochenhaus, welches man Campo-Santo nennt, und eine der merkwürdigsten Sachen dieser Stadt ist. Der Thurm von Pisa, oder der schiefe Thurm, ist auch eine Merkwürdigkeit dieser Stadt. — Ein schöner botanischer Garten, der Sternwarte gegenüber, ein Naturalien-Kabinet neben dem Garten.

Die Bäder von Pisa liegen anderthalb Meilen von der Stadt, und sind sehr berühmt und sehr besucht. Das Wasser ist warm.

De Pise à Livourne, six lieues.

De Pise à Lucques, quatre lieues. La cathédrale, le palais de la république.

De Pise à Volterra, douze lieues.

De Florence à Sienne, onze ou douze lieues.

La ville de Sienne est bâtie sur le penchant d'une montagne, dans laquelle on a creusé des souterrains curieux.

La cathédrale de Sienne, superbe église; le pavé de cette église est une des plus belles choses d'Italie. Il est recouvert de planches; mais on les soulève pour faire voir aux étrangers ces mosaïques admirables, représentant différens traits tirés de l'ancien testament.

Grand nombre d'autres églises qui, comme toutes celles d'Italie, sont remplies de beaux tableaux.

Les environs de Sienne très-intéressans.

De Sienne à Rome, quarante lieues. On passe par plusieurs villes, entre autres par Viterbe. On voit dans cette ville la cathédrale, des tombeaux antiques, quelques monumens étrusques, etc.

Les eaux de Viterbe sont très-célèbres.

Rome. St Pierre de Rome, la plus grande et la plus belle église de l'univers.

Le Vatican, ou palais pontifical, tient à l'église de Saint

Von Pisa nach Livorno, sechs Meilen.

Von Pisa nach Lucca, vier Meilen. Die Hauptkirche, der Pallast der Republik.

Von Pisa nach Volterra, zwölf Meilen.

Von Florenz nach Siena, eilf bis zwölf Meilen.

Die Stadt Siena ist an dem Abhange eines Berges erbaut, in welchem man merkwürdige unterirdische Gänge gegraben hat.

Die Hauptkirche in Siena ist ein prächtiges Gebäude; der Fußboden dieser Kirche ist eine der schönsten Sachen in Italien. Er ist mit Brettern überdeckt; aber man hebt-sie-auf, um diese bewundernswürdige musivische Arbeit den Fremden zu zeigen, welche verschiedene Geschichten, [a] aus dem alten Testamente gezogen, vorstellt.

Eine große Menge anderer Kirchen, die, wie alle Kirchen in Italien, mit einer großen Menge von Gemählden angefüllt sind.

Die Gegenden um Siena sind äußerst interessant.

Von Siena nach Rom, vierzig Meilen. Man kommt durch verschiedene Städte, unter andern durch Viterbo. Man sieht in dieser Stadt die Hauptkirche, alte Grabmähler, einige hetrurische Denkmähler, u. s. w.

Die mineralischen Quellen von Viterbo sind sehr berühmt.

Rom. Die Peterskirche in Rom ist die größte und prächtigste auf der ganzen Welt.

Der Vatican oder päbstliche Pallast hängt-mit der Peters-

[a] Histoires.

Pierre. C'est au Vatican que l'on trouve ce qu'on appelle les salles de Raphaël, le Belvedere et le Musée.

Monte-cavallo, autre palais pontifical. Nombre prodigieux de superbes églises, une multitude de beaux palais.

Les principaux monumens antiques sont: Le Panthéon, le Colisée, la colonne Trajane, l'arc de Constantin, la colonne Antonine, inférieure en beauté à la colonne Trajane. Campo vaccino est une place, où l'on trouve beaucoup de monumens antiques.

Le Capitole, superbe bâtiment moderne, est encore le chef-lieu de Rome moderne, et la résidence de ses magistrats municipaux. On y trouve une magnifique collection de tableaux et d'antiques.

Un grand nombre de belles fontaines. La plus frappante par sa masse et ses ornemens est la fontaine de Trevi.

Les catacombes de l'église de St Laurent très-curieuses.

C'est à Rome que se trouve la fameuse manufacture de mosaïque et de stucs; celle de Florence lui est très-inférieure.

Environs de Rome: Tivoli, à six lieues de Rome. La Solfatare de Tivoli, très-différente de celle de Naples, est une source dont l'eau blanchâtre a l'odeur et la couleur du soufre. Le Tévérone, fleuve qui coule a Tivoli, est remar-

Kirche zusammen.[a] In dem Vatican findet man, was man die Säle Raphaels nennt, das Belvedere und das Musäum.

Monte-Cavallo ist ein anderer päbstlicher Pallast. Eine ungeheuere Menge prächtiger Kirchen, eine Menge schöner Palläste.

Die vornehmsten alten Denkmähler sind: Das Pantheon, das Colisäum, die Säule Trajans, der Triumph-Bogen Constantins, die Säule Antonins, welche an Schönheit der Trajanschen nachsteht.[b] Campo-Vaccino ist ein Platz, wo man viel alte Denkmähler findet.

Das Capitolium, ein prächtiges neueres Gebäude, ist noch jetzt der Haupt-Ort des neueren Roms, und die Residenz seiner Municipal-Beamten. Man findet daselbst eine prächtige Sammlung von Gemähldeu und Alterthümern.

Eine große Anzahl schöner Fontainen. Die auffallendste durch die Größe ihrer (Wasser-) Massen und durch ihre Zierrathen, ist die von Trevi.

Die Catacomben der heiligen Laurentius-Kirche sind sehr sehenswerth.

In Rom findet sich die große Manufactur von musivischer und Stuc-Arbeit; die zu Florenz ist ihr weit nachzusetzen.

Gegenden um Rom: Tivoli, sechs Meilen von Rom. Die Solfatara bey Tivoli ist von der bey Neapel sehr verschieden, und ist eine Quelle, deren weißliches Wasser den Geruch und Geschmack des Schwefels hat. Die Teverone, ein Fluß, der bey Tivoli fließt, ist

---

[a] Pend ensemble. [b] se tient derrière.

quable par la propriété qu'il a d'incruster tout ce qu'il arrose. Ce qu'il y a de plus curieux à Tivoli sont les énormes ruines antiques, appelées la ville d'Adrien. La cascade de Tivoli est très-belle.

Frascati, petite ville à quatre lieues de Rome.

De Rome à Naples, quarante-quatre lieues. On passe à Velletri. Il faut y voir le beau palais Ginetti. On passe près de Gaëte dont il faut voir le château, la cathédrale et l'église de la Trinité.

Naples. Le palais du roi, un nombre infini d'églises et de palais, la fameuse Chartreuse de St Martin, les catacombes de Naples, connues sous le nom de cimetière de St Janvier, sont extrêmement fameuses, elles sont beaucoup plus grandes et beaucoup plus belles que celles de Rome.

Près de Naples château royal Capo-di-Monte, superbe collection de tableaux, d'antiques et de pierres gravées. Il faut voir encore aux environs de Naples la superbe grotte de Pausilipe, le lac d'Agnano, où se trouve la grotte du chien, la Solfatare, c'est une petite plaine dont le terrain est brûlant et contient une grande quantité de soufre. Il faut voir encore Pouzzole, Baies, lieux remplis de ruines intéressantes.

Le château royal de Portici, à deux lieues de Naples; Herculanum, Pompeïa, le mont Vésuve.

Caserte, à cinq lieues de Naples. On y voit un château

durch die Eigenschaft merkwürdig, die sie hat, alles, was sie bespült, zu überziehen. Was in Tivoli am sehenswürdigsten ist, sind die gewaltigen alten Ruinen, welche man Hadrians Villa nennt. Die Cascade bey Tivoli ist sehr schön.

Frascati, kleine Stadt, vier Meilen von Rom.

Von Rom nach Neapel, vier und vierzig Meilen. Man kommt durch Velletri. Man sehe daselbst den schönen Pallast Ginetti. Man kommt bey Gaeta vorbey; man sehe das Schloß, die Hauptkirche und die Dreyeinigkeits-Kirche.

Neapel. Das königl. Schloß, eine unendliche Menge von Kirchen und Pallästen, die berühmte Carthause von St. Martin; die Catacomben von Neapel, bekannt unter dem Namen des Kirchhofs des heiligen Gennaro, sind sehr berühmt; sie sind weit größer und weit schöner als die zu Rom.

Bey Neapel das königl. Schloß Capo-di-Monte, prächtige Sammlung von Gemählden, Alterthümern und geschnittenen Steinen. Man sehe noch in der Gegend von Neapel die prächtige Höhle von Pausilipo, den See Agnano, wo die Hundeshöhle liegt, die Solfatara, eine kleine Fläche, deren Erdreich brennend ist, und eine große Menge Schwefel enthält. Man sehe noch Pozzuolo, Bajä, an welchen Orten sehenswürdige Ruinen sind.

Das königl. Schloß zu Portici, zwey Meilen von Neapel; Herculanum, Pompeji, der Berg Vesuv.

Caserta, fünf Meilen von Neapel. Man sieht daselbst ein präch-

superbe appartenant au roi. L'aqueduc fait pour amener des eaux à Caserte, est un admirable ouvrage moderne fait par Vanvitelli. Il a plus de neuf lieues. Vers l'endroit appelé Monte di Garzano l'aqueduc traverse une vallée, et c'est là où s'est fait le plus grand travail, c'est-à-dire, un pont de 718 pieds de long et de 178 de hauteur à trois étages, qui peut le disputer à tout ce qui nous est resté des Romains dans ce genre. Le premier rang est de 19 arches, le second de 27, et le plus haut de 23.

tiges Schloß, dem Könige gehörig. Die Wasserleitung, welche das Wasser nach Caserta führt, ist ein bewundernswürdiges neues Werk von Vanvitelli. Sie hat eine Länge von [1] mehr als neun Meilen. Bei dem Orte Monte di Garzano genannt, geht sie quer über ein Thal, und da ist die Arbeit am größten gewesen, nämlich (da steht) eine Brücke 718 Fuß lang und 178 Fuß hoch, von drei Stockwerken, die es allem, was uns von den Römern in dieser Art übrig geblieben ist, streitig machen kann. Die erste Reihe ist von 19 Bogen, die zweyte von 27, und die höchste von 23.

Route de Rome à Lorette.

On passe par Tolentino. Il faut y voir la grande église. Ensuite Montecchio petite ville.

Macerata. Il faut y voir l'église delle Vergini, qui est du Bramante ainsi que le palais public.

Lorette, la fameuse église, le trésor etc.

De Lorette à Ancone cinq lieues, l'arc de triomphe qui se voit sur la jetée du port, est un de mieux conservés qu'il y ait en Italie. Le sénat le fit ériger l'an 115, à l'honneur de Trajan, de Plotine sa femme, et de Martiana sa soeur. Beaucoup de choses à voir à Ancone.

D'Ancone on va à Fano, il faut y voir les églises, la bibliothèque etc.

Le théâtre de Fano est remarquable par son architecture

Weg von Rom nach Loretto.

Man kommt durch Tolentino. Man sehe daselbst die große Kirche. Alsdann Montecchio, kleine Stadt.

Macerata; man sehe daselbst die Kirche Delle Vergini, die von Bramante ist, wie auch der öffentliche Pallast.

Loretto, die berühmte Kirche, der Schatz u. s. w.

Von Loretto nach Ancona 5 Meilen, der Triumph-Bogen den man auf dem Molo des Hafens sieht, ist einer von denen in Italien, die sich am besten erhalten haben, der Senat ließ ihn im Jahr 115 zu Ehren des Kaisers Trajan, seiner Gemahlin Plotina und seiner Schwester Martiana errichten. Viel sehenswürdige Sachen zu Ancona.

Von Ancona geht man nach Fano, man sehe die Kirchen, die Bibliothek u. s. w.

Das Theater in Fano ist durch seine Bauart und seine Größe

[1] à une longueur de . . .

et son étendue, il y a quatorze toises de profondeur.

Pesaro, ville à quinze lieues d'Ancone; il y a dans les églises de Pesaro beaucoup de tableaux précieux.

Rimini. En entrant à Rimini par le chemin de Pesaro, on passe sous l'arc de triomphe d'Auguste, le plus ancien qui existe, le mieux conservé et le plus grand pour l'ouverture. Il a soixante pieds de haut, l'ouverture a trente et un pieds, sur vingt-sept et demi de largeur. Il est en marbre, décoré de deux colonnes corinthiennes de trente-deux pieds. On trouve encore à Rimini le fameux pont Saint Julien qui fut commencé par Auguste et fini par Tibère. Ce superbe pont a deux-cents vingt pieds de long, il est d'une espèce de marbre, et composé de cinq arches presque d'égale grandeur. Beaucoup d'autres choses à voir à Rimini.

La république de St. Marin est à quatre lieues de Rimini.

La route de Rimini à Ravenne est une des plus belles qu'on puisse faire.

Ravenne; beaucoup de monumens curieux à voir à Ravenne.

Ferrare, belle ville à dix lieues de Bologne et à vingt lieues de Venise; il faut voir les églises, le château, la chartreuse. On trouve dans l'église de Saint Benoît le tombeau de l'Arioste.

Venise. Il faut y voir entre autres choses l'église de Saint Marc, le palais ducal, un grand nombre de palais, l'arsenal de Venise, l'île et l'église Saint George, le superbe pont du Rial-

merkwürdig; es hat 14 Ellen Tiefe.

Pesaro, eine Stadt 14 Meilen von Ancona; in der Kirche von Pesaro sind viel kostbare Gemählde.

Rimini. Wenn man auf dem Wege von Pesaro in Rimini eintritt, so kommt man durch den Triumphbogen Augusts, den ältesten von allen, den, der sich am meisten erhalten und die größte Öffnung hat. Er ist 60 Fuß hoch; die Öffnung ist 31 Fuß lang, 27½ breit. Er ist von Marmor, mit zwey corinthischen Säulen von 32 Fuß verziert. Man findet noch zu Rimini die berühmte Julius-Brücke, welche August zu bauen anfing, und Tiberius vollendete. Diese prächtige Brücke ist 220 Fuß lang, von einer Art Marmor, und besteht aus fünf Bogen, von ungefähr gleicher Größe. Noch viel andere Sachen in Rimini zu sehen.

Die Republik St. Marino liegt vier Meilen von Rimini.

Der Weg von Rimini nach Ravenna ist einer der schönsten den man bereisen kann.

Ravenna; viel sehenswürdige Denkmähler in Ravenna.

Ferrara, schöne Stadt 10 Meilen von Bologna und 20 von Venedig; man sehe die Kirchen, das Schloß, die Carthause. Man findet in der Kirche des Heil. Benedict das Grabmahl des Ariosto.

Venedig. Man sehe unter andern Dingen die St. Marcus-Kirche, das herzogliche Schloß, eine große Menge Palläste, das Zeughaus von Venedig, die St. Georgs Insel und Kirche, die prächtige Rialto-Brücke, die aus

to, formé d'une seule arche qui a 89 pieds d'ouverture et composé de gros blocs de pierres d'Istrie ressemblant beaucoup à du marbre.

De Venise à Padoue, charmant voyage de quelques heures, sur la Brenta, délicieux canal. Padoue mérite d'être vu avec le plus grand détail. Il Salonne, ou la salle d'audience est le bâtiment le plus singulier de Padoue, et c'est aussi la plus grande salle qu'il y ait au monde. Elle a trois-cents pieds de long et cent pieds de large, sans autre soutien que les murs contre lesquels sont placés quatre-vingt dix gros pilastres. La hauteur est de cent pieds en dedans. Il Bo est le nom qu'on donne au bâtiment de l'université, où l'on trouve un cabinet d'histoire naturelle, un charmant jardin botanique etc. Les environs de Padoue renferment divers objets de curiosité.

Vicence ville à quinze lieues de Venise. Il faut y voir entre autres choses le fameux teatro Olimpico qui est le chef-d'oeuvre de l'architecte Palladio.

Bassano ville à sept lieues de Vicence et à dix de Padoue. Plusieurs monumens à y voir. Bassano n'est qu'à douze lieues de Roveredo et de Trente. Beaucoup de voyageurs vont visiter ces deux lieux avant d'aller à Vérone.

Vérone est à vingt-cinq lieues de Venise et à trente-deux lieues de Milan. L'Arena est la chose la plus curieuse qu'il y ait à Vérone, c'est un magnifique amphithéâtre bâti dans le goût du Colisée de Rome.

einem einzigen Bogen besteht, der eine Oeffnung von 89 Fuß hat, und aus großen Stein-Stücken aus Istria besteht, die viel Ähnlichkeit mit dem Marmor haben.

Von Venedig nach Padua, allerliebste Reise von einigen Stunden auf der Brenta, einem entzückenden Kanal. Padua verdient auf das allergenaueste besehen zu werden. Il Salone, oder der Audienzsaal ist das sonderbarste Gebäude in Padua, und zugleich der größte Saal der auf der Welt ist. Er ist 300 Fuß lang und 100 breit, ohne andere Stützen als die vier Mauern, gegen welche 90 große Pfeiler angelehnt sind. Die Höhe ist inwendig 100 Fuß. Il Bo ist der Name, den man dem Gebäude der Universität giebt, wo man ein Naturalienkabinet, einen hübschen botanischen Garten u. s. w. findet. Die umliegenden Gegenden um Padua liefern viel sehenswürdige Gegenstände.

Vicenza, 15 Meilen von Venedig. Man sehe unter andern Sachen das berühmte teatro Olimpico, welches des Baumeisters Palladio Meisterwerk ist.

Bassano, eine Stadt, 7 Meilen von Vicenzia, und 10 Meilen von Padua. Verschiedene Monumente dort zu sehen. Bassano liegt nur 12 Meilen von Roveredo, und Trident. Viel Reisende besuchen diese beyden Orte, ehe sie nach Verona gehen.

Verona liegt 25 Meilen von Venedig und 32 Meilen von Mayland. Die Arena ist das sehenswürdigste in Verona; es ist ein prächtiges Amphitheatrum im Geschmack des Colisäums zu Rom erbaut.

Mantoue à sept lieues de Vérone. Il faut y voir le palais, où l'on trouve une superbe collection de tableaux.

Mantua, 7 Meilen von Verona. Man sehe daselbst das Schloß, wo sich eine prächtige Gemählde-Sammlung befindet.

Brescia ou Bresce ville à dix-huit lieues de Milan et à trente-huit de Venise. Il faut voir la cathédrale, l'église de sainte Marie majeure, le palais de Broletto, l'évêché, la bibliothèque publique, le château, le théâtre, le muséum et beaucoup d'autres choses.

Brescia, eine Stadt, 18 Meilen von Mayland, 38 von Venedig. Man sehe die Haupt-Kirche, die Kirche St. Maria Maggiore, den Pallast Broletto, das Bisthum, die Stadtbibliothek, das Schloß, das Theater, das Musäum und verschiedne andre Sachen.

Bergame ville à onze lieues de Brescia et de Milan; la chose la plus remarquable de Bergame, est le bâtiment de la foire, construit en pierres de taille. Voir les églises et les palais.

Bergamo, eine Stadt, 11 Meilen von Brescia und Mayland; das merkwürdigste in Bergamo ist das Markt-Gebäude, aus Quadersteinen errichtet. Man sehe auch die Kirchen und die Palläste.

Route de Milan à Gênes.

Weg von Mayland nach Genua.

On y va par Tortone et Novi.

Man reiset durch Tortona und Novi.

La situation de Gênes est admirable. Cette ville renferme deux superbes rues dont tous les palais sont en marbre magnifique poli à l'extérieur, chose unique. Ces deux rues sont la rue nuova et la rue Balbi. Il faut voir avec détail les églises, les palais, les hôpitaux etc.

Die Lage von Genua ist vortrefflich. Diese Stadt enthält zwey prächtige Straßen, deren Palläste alle aus prächtigem Marmor sind, und von außen polirt, welches einzig (in seiner Art) ist. Diese beyden Straßen sind die neue Straße und die Straße Balbo. Man sehe mit Sorgfalt die Kirchen, die Palläste, die Hospitäler, u. s. w.

De Gênes on peut aller à Nice par mer, et si l'on veut par terre jusqu'à Savonne; après Savonne le chemin de terre appelé la Corniche est très-dangereux. On n'y peut aller qu'en chaise à porteurs ou sur des mulets. Cette route fatigante offre les plus beaux points de vue, et les paysages les plus pittoresques.

Von Genua kann man zu Wasser nach Nizza gehen, oder, wenn man will, zu Lande bis Savona; hinter Savona ist der Landweg, die Corniche genannt, sehr gefährlich. Man kann ihn nur in einer Sänfte oder auf Mauleseln bereisen. Dieser mühsame Weg bietet die schönsten Ansichten und die malerischsten Landschaften dar.

Le Tome III. des Exercices contiendra la fin de ce Manuel, un Traité de prononciation allemande et une Grammaire allemande raisonnée, en forme d'Entretiens.

www.ingramcontent.com/pod-product-compliance
Lightning Source LLC
Chambersburg PA
CBHW070621100426
42744CB00006B/576
* 9 7 8 2 0 1 2 7 4 8 8 3 5 *